족보로 보는
성경 설계도 I

66대 족보로 풀어낸 66권의 비밀

족보로 보는 성경 설계도 I

조영규 지음

좋은땅

머리말

노아의 방주(창 6:14-16)와 솔로몬 성전(대상 28:19)을 성자 예수님의 형상으로 건축하는 설계도는 여호와 하나님께서 주신 것이다. 작은 물건을 만들거나 책을 저술하거나 편집할 때도 만드는 저자의 의도에 따라 계획되는 것처럼 66권으로 구성된 하나님 말씀에도 하나님의 계획하심이 있다.

히브리어 원전에는 24권으로 설계하신 구약 성경을 헬라어 70인역에서는 39권으로 확장하셨다. 히브리어 원전은 하나님 말씀이신 여호와께서 자신이 사람이 되어 세상으로 내려오심을 약속하신 말씀이며, 헬라어 70인역은 여호와께서 사람의 몸을 입으신 후에 여호와의 약속을 성취하신 설계도이다. 66권으로 이루어진 하나님 말씀은 1권 창세기로 시작하여 66권 요한계시록으로 완성되도록 설계하셨다. 하나님께서 종들을 통하여 완성하신 66권의 말씀은 하나님께서 자신의 형상으로 창조하신 사람을 어떠한 과정을 통하여 하나님께서 거하시는 성전이요 성읍(새 예루살렘성)으로 완성하실 것인가를 보여 주는 설계도이다. 여호와께서 아담의 족보와 노아의 방주와 솔로몬 성전을 통하여 자신의 형상을 나타내시다가 자신이 여자의 후손으로 내려오셔서 모든 사람을 하나님의 성전으로 삼으심을 계시하셨다.

66권으로 이루어진 성경은 타락한 하와를 예수 그리스도의 신부로 세우기 위한 설계도로 1대 아담의 아내 하와를 66대 그리스도인으로 세우는 과정이다. 말씀이신 성자 하나님께서 66대 족보를 통하여 하늘에서 사람(그리스도의 신부)의 마음으로 들어오시는 과정을 나타내셨다. 말씀이신 성자께서 두 번째 아담이 되어 세상으로 오셔서 하나님의 성전으로 지어진 타락한 죄인과 한 몸을 이루시는 과정을 66대 족보로 나타내셨다. 이처럼 66권으로 기록하신 하나님 말씀은 자신의 형상과 모양으로 창조하셨으나 성자 하나님과 한 몸을 이루지 못한 타락한 하와(그리스도의 신부)를 구원하여 신부와 한 몸이 되는 새 예루살렘성으로 세우는 과정이다.

본 서는 66권의 말씀이 66대 족보로 이루어진 설계도임을 밝히며 말씀을 묵상하는 그리스도인에게 더 깊은 말씀의 세계로 이끄는 길잡이가 되기를 소망한다. 각 성경의 목적과 각 장의 주제를 알게 되면 하나님께서 우리에게 말씀하시는 의도를 알게 되어 말씀을 통하여 하나님의 음성을 들을 수 있게 된다. 66대 족보는 단계별로 성자 하나님께서 그리스도의 신부를 위해 무엇을 하실 것인가를 나타내신 것처럼, 66권의 말씀은 성자 하나님께서 순서에 따라 그리스도의 신부를 위해 무엇을 하셨는가를 보여 준다.

목차

1. 족보로 이루어진 하나님의 설계도

■ 하나님의 믿음 사역(1대-22대)

■ 하나님의 소망 사역(23대-44대)

■ 하나님의 사랑 사역(45대-66대)

2. 족보로 보는 창세기 설계도

▪ 하나님의 믿음 사역

■ 하나님의 소망 사역

■ **하나님의 사랑 사역**

하나님께서 정해 주신 이름

"하나님이 빛을 낮이라 부르시고 어둠을 밤이라 부르시니라"(창 1:4).
"이제 후로는 네 이름을 아브람이라 하지 아니하고 아브라함이라 하리
니 이는 내가 너를 여러 민족의 아버지가 되게 함이니라"(창 17:5). 하나
님께서 정해 주신 사람의 이름과 사물의 이름은 하나님의 깊으신 뜻에서
나온 것이다. 하나님께서 창조하신 피조물을 통하여 하나님께서 이루시
기를 원하시는 설계도를 완성하기 위해 족보의 이름을 정하신 것으로 보
인다. 하나님께서 아브람을 아브라함으로 개명하여 부르신 것은 이름을
통하여 하나님의 뜻을 펼치시겠다는 뜻이다. 아브람이나 아브라함이 같
은 사람이지만 하나님께서는 분명히 다른 신분을 가진 사람으로 여기셨
다는 뜻이다. 한 사람도 이름에 따라 다른 역할로 부르신 것처럼, 66명의
족보로 부르신 사람들도 각각의 역할을 통하여 하나님의 성전으로 지어
진 하나님의 설계도를 완성하기 위함이다.

하나님께서 다윗 왕에게 성전 설계도(대상 28:19)를 주시고 솔로몬 왕
을 통하여 건축하신 하나님의 성전은 타락한 사람과 한 몸을 이루실 성
자 하나님의 형상이다. 하나님의 형상과 모양으로 창조하신 사람은 하나
님께서 자신의 성전으로 삼기 위함이다. *"너희는 너희가 하나님의 성전*
인 것과 하나님의 성령이 너희 안에 계시는 것을 알지 못하느냐"(고전

3:16). 하나님의 성전으로 지어진 타락한 사람을 죄에서 구원하여 새 예루살렘성이 되게 하시려고 하나님의 성전이신 성자 예수님을 세상으로 보내셨다. 사람을 하나님의 형상과 모양으로 창조하셨다는 것은 말씀이신 성자 예수께서 사람의 형상을 입으시고 하나님 품에서 세상으로 내려오시는 과정을 나타내기 위해 예수님의 족보로 세우신 사람들을 부르셨다. 66대의 족보는 성자 예수님의 각각 다른 말씀을 통하여 하나님의 형상을 잃어버린 그리스도의 신부를 완전하게 세우는 과정이다. 타락한 하와가 66대 족보를 통하여 신랑이요 주님이신 성자 예수님과 한 몸을 이루어 그리스도의 신부가 될 수 있게 하셨다. 이처럼 66권으로 이루어진 하나님 말씀을 통하여 사람을 그리스도의 신부로 세우는 것과 같다. 히브리어로 기록된 구약의 말씀과 헬라어로 기록된 신약의 말씀을 합하여 66권으로 설계된 하나님의 말씀은 66대 족보를 기준으로 설계된 것으로 보인다. 본 서는 66대 족보의 이름을 통하여 66권이 설계되었음을 밝히기 위함이다.

하늘에서 내려오는 족보

만약 해 같은 여호와께서(시 84:11) 한 걸음씩 천천히 내려오시지 않으면 시내산이 까맣게 태워진 것처럼 세상은 불에 태워질 것이다(출 19:18).

예수 그리스도의 족보는 하늘에 계신 여호와께서 자신이 창조하신 땅(세상)으로 내려오시기 위해 미리 보낸 사자들이다. 성자 예수님의 족보로 부르심을 받은 사람들은 자신의 의지와 상관없이 사람을 미리 아신 하나님께서 예정하신 사람들이다(롬 8:28-29). 하와(그리스도의 신부)가 선악과를 먹고 타락할 것을 미리 아신 하나님께서 연약한 하와를 예수 그리스도의 신부로 세우기 위해 1대 아담부터 63대 아담까지 예정하셨고 예수께서 마지막 아담(64대)이 되어(고전 15:45) 모든 사람을 예수 그리스도 안에서 새로운 피조물이 되게 하셨다(엡 1:10).

66대로 이루어진 하나님의 족보는 말씀이요 빛이신 성자 예수께서 하늘에 계신 성부 하나님 품에서 세상으로 내려오시는 발자취를 나타내심이다. 여호와께서 예수 그리스도를 본받는 사람과 예수 그리스도의 신부가 될 사람이 하늘에서 땅으로 내려오는 과정을 하늘을 상징하는 가나안 땅에서 땅을 상징하는 애굽으로 내려온 66명의 이스라엘(야곱) 후손을 통하여 나타내셨다(창 46:26). 가나안 땅에 있는 22대 이스라엘(야곱)은 하늘에 계신 성부의 형상이며 애굽으로 팔려 간 요셉은 하와가 주는 선악과를 먹은 아담을 대신하는 성자의 형상이다.

가나안 땅에서 내려온 70명 중에 아버지 야곱과 먼저 애굽을 내려간 요셉과 애굽에서 요셉이 낳은 두 아들을 제외하면, 가나안 땅에서 아버지 이스라엘(야곱)과 동행하여 애굽으로 내려간 이스라엘 후손은 66명이다(창 46:26). 즉 하나님 품에 계신 성자께서 세상으로 내려오는 과정을 66명으로 나타내셨다는 뜻이다. 66명의 이스라엘 후손 중에 남자는 64명이었고 2명은 야곱의 딸 디나와 손녀 세라이다(창 46:15-17). 이것은 실제적인 남자와 여자의 비율이 아니라 이들을 통하여 하늘에서 세상으로 내려오시는 성자 예수님의 발자취를 나타내려는 것으로 보인다. 남자들은 예수 그리스도를 본받는 사람들로 예정되어 말씀의 씨를 가진 성자의 형상들이며 두 명의 여자는 말씀의 씨가 없으나 말씀의 씨를 품고 생명을 낳는 그리스도의 신부(하와)와 같다. 여호와께서 64명의 남자가 가나안 땅에서 애굽으로 내려오게 하신 것은 육체적인 혈통을 통하여 성자 예수께서 하늘에서 세상으로 64대 만에 오심을 나타내신 것이다. 야곱이 레아를 통하여 낳은 딸 디나는 예수께서 자신을 희생하여 낳으신 65대 사도들을 상징하며 야곱의 손녀 세라는 사도들의 희생을 통하여 낳은 66대 그리스도인을 상징한다.

또한 여호와께서 날짜를 통하여 타락한 사람이 정결한 신부가 되는 과정을 나타내셨다. 여인이 아들을 낳고 33일이 지나면 산혈(産血)이 깨끗하게 되고 딸을 낳으면 66일이 되어야 깨끗해지는 율법을 여호와께서 세우셨다(레 12:1-5). 어둠과 빛이 주관하는 밤과 낮으로 이루어진 하루의 개념은 천년(千年)과 같다(벧후 3:8). 천년(天年)이란 하늘의 뜻이 땅에서 이루어지는 영적인 개념을 말하는 것으로 보인다(역자 주). 1일부터 33일까지는 여호와께서 1대 아담부터 33대 다윗 왕을 세우는 과정이며, 34일부터 66일까지는 34대 솔로몬 왕부터 66대 그리스도인을 세우는 과정으로 보인다. 빛이신 성자 예수님의 형상으로 세워진 아담을 남편으로 둔 하와(그리스도의 신부)가 아들을 낳지 못하고 딸을 낳아 66일 되어야 정결한 상태가 된다는 뜻이다. 33대 다윗 왕은 그를 따르는 사람은 살려두지만 따르지 않는 사람을 살려둘 수 없는 선하신 성부 하나님의 성품을 가진 33대 성자의 형상이다. 34대 성자의 형상인 솔로몬 왕은 타락한 사람을 신부로 삼을 수 있는 선악을 아시는 성자 하나님의 성품이다.

성부 하나님의 성품을 가진 다윗 왕은 타락한 사람과 한 몸을 이루는 하나님의 성전을 지을 수 없었고 성자 하나님의 성품을 가진 솔로몬 왕에게 성전을 짓게 하셨다. 솔로몬 왕은 타락한 사람을 하나님의 성전으로 세우는 성자 하나님의 형상이다. 히브리어로 '아들(벤)'이란 '짓다, 세우다'라는 뜻으로 아버지께서 말씀과 영으로 거하실 집을 짓고 세움으로 아버지의 유업을 잇는 아들이라는 뜻이다. 딸은 아들이라는 어근에서 유래하였고 말씀의 씨를 받아서 생명을 낳는 땅(밭)이라는 뜻이다. 따라서 딸은 아버지의 생명을 받아서 낳는 존재가 아니라 다른 사람의 씨를 받아서 낳는 존재이다. 여인이 딸을 낳은 것은 하와가 여호와의 말씀을 품지 못함으로 에덴동산에서 아들을 낳지 못했다는 뜻이다. 선악과를 먹은 하와가 첫째 아들을 아벨로 낳지 못하고 딸과 같은 가인을 낳음으로 성자께서 마리아의 몸을 통하여 64일(64대)에 세상으로 오셨고 66일에 예수 그리스도의 신부인 모든 그리스도인(66대)을 정결하게 하시는 설계도이다.

아담과 하와를 창조하신 예수 그리스도께서 모든 사람을 신부로 삼아 거듭나게 하심을 66일로 나타내셨다. 이는 그리스도의 신부가 66일을 통하여 거룩한 새 예루살렘성으로 변화된다는 뜻이며, 또한 66권으로 이루어진 하나님의 말씀으로 타락한 사람을 거룩한 신부가 되게 하셨다는 뜻이다. 그리스도의 신부를 하나님께서 창세 전에 모든 사람을 예수 그리스도 안에서 예정하셨고 모든 피조물을 예수 그리스도로 통일하시는 설계도이다(엡 1:4-10).

족보와 하나님의 사역

하나님께서 세우신 족보는 말씀으로 사람을 창조하신 하나님께서 사람의 혈통을 따라 하늘에서 세상으로 내려오시는 발자취이다(발 족-足, 걸음 보-步). 하나님의 말씀과 영이 흙으로 만들어진 형체 안에 들어감으로 창조하신 아담의 혈통을 타고 말씀이신 성자 예수께서 하늘에서 땅으로 내려오셨다. 첫째 아담부터 마지막 아담이신 성자 예수님까지 이어진 족보는 타락한 하와를 예수 그리스도의 신부로 세우기 위하여 하늘에서 땅으로 내려오는 아담의 족보이다. 하와의 족보(눅 3:23-38)는 땅으로 쫓겨난 하와를 예수 그리스도와 한 몸을 이룬 신부가 되게 함으로 땅에서 하늘에 계신 하나님 품으로 들어가게 하는 거꾸로 된 족보이다(역자 주).

하나님 품에서 땅으로 내려오는 아담의 족보는 성자 예수께서 마지막 아담(64대)이 되어 세상으로 내려오심으로 하나님의 나라가 사람의 마음에 이루어지게 되었다. 예수 그리스도께서 신부(아담과 하와)의 죄를 대신하여 하늘과 땅 사이에 세워진 나무로 만들어진 십자가에서 달려 하나님의 저주를 받아 신부와 한 몸을 이루실 수 있게 되어 신부 안에 하나님의 나라를 세우셨다. 하늘에서 땅으로 쫓겨난 신부는 예수 그리스도 안에서 다시 땅에서 하늘(하나님의 품)로 올라갈 수 있게 되었다. 따라서 하와의 족보는 예수 그리스도와 한 몸이 된 타락한 사람(그리스도의 신부)이 땅에서 하늘에 계신 하나님의 품으로 들어가는 거꾸로 된 족보이다.

타락한 하와(그리스도의 신부) 안에 무너진 하나님의 나라를 세우는 아담의 족보는 하늘에서 내려오는 66단계로 완성된다. 말씀이신 성자 예수께서 하나님 품에서 아담의 족보를 타고 땅으로 내려와 그리스도의 신부(하와) 안에 무너진 하나님의 나라를 세우는 과정이 66권으로 완성된 하나님의 말씀이다. 사람을 하나님의 형상과 모양으로 세우는 하나님의 설계도(66대)는 하나님의 믿음 사역(1대-22대)과 소망 사역(23대-44대)과 사랑 사역(45대-66대)으로 완성된다. 1권 창세기부터 22권 아가서를 통하여 뱀(사탄)을 따름으로 믿음이 무너진 하와(술람미 여인)가 성자의 형상인 솔로몬 왕의 사랑을 받아들임으로 사람(그리스도의 신부)의 영을 믿음으로 세우는 하나님의 믿음 사역(1대-22대)이 완성된다. 여호와께서 자신을 아브라함과 이삭과 야곱의 하나님(출 3:6)이라 하심은 20대 아브라함과 21대 이삭과 22대 야곱(이스라엘)을 통하여 하나님의 믿음 사역을 완성하셨기 때문이다. 23권 이사야서부터 44권 사도행전을 통하여 이방인까지 보혜사 성령으로 충만하게 함으로 사람(그리스도의 신부)의 혼을 소망으로 세우는 하나님의 소망 사역(23-44대)이 완성된다. 사람(그리스도의 신부)의 몸(사랑)을 세우는 하나님의 사랑 사역(45-66대)은 45권 로마서부터 66권 요한계시록을 통하여 사람(그리스도의 신부)의 몸을 사랑으로 세워 새 예루살렘성이 되게 한다.

말씀과 빛과 지혜로 하나님의 품에 독생하시던 성자 하나님께서 세상으로 내려오심으로 성부와 성령 하나님께서 성자 하나님 안에서 한 몸을 이루셨다(요 8:16). 하나님 품에서 그리고 선지자들의 입을 통하여 말씀하시던 여호와께서 세상으로 오셔서 직접 사람들에게 말씀하시게 되었다 *(그들이 말하되 네가 누구냐 예수께서 이르시되 나는 처음부터 너희에게 말하여 온 자니라-요 8:25).*

성자 하나님의 형상인 아담과 하나님 영의 모양으로 하와를 창조하여 그들의 후손이 태어났을 때 아담과 하와가 성부와 성령 하나님의 형상이 될 수 있도록 설계하셨다. 사람을 하나님의 형상으로 창조하심은 성자께서 성부와 성령 하나님 안에서 일하시다가 사람이 되어 세상으로 내려오시는 과정을 나타내기 위함이다. 성자 하나님의 형상으로 창조된 남자는 성자 하나님처럼 아버지(성부)와 어머니(성령)의 뜻에 순종하였을 때 하나님의 아들이 되게 하셨다. 여호와께서 성자 하나님을 본받는 사람들로 예정된 63명의 아담(1-63대)을 세우시다가(롬 8:29) 자신이 64대 마지막 아담(예수)이 되어 사람들에게 직접 말씀하셨다. 성자 하나님의 형상으로 창조된 아담(남자)의 족보를 통하여 예수께서 64대 아담으로 오셔서 65대 디나(야곱의 딸)와 같은 제자들을 낳으셨고 제자들에 의하여 세워진 66대 그리스도인은 야곱의 아들 아셀이 낳은 세라와 같다(창 46:17). 흙으로 만들어진 아담과 달리 아담의 갈비뼈로 만들어져 하나님 영의 모양으로 창조된 하와(그리스도의 신부)가 예수 그리스도와 하나 되어 땅에서 하늘에 계신 하나님 품으로 77대 만에 들어가게 하셨다.

66단계로 이루어진 아담의 족보는 하늘에 계신 하나님 품에서 땅으로 내려오시는 과정이며, 77단계로 이루어진 하와의 족보는 땅으로 쫓겨난 하와(그리스도의 신부)가 하늘에 계신 하나님 품으로 올라가는 거꾸로 된 족보이다. 아담과 하와의 족보는 22대 야곱에게 보여 주신 하늘에서 땅으로 하나님의 사자들이 오르내리는 사닥다리와 같다(창 28:12). 말씀으로 천지와 만물을 창조하시고 창조하신 만물을 심판하시는 예수 그리스도는 처음(알파)과 마지막(오메가)이 되신다(계 22:13). 아담과 하와를 창조하신 예수께서 모든 사람을 예수 그리스도의 신부로 삼아 자기 몸으로 통일함으로 예수 그리스도 안에서 하나가 되게 하셨다(엡 1:10).

첫째 아담을 자신의 형상으로 창조하시고 모든 사람을 하와처럼 예수 그리스도의 신부로 예정하셨다. 신부 하와로 파생된 죄를 마지막 아담(64대 예수)이 자기 몸으로 대속하여 모든 사람을 예수 그리스도 안에서 하나가 되게 하셨다. 여호와께서 예정하여 세우신 아담의 족보(1-66대)는 하늘(하나님의 품)에서 내려올 사람 중에 예수 그리스도를 나타내기 위해 하늘나라를 대표하여 미리 선별된 사람들이다(롬 8:29-30).

하나님 말씀은 하나님 품에 계신 성자 예수(말씀)께서 자신의 형상과 모양으로 아담(1-63대)을 창조하셔서 타락한 사람(그리스도의 신부)을 위해 64대 아담이 되어 세상으로 오셔서 모든 사람을 성자 하나님과 한 몸이 되게 하여 다시 하나님 품 안으로 들어가시는 과정을 기록하신 것이다. 하나님의 성령으로 감동하여 기록하신 말씀은 모든 사람이 인정하는 보편적 진리로 여길 수 있는 객관적인 내용이 아니기에 하나님께서 직접 말씀하셨다는 믿음이 없는 사람은 진리로 받아들이기 어렵다. 하나님의 주관적인 관점으로 기록된 66권의 성경은 하나님께서 자신을 66단계로 계시하여 완성하신 말씀이다. 하나님 품에 안식하신 말씀(성자)이 사람이 되어 세상으로 내려오시는 예수님의 족보는 성자께서 흙으로 창조하신 사람(그리스도의 신부)과 한 몸을 이루시는 과정을 보여 준다.

따라서 말씀이신 성자 예수님의 족보(66대)는 하나님 말씀을 단계별로 편집하신 말씀(66권)의 전개 방식과 같다. 말씀이신 성자께서 사람이 되어 내려오시는 족보에 따라 66권과 각 장과 절을 나누어 단계별로 말씀이 흙으로 만들어진 형체 안에 들어와 사람과 한 몸이 되는 과정을 나타내셨다. 예수님의 족보(66대)에 따라 배열된 66권의 말씀은 66대 족보의 이름이 각 성경의 주제가 되게 하여 각 성경의 목적을 명확하게 알 수 있게 하셨다.

성경의 설계도 도표

	하나님의 믿음 사역(#1-#22)	
설계도	족보와 이름(뜻)	말씀 설계도(창1-22장, 창세기-아가서)
#1	1대 아담(붉음)	믿음의 주께서 사람을 빛으로 붉어지게 하는 말씀 설계도(창 1장-1권 창세기)
#2	2대 셋(대치된)	믿음의 주께서 사람을 주님의 영으로 대치되게 하는 말씀 설계도(창 2장-2권 출애굽기)
#3	3대 에노스(죽을 수밖에 없는 존재)	믿음의 주께서 사람을 죽을 수밖에 없게 하는 말씀 설계도(창 3장-3권 레위기)
#4	4대 게난(소유·철공)	믿음의 주께서 사람이 주님을 소유하게 하는 말씀 설계도(창 4장-4권 민수기)
#5	5대 마할랄렐(하나님을 찬양하다)	믿음의 주께서 사람이 하나님을 찬양하게 하는 말씀 설계도(창 5장-5권 신명기)
#6	6대 야렛(계승된)	믿음의 주께서 사람이 주님을 계승하게 하는 말씀 설계도(창 6장-6권 여호수아)
#7	7대 에녹(헌신된)	믿음의 주께서 사람을 주님께 헌신하게 하게 하는 말씀 설계도(창 7장-7권 사사기)
#8	8대 므두셀라(대확장)	믿음의 주께서 사람을 대확장되게 하는 말씀 설계도(창 8장-8권 룻기)
#9	9대 라멕(능력 있는 것)	믿음의 주께서 사람을 능력 있게 하는 말씀 설계도(창 9장-9권 사무엘상)
#10	10대 노아(안식)	믿음의 주께서 사람을 어둠 속에서 안식하게 하는 말씀 설계도(창 10장-10권 사무엘하)
#11	11대 셈(이름)	믿음의 주께서 사람을 주님의 이르심(이름)을 받게 하는 말씀 설계도(창 11장-11권 열왕기상)
#12	12대 아르박삿(영역)	믿음의 주께서 사람을 주님의 영역이 되게 하는 말씀 설계도(창 12장-12권 열왕기하)
#13	13대 셀라(싹·보내다)	믿음의 주께서 사람을 주님의 싹이 되게 하는 말씀 설계도(창 13장-13권 역대상)

#14	14대 에벨(건너편)	믿음의 주께서 사람을 어둠의 건너편이 되게 하는 말씀 설계도(창 14장-14권 역대하)
#15	15대 벨렉(나눔)	믿음의 주께서 사람을 어둠에서 나누어지게 하는 말씀 설계도(창 15장-15권 에스라)
#16	16대 르우(친구)	믿음의 주께서 사람을 주님의 친구가 되게 하는 말씀 설계도(창 16장-16권 느헤미야)
#17	17대 스룩(가지·덩굴손·활)	믿음의 주께서 사람을 주님의 가지가 되게 하는 말씀 설계도(창 17장-17권 에스더)
#18	18대 나홀(거친 숨)	믿음의 주께서 사람을 주님의 거친 숨이 되게 하는 말씀 설계도(창 18장-18권 욥기)
#19	19대 데라(표백)	믿음의 주께서 사람을 표백되게 하는 말씀 설계도(창 19장-19권 시편)
#20	20대 아브라함(열국의 아비)	믿음의 주께서 사람을 열국의 아비가 되게 하는 말씀 설계도(창 20장-20권 잠언)
#21	21대 이삭(웃음)	믿음의 주께서 사람을 어둠 속에서 웃게 하는 말씀 설계도(창 21장-21권 전도서)
#22	22대 이스라엘(하나님과 겨루어 이김)	믿음의 주께서 사람을 하나님과 겨루어 이기게 하는 말씀 설계도(창 22장-22권 아가서)

하나님의 소망 사역(#23-#44)		
설계도	족보와 이름(뜻)	말씀 설계도(창 23장-44장, 이사야-사도행전)
#23	1	23대 유다(귀명한)	소망의 주께서 사람을 귀명하게 하여 빛으로 붉어지게 하는 말씀 설계도(창 23장-23권 이사야)
#24	2	24대 베레스(헤치고 나옴)	소망의 주께서 사람을 헤치고 나오게 하여 주님의 영으로 대치되게 하는 말씀 설계도(창 24장-24권 예레미야)
#25	3	25대 헤스론(울타리·닫힘)	소망의 주께서 사람을 성자 안에 닫히게 하여 죽을 수밖에 없게 하는 말씀 설계도(창 25장-25권 애가)

#26	4	26대 람(높여진)	소망의 주께서 사람을 높아지게 하여 주님을 소유하게 하는 말씀 설계도(창 26장-26권 에스겔)
#27	5	27대 암미나답(관용의 백성)	소망의 주께서 사람을 관용의 백성이 되게 하여 하나님을 찬양하게 하는 말씀 설계도(창 27장-27권 다니엘)
#28	6	28대 나손(점쟁이·뱀)	소망의 주께서 사람을 뱀처럼 지혜롭게 주님을 계승하게 하는 말씀 설계도(창 28장-28권 호세아)
#29	7	29대 살몬(겉옷)	소망의 주께서 사람을 겉옷을 입게 하여 주님께 헌신하게 하는 말씀 설계도(창 29장-29권 요엘)
#30	8	30대 보아스(유력자)	소망의 주께서 사람을 유력자로 대확장되게 하는 말씀 설계도(창 30장-30권 아모스)
#31	9	31대 오벳(섬기는·종)	소망의 주께서 사람을 여호와의 종으로 능력 있게 하는 말씀 설계도(창 31장-31권 오바댜)
#32	10	32대 이새(현존하는)	소망의 주께서 사람을 어둠 속에서 현존하게 하여 안식하게 하는 말씀 설계도(창 32장-32권 요나)
#33	11	33대 다윗(사랑받는)	소망의 주께서 사람을 사랑받게 하여 주님의 이르심(이름)을 받게 하는 말씀 설계도(창 33장-33권 미가)
#34	12	34대 솔로몬(평화로운)	소망의 주께서 사람을 평화롭게 하여 주님의 영역이 되게 하는 말씀 설계도(창 34장-34권 나훔)
#35	13	35대 르호보암(백성을 번성케 함)	소망의 주께서 사람을 번성케 하여 주님의 싹이 되게 하는 말씀 설계도(창 35장-35권 하박국)
#36	14	36대 아비야(여호와는 나의 아버지)	소망의 주께서 사람을 여호와의 백성이 되게 하여 어둠의 건너편이 되게 하는 말씀 설계도(창 36장-36권 스바냐)

#37	15	37대 아사(치료자)	소망의 주께서 사람을 치료자가 되게 하여 어둠에서 나누어지게 하는 말씀 설계도(창 37장-37권 학개)
#38	16	38대 여호사밧(여호와께서 심판하셨다)	소망의 주께서 사람을 대신하여 심판받아 죄인을 주님의 친구가 되게 하는 말씀 설계도(창 38장-38권 스가랴)
#39	17	39대 여호람(여호와는 존귀하시다)	소망의 주께서 사람을 존귀하게 여겨 주님의 가지가 되게 하는 말씀 설계도(창 39장-39권 말라기)
#40	18	40대 아하시야(여호와께서 잡으셨다)	소망의 주께서 사람을 잡으셔서 주님의 거친 숨이 되게 하는 말씀 설계도(창 40장-40권 마태복음)
#41	19	41대 요아스(여호와께서 불붙이셨다)	소망의 주께서 사람을 불붙게 하여 표백되게 하는 말씀 설계도(창 41장-41권 마가복음)
#42	20	42대 아마샤(여호와의 능력)	소망의 주께서 사람을 여호와의 능력으로 열국의 아비가 되게 하는 말씀 설계도(창 42장-42권 누가복음)
#43	21	43대 웃시야(여호와는 나의 힘이시다)	소망의 주께서 사람을 여호와의 힘(말씀)으로 어둠 속에서 웃게 하는 말씀 설계도(창 43장-43권 요한복음)
#44	22	44대 요담(여호와는 온전하시다)	소망의 주께서 사람을 온전하게 하여 하나님과 겨루어 이기게 하는 말씀 설계도(창 44장-44권 사도행전)

하나님의 사랑 사역(#45-#66)			
설계도		족보와 이름(뜻)	말씀 설계도(창 45장-출 16장, 로마서-요한계시록)
#45	1	45대 아하스(그가 붙들었다)	사랑의 주께서 사람을 붙들어 빛으로 붉어지게 하는 말씀 설계도(창 45장-45권 로마서)
#46	2	46대 히스기야(여호와는 강하게 하심)	사랑의 주께서 사람을 강하게 하여 주님의 영으로 대치되게 하는 말씀 설계도(창 46장-46권 고린도전서)

#47	3	47대 므낫세(잊어버림)	사랑의 주께서 옛사람을 잊어버리게 하여 죽을 수밖에 없게 하는 말씀 설계도(창 47장-47권 고린도후서)
#48	4	48대 아몬(충실한 자·노동자)	사랑의 주께서 사람을 충실한 노동자가 되게 하여 주님을 소유하게 하는 말씀 설계도(창 48장-48권 갈라디아서)
#49	5	49대 요시야(여호와께서 고쳐 주신다)	사랑의 주께서 사람을 고쳐 주셔서 하나님을 찬양하게 하는 말씀 설계도(창 49장-49권 에베소서)
#50	6	50대 여호야김(여호와께서 일으키셨다)	사랑의 주께서 사람을 일으키셔서 주님을 계승하게 하는 말씀 설계도(창 50장-50권 빌립보서)
#51	7	51대 여호야긴(여호와께서 완성하신다)	사랑의 주께서 사람을 완성하셔서 주님께 헌신하게 하는 말씀 설계도(출 1장-51권 골로새서)
#52	8	52대 스알디엘(내가 하나님께 간구했다)	사랑의 주께서 사람을 하나님께 간구하게 하여 대확장되게 하는 말씀 설계도(출 2장-52권 데살로니가전서)
#53	9	53대 스룹바벨(바벨론에서 태어난)	사랑의 주께서 사람을 세상에서 거듭나게 하여 능력 있게 하는 말씀 설계도(출 3장-53권 데살로니가후서)
#54	10	54대 아비훗(아버지의 영광)	사랑의 주께서 사람을 아버지의 영광으로 어둠 속에서 안식하게 하는 말씀 설계도(출 4장-54권 디모데전서)
#55	11	55대 엘리아김(하나님께서 일으키셨다)	사랑의 주께서 사람을 일으키셔서 주님의 이르심을 받게 하는 말씀 설계도(출 5장-55권 디모데후서)
#56	12	56대 아소르(유조·돕는 자)	사랑의 주께서 사람을 유조하여 주님의 영역이 되게 하는 말씀 설계도(출 6장-56권 디도서)
#57	13	57대 사독(의로운)	사랑의 주께서 사람을 의롭게 하여 주님의 싹이 되게 하는 말씀 설계도(출 7장-57권 빌레몬서)

#58	14	58대 아킴(지혜)	사랑의 주께서 사람을 지혜롭게 하여 어둠의 건너편이 되게 하는 말씀 설계도(출 8장-58권 히브리서)
#59	15	59대 엘리웃(하나님은 나의 영광)	사랑의 주께서 사람을 하나님의 영광으로 어둠에서 나누어지게 하는 말씀 설계도(출 9장-59권 야고보서)
#60	16	60대 엘르아살(하나님께서 도우셨다)	사랑의 주께서 사람을 도우셔서 주님의 친구가 되게 하는 말씀 설계도(출 10장-60권 베드로전서)
#61	17	61대 맛단(선물)	사랑의 주께서 사람을 선물이 되게 하여 주님의 가지가 되게 하는 말씀 설계도(출 11장-61권 베드로후서)
#62	18	62대 야곱(발꿈치를 잡는 자)	사랑의 주께서 사람의 발꿈치를 잡아서 주님의 거친 숨이 되게 하는 말씀 설계도(출 12장-62권 요한1서)
#63	19	63대 요셉(그가 더하실 것이다)	사랑의 주께서 사람을 백성으로 더하여 표백되게 하는 말씀 설계도(출 13장-63권 요한2서)
#64	20	64대 예수(자기 백성을 죄에서 구원함)	사랑의 주께서 사람을 죄에서 구원하여 열국의 아비가 되게 하는 말씀 설계도(출 14장-64권 요한3서)
#65	21	65대 디나(공의·심판)	사랑의 주께서 사람을 공의로 심판하여 어둠 속에서 웃게 하는 말씀 설계도(출 15장-65권 유다서)
#66	22	66대 세라(풍부한 여분)	사랑의 주께서 사람을 풍부한 여분이 되게 하여 하나님과 겨루어 이기게 하는 말씀 설계도(출 16장-66권 요한계시록)

1

족보로 이루어진 하나님의 설계도

66대로 이루어진 족보는 하나님 말씀이신 성자 하나님께서 하나님의 성전으로 세우신 사람을 새 예루살렘성으로 세우는 과정이다.

"성 안에서 내가 성전을 보지 못하였으니 이는 주 하나님 곧 전능하신 이와 및 어린 양이 그 성전이심이라"(계 21:22).

기존의 예루살렘성이 아니라 새롭게 세우시는 새 예루살렘성은 전능하신 성부 하나님과 어린 양(성자 하나님)께서 성전이 되시므로 그리스도의 신부(새 예루살렘성)가 한 몸을 이루게 된다. 이는 하나님께서 천지와 만물을 창조하시기 전과 같은 상태로 성부 하나님 품에 독생하신 성자 하나님께서 하나님의 영과 한 몸을 이루고 계신 모습을 말한다. 하나님의 형상으로 창조하신 사람은 하나님의 성전이 될 수 있는 영과 혼과 몸으로 이루어졌다(살전 5:23). 하나님께서 사람을 성전으로 삼으시는 과정은 믿음의 주께서 사람(그리스도의 신부)을 하나님의 말씀과 한 몸을 이룰 수 있는 하나님의 영으로 세우는 하나님의 믿음 사역(1-22대)과 소망의 주께서 사람을 보혜사 성령님의 뜻에 순종할 수 있는 하나님의 혼으로 세우는 하나님의 소망 사역(23-44대)과 사랑의 주께서 사람을 보혜사 성령님의 뜻에 순종할 수 있는 하나님의 몸으로 세우는 하나님의 사랑 사역(45-66대)이다.

하나님의 믿음 사역(1대-22대)

　믿음이 없이는 하나님을 기쁘시게 할 수 없는 것처럼(히 11:6) 여호와 하나님의 말씀에 믿음으로 순종하는 사람이 성자 예수님의 족보로 세워지는 영역이다. 하나님을 기쁘시게 하는 믿음은 하나님께서 사람을 통하여 일하실 수 있는 기초이다. 하나님의 형상과 모양으로 창조된 남자와 여자는 말씀이신 성자 하나님의 형상과 말씀(성자)을 품는 하나님 영의 모양으로 창조되었다는 뜻이다. 남자(아담)는 말씀이신 성자 하나님의 형상이며 여자(하와)는 말씀이신 성자 하나님과 한 몸을 이루는 하나님의 영과 같은 모양으로 그리스도의 신부와 같다.

　하나님의 믿음 사역(#1-#22)은 하나님의 말씀에 순종하는 성자 하나님의 형상을 본받는 22명의 아담(1대-22대)이 타락한 하와의 영을 세우기 위해 믿음으로 일하는 영역이다. 1대 아담부터 22대 이스라엘(야곱)의 족보에 따라 창세기 1장부터 22장을 설계하여 하늘에 계신 하나님께서 말씀(성자)으로 아담(이삭)과 하와(리브가)를 세우심을 나타내셨다. 또한 이러한 족보의 순서에 따라 1권 창세기부터 22권 아가서를 편집하여 창세기 22장(1장-22장)을 통하여 바르게 정립할 수 있도록 설계하셨다. 일정한 규율과 원칙이 없는 나라가 세워질 수 없는 것처럼, 사람의 영과 혼과 몸 안에 하나님의 나라를 세우는 법과 같은 하나님의 말씀을 아담의 족보에 따라 편집하여 하나님의 뜻을 정확하게 전달하셨다. 이러한 성경의 설계도를 통하여 성경을 연구할 때 하나님의 나라를 바르게 이해함으로 이단의 공격을 차단할 수 있게 될 것이다.

1) 설계도 #1 - 1대 아담

하나님의 형상으로 창조하신 아담의 이름은 '붉다(be red), 붉게 물들인 (dyed), 붉어지다'에서 유래하여 '붉음'이라는 뜻으로 천지창조 첫째 날 흑암 속에서 빛으로 붉어지신 성자의 형상이다. 하나님 아버지 품속에서 독생하시던 성자 하나님께서 빛으로 붉어지신 자신의 첫 번째 형상으로 아담을 붉어지게 하셨다. 흙에 불과한 존재(아담)를 성자의 형상으로 창조하셔서 성자의 신부와 같은 하와(여자)를 아담의 갈비뼈로 창조하셨다. 성자 하나님의 첫 번째 말씀은 성자 하나님과 같이 빛의 형상으로 붉어진 1대 아담과 하와의 믿음으로 하와(그리스도의 신부)가 빛으로 붉어지게 하는 말씀 설계도(#1)이다. 하나님의 영과 같은 모양으로 창조하신 연약한 하와(그리스도의 신부)를 신의 성품을 가진 온전한 하나님의 영으로 세우기 위한 첫 번째 단계이다. 첫째 날 빛으로 붉어지신 성자 하나님과 피조물을 통하여 피조물이 믿음의 빛으로 붉어지게 하는 창세기 1장 설계도(#1)이다. 아담이 그의 아들을 성자 하나님의 형상으로 세우지 못하면 아담과 하와는 하나님의 형상과 모양을 잃어버린 것이다.

하나님께서 창조하신 어둠과 빛이 하나님의 영 안에서 함께 공존할 수 없는 것처럼(사 45:7), 하나님의 나라는 어둠 속에서 성부 하나님의 말씀을 빛으로 발하는 빛의 나라이다. 성자 하나님의 형상으로 아담을 창조하심은 어둠의 유혹을 이길 수 없는 신부(하와)를 그리스도의 신부로 세우기 위함이다. 연약한 신부(하와)를 죄에서 구원하기 위해 하늘에서 세상으로 내려오신 첫 번째 신랑 아담은 빛이신 성자 예수님의 첫 번째 형상이다(*여호와 하나님이 이르시되 보라 이 사람이 선악을 아는 일에 우*

리 중 하나 같이 되었으니-창 3:22). '우리 중 하나'라는 뜻은 삼위 하나님 중에 사람의 몸을 입고 땅으로 내려오실 성자 예수님을 의미한다. 아담의 갈비뼈로 만들어진 하와는 성자 예수님의 신부와 같다.

신부 하와는 말씀이요 빛이신 성자 하나님과 한 몸을 이루는 하나님의 영과 같다. 선악과를 먹고 타락한 하와를 위해 아담이 취한 행동은 아담을 통하여 성자 예수께서 그리스도의 신부를 위해 무엇을 하셨는가를 보여 주신 것이다. 이런 의미에서 예수께서 성경 말씀을 자신에 대하여 기록하신 것이라 하셨다(요 5:39). 하나님의 아들이신 예수 그리스도를 본받는 사람들의 삶을 통하여 예수 그리스도께서 사람과 한 몸이 되심을 계시하기 위해 기록하신 66권의 말씀이다. 위인의 전기나 많은 사람에게 감명을 준 책을 하나님 말씀(성경)이라고 할 수 없음은 하나님께서 그것들을 통하여 성자 하나님에 대하여 말씀하지 않으셨기 때문이다. 66권의 정경 외에 존재하는 외경은 매우 귀중한 문서이지만 사람을 66대(66권)로 완성하시는 하나님의 말씀 설계도에 들어올 수 없게 된 것으로 보인다.

아담이 하와가 주는 선악과를 먹지 않고 하와와 한 몸을 이루지 않았더라면, 여자의 후손을 통하여 오시는 둘째 아담(예수 그리스도)이 세상으로 내려오실 수 없다. 하나님의 영으로 충만하신 성자께서 타락한 하와를 버리고 또 다른 하와를 만들지 않으심은 경건한 성자 하나님께서 타락한 모든 사람을 구원하시기 위함이다(말 2:15). 타락한 하와가 주는 선악과를 먹는 아담의 모습은 그리스도의 신부를 위해 십자가를 짊어지신 예수 그리스도를 본받는 모습이다(롬 8:29). 빛으로 붉어진 성자 하나님을 통하여 흙으로 빚어 예수님의 형체로 만들어진 존재가 믿음의 사람이 되어 빛으로 붉어지게 되었다. 성자 하나님을 자신의 주님으로 믿는 믿음을 통

하여 하와를 그리스도의 신부로 세울 수 있게 하신 성자 하나님은 믿음의
주가 되신다.

　믿음의 주께서 사람을 빛으로 붉어지게 하는 말씀 설계도(#1)를 통하여
창세기 1장(#1)과 1권 창세기 말씀(#1)과 첫째 날(#1)과 첫째 달(#1)과 첫
째 해(#1)와 첫째 아들(#1)을 나타내는 숫자 1(#1)과 모든 성경의 1장(#1)
을 설계하신 것으로 보인다.

　1권 창세기 말씀(#1)은 빛으로 붉어진 아담(1대 아담부터 23대 요셉)을
통하여 어둠이 다스리는 애굽에서 야곱의 말을 여호와의 말씀으로 믿는
이스라엘 자손을 빛으로 붉어지게 하는 창세기 설계도(#1)이다. 가나안
땅에서 바로 왕(어둠)이 다스리는 애굽으로 내려간 이스라엘 자손은 선악
과를 먹고 타락한 하와(그리스도인)를 상징하며, 애굽으로 팔려간 요셉은
하늘에서 세상으로 내려오신 성자의 형상이다. 하늘을 상징하는 가나안
땅에서 땅(흙)을 상징하는 애굽으로 내려간 이스라엘 후손의 이야기는 믿
음의 빛으로 붉어진 그리스도의 신부(이스라엘 후손)를 세우는 과정이다.

숫자 1

　숫자 1은 어둠 속에서 빛으로 붉어진 1대 아담을 상징하는 숫자이다.
하나님께서 창조하신 1대 아담은 하나님께서 말씀으로 창조하신 모든 것
의 기준이다. 숫자 0이 없다면 숫자 1이 존재할 수 없는 것처럼 숫자 0은
사람이 볼 수 없는 영(0)이신 하나님을 나타내는 숫자이다. 말씀이요 영
이신 하나님께서 천지와 만물을 창조하셨으나 자신을 드러내지 않고 숫
자 0처럼 숨어 계신다. 숫자 1은 영이신 하나님께서 흙으로 만들어진 사

람 안에 들어오심으로 형상이 없던 존재(사람)가 빛이신 성자 하나님의 형상으로 붉어지게 되었다는 뜻이다.

숫자 1은 빛을 나타내는 양수(陽數)와 어둠을 나타내는 음수(陰數)가 존재하나 숫자 0은 양수와 음수의 사이에 존재한다. 하나님께서 빛으로 붉어진 사람과 어둠의 사람의 근원이 영(0)이신 하나님이라는 사실을 아라비아 숫자를 통하여 나타내셨다. 황량한 사막으로 이루어진 아라비아는 볼 수 없는 하나님을 볼 수 있도록 자신을 드러내시는 장소로 활용하셨다(미디안의 시내산-호렙산).

2) 설계도 #2 - 2대 셋

빛으로 붉어진 1대 아담이 낳은 2대 아담(셋)의 이름은 '놓다, 두다, 배치하다'에서 유래하여 '놓인, 대치된'이라는 뜻으로 죽은 아벨의 영으로 대치되었다는 뜻이다. 가인에게 죽은 아벨의 호소(기도)가 없이는 아벨의 영으로 대치된 2대 셋이 존재할 수 없다. 타락한 아담과 하와를 구원하기 위해 성자 예수께서 아담의 후손을 통하여 하늘(성부 하나님의 품)에서 세상으로 내려오시는 과정이 아담의 족보라 하였다. 성자의 형상인 아담(주님)의 영으로 대치되었다가 타락한 하와(그리스도의 신부)를 주님(성자 예수)의 영으로 대치되게 하는 과정을 가인과 아벨과 셋을 통하여 알게 하셨다(창 4장).

뱀의 유혹에 넘어가 선악과를 먹은 하와의 타락으로 어둠에 사로잡히게 된 아담과 같은 형상이 장자 가인이다. 아담의 역할을 대신하는 가인은 하와를 위해 자신을 희생하는 소제를 드렸으나, 성자 하나님께서 타락한 아담을 대신하여 십자가를 짊어지지 않았기에 여호와 하나님께서 받으실 수 없음을 나타내셨다. 가인에게 죽임을 당한 동생 아벨은 타락한 아담을 대신하여 믿음으로 사탄에게 죽임을 당한 성자의 형상이다. 성자의 역할을 대신하는 아벨은 첫째 아담을 대신하여 성자께서 죽으셔야 함을 나타내는 번제(燔祭)의 제사가 여호와께서 받으실 수 있는 제사임을 보여 준다. 성자의 역할을 대신하는 아벨의 역할은 하나님의 형상을 벗어버린 타락한 사람을 대신하여 죽으심으로 타락한 사람이 다시 하나님의 형상으로 거듭날 수 있게 하는 역할이다.

　가인에게 죽임을 당한 아벨은 믿음의 빛으로 붉어졌다가 어둠(타락한 아담)에게 죽임을 당한 성자의 형상이며, 아벨을 대신하여 태어난 셋의 사명은 믿음으로 여호와의 말씀을 대신하는 하나님의 영과 같다. 하나님의 영은 여호와의 말씀이신 진리의 말씀을 믿음으로 말씀 그대로 전하는 빛의 영(성령)과 여호와의 말씀을 변질시켜 거짓말을 전하는 어둠의 영(악령)이 존재한다. 변함없으신 성부 하나님 품에 계신 성자 하나님은 금(금방패)으로 나타내셨고, 선악을 아시는 성령 하나님과 한 몸을 이루신 성자 하나님은 은으로 나타내셨고 사탄이 다스리는 땅으로 내려오신 성자 하나님은 놋으로 나타내셨다(놋뱀, 놋방패). 성자 하나님의 역할을 대신하던 아벨을 대신하여 태어난 셋은 아벨이 아담의 죄를 대신하여 죽으신 성자 하나님으로 믿은 사람이다. 타락한 아담을 대신하여 죽으신 성자 예수님을 대신하는 아벨은 타락하기 전 아담과 같고, 아벨을 대신하는 셋은 아담의 갈비뼈로 만들어진 하와와 같다. 하와의 역할은 아담을 주님으로 여기며 주님(아담)을 대신하여 여호와의 말씀으로 뱀을 대적하여 물리치는 사명이다. 아담을 성자 하나님으로 믿는 믿음이 연약한 하와가 뱀에게 넘어졌기에 하와를 통하여 태어난 모든 사람과 선악과를 먹은 아담을 구원하시기 위해 성자 예수께서 아담의 족보를 타고 세상으로 내려오신 것이다.

하나님께서 사람을 믿음의 빛으로 붉어질 수 있게 하심은 아담의 아내로 지음을 받은 사람(하와)이 여호와 하나님을 품는 하나님의 성전과 같이 주님의 말씀을 품는 주님의 영으로 대치되게 하려는 것이다. 혼이란 자유의지를 가진 사람이 스스로 하나님의 뜻에 따라 순종하거나 불순종할 수 있는 영역을 말한다. 따라서 사람은 자유의지에 따라 빛의 사람과 어둠의 사람으로 나누어진다. 성자 하나님의 두 번째 말씀은 믿음의 주께서 아벨의 영으로 대치된 2대 셋을 통하여 사람을 주님의 영으로 대치되게 하는 말씀 설계도(#2)이다.

십자가에서 돌아가신 성자 예수님처럼 아벨이 죽으면서 호소하여 여호와께서 아벨을 대신하여 셋을 세우셨다. 따라서 죽은 아벨을 대신하여 여호와의 말씀을 받아 대신 전하는 셋을 통하여 그리스도의 신부로 세워진 사람이 주님의 영으로 대치되어 여호와 하나님의 성전이 되게 하셨다. 성자 예수님을 본받아 타락한 사람을 대신하여 십자가를 짊어지는 사람(성자의 형상)을 통하여 어둠이 다스리는 세상에서 하나님의 나라가 세워지게 하신다.

믿음의 주께서 사람을 주님의 영으로 대치되게 하는 말씀 설계도(#2)로 창세기 2장(#2)과 2권 출애굽기(#2)와 둘째 날(#2)과 두 번째 달(#2)과 두 번째 해(#2)와 둘째 아들(#2)을 나타내는 숫자 2(#2)와 모든 성경의 2장(#2)을 설계하셨다.

2권 출애굽기(#2)는 믿음의 주께서 여호와 하나님의 성전이 된 모세를 통하여 애굽에서 이스라엘 자손을 주님의 영으로 대치되게 하는 출애굽기 설계도(#2)이다. 여호와께서 모세와 이스라엘 자손을 통하여 세우신 성막은 여호와 하나님을 품는 성전으로 하나님의 영과 같다. 아담의 갈비뼈로 창조하신 하와는 그리스도 신부의 형상이며 성자 하나님을 품는 성전(성막)이다.

숫자 2

숫자 1은 홀수이며 숫자 2는 짝수이다. 성부 하나님과 하나님의 영(성령)이 짝을 이루는 것처럼, 숫자 1의 짝이 되는 숫자 2는 홀로 설 수 없는 숫자로 하나님 말씀을 품고 말씀으로 생명을 낳는 하나님 영과 같은 정체성이다. 아담의 짝이 된 하와는 그녀의 가정(에덴동산)에서 아담이 받은 하나님 말씀을 품고 말씀으로 아담의 아들을 낳는 이인자의 개념이다. 절대권력을 가진 왕은 서열 1위며 총리는 서열 2위이다.

이인자(二人者) 총리는 왕의 말씀을 받아 그리스도의 신부와 같이 왕에게 받은 말씀을 대신 전하여 백성을 돌보는 역할이다. 하나님께서 세운 가정에서 일인자(一人者)는 여호와의 말씀을 대신하는 아버지이며 이인자(二人者)는 아버지의 생명으로 자녀를 낳고 양육하는 어머니이다. 어머니의 역할은 아버지의 생명을 몸으로 낳아 아버지의 기업을 잇게 하는 성령 하나님의 형상이다. 여호와께서 노예가 되어 애굽으로 끌려간 요셉과 포로가 되어 바벨론으로 끌려간 다니엘과 바사(페르시아)의 모르드개를 왕으로 세우지 않으시고 총리로 세우셨다. 이것은 성부 하나님의 자리에 타락한 사람(왕)이 앉아 있어 어둠 속에 있는 자기 백성을 다스리는 성

족보로 보는 성경 설계도 I

령 하나님의 역할을 나타내려 하신 것으로 보인다. 이인자는 2대 셋의 이름처럼 절대자를 자기의 주(主)로 믿음으로 절대자(주)를 대신하는 역할이다.

물속에 있는 땅을 품고 있는 하나님의 영(靈·spirit)은 자신의 의지를 내려놓음으로 하나님의 말씀을 자신의 주로 삼아 한 몸을 이루는 거룩한 영(성령)과 자신의 의지를 내려놓지 못하여 하나님 영(성령)이 되지 못한 악한 영으로 나뉜다. 거룩한 하나님의 영은 하나님 품에 말씀으로 계시다가 빛이 되신 성자 하나님과 한 몸을 이루어 빛이신 성자 하나님을 품고 계시다가 세상으로 보내신다.

3) 설계도 #3 - 3대 에노스

주님의 영으로 대치된 2대 아담(셋)이 낳은 3대 아담(에노스)의 이름은 '약하다, 아프다'에서 유래하여 '죽을 수밖에 없는 존재'라는 뜻으로 주님의 영으로 대치된 죄인을 대신하여 죽을 수밖에 없는 성자의 형상이다. 성자 하나님의 세 번째 말씀은 믿음의 주께서 3대 에노스를 통하여 사람을 죽을 수밖에 없게 하는 말씀 설계도(#3)이다. 주님의 영으로 대치된 사람(#2)을 믿음의 주께서 주님 안에서 죽을 수밖에 없게 하는 단계(#3)이다.

에노스를 미리 아신 하나님께서 그를 성자 예수님처럼 죽을 수밖에 없는 존재가 되는 3대 아담으로 예정하셨다. 사람의 육체(肉體)를 의미하는 몸은 자유의지를 가진 사람의 몸이 하나님의 뜻에 따라 순종함으로 자신의 영혼(영과 혼)을 새롭게 하는 영역이다. 다른 피조물과 달리 하나님의 형상과 모양으로 창조된 사람은 성자 하나님과 같은 영과 혼과 몸(육)으로 이루어졌다(살전 5:23). 각 사람은 자기의 몸을 어떤 도구로 사용하느냐에 따라 성자 하나님과 같이 되거나 하나님을 대적하는 사탄과 같이 되는 존재이다.

　영원하신 성자 하나님의 형상인 아담은 생명나무 과실을 먹고 영생하는 존재이다. 생명나무 과실을 먹고 영원히 죽을 수 없는 존재로 창조된 아담이 연약한 하와(그리스도의 신부)를 위해 죽을 수밖에 없는 성자 하나님을 본받아 선악과를 먹고 성자 예수님 안에서 죽을 수밖에 없는 존재가 되었다. 아담이 선악과를 먹지 않고 생명나무 과실을 먹었다면 아담은 신부(하와)를 위해 자기를 희생하신 성자 하나님의 형상이 될 수 없다. *"하나님이 미리 아신 자들을 또한 그 아들의 형상을 본받게 하기 위하여 미리 정하셨으니 이는 그로 많은 형제 중에서 맏아들이 되게 하려 하심이니라"(롬 8:29)*.
　타락한 사람은 자신을 희생하지 않으려는 사탄의 형상이 되어 자기중심적인 삶을 살다가 세상에서 영원히 살지 못하고 죽을 수밖에 없는 존재가 되었다. 성자 예수께서 타락한 사람을 세워 연약한 사람을 위해 성자처럼 믿음으로 죽을 수밖에 없게 하는 3단계이다.

　믿음의 주께서 사람을 죽을 수밖에 없게 하는 말씀 설계도(#3)로 창세기 3장(#3)과 3권 레위기 말씀(#3)과 숫자 3(#3)과 셋째 날(#3)과 셋째 달(#3)과 셋째 아들(#3)과 모든 성경의 3장(#3)을 설계하셨다.
　3권 레위기 말씀(#3)은 믿음의 주께서 짐승과 레위인과 서원하는 사람을 통하여 사람을 성자 안에서 죽을 수밖에 없게 하는 레위기 설계도(#3)

이다. 죄로 죽을 수밖에 없는 사람을 레위기를 통하여 성자 예수 안에서 믿음으로 죽을 수밖에 없게 하셨다.

3대 에노스는 죄인을 구원하시기 위해 하늘에서 땅(세상)으로 내려오시는 성자 하나님의 세 번째 단계를 나타내는 이름이다. 셋째 날(#3) 땅위에 창조하신 풀·채소·과실 나무는 짐승과 사람의 양식이 되어 죽을 수밖에 없는 이것들은 3대 에노스처럼 땅으로 오셔서 죄인의 양식이 되어죽을 수밖에 없는 존재가 되신 성자의 형상이다. 신부(하와)를 세워 여호와 하나님의 역할을 대신할 수 있도록 하려면 영원하신 성자께서 죄인(신부)을 위해 죽을 수밖에 없다는 뜻이다. 아담의 죄로 인하여 죽을 수밖에 없는 사람이 성자 예수님의 형상인 채소와 과일을 먹고 주님처럼 살게 하려는 것이다. 셋째 날과 야곱의 셋째 아들(레위)과 삼 년 된 짐승(창 15:9)은 하늘에 계신 성자 하나님께서 땅으로 내려오셔서 자신이 창조하신 사람을 살리기 위해 죽을 수밖에 없음을 나타내는 단계이다.

4) 설계도 #4 - 4대 게난

성자처럼 죽을 수밖에 없는 3대 아담(에노스)이 낳은 4대 아담(게난)의 이름은 '둥지, 보금자리, 칸막이'에서 유래하여 '소유, 광대한 소유, 큰 소유, 철공(헬라어)'이라는 뜻으로 죄인을 신부로 소유하신 성자의 형상이다. 선악과를 먹고 주님을 소유할 수 없게 된 사람이 주님을 신랑으로 소유할 수 있게 하심을 게난을 통하여 나타내셨다. 성자 하나님의 네 번째 말씀은 죄인을 신부로 소유한 4대 게난을 통하여 사람을 믿음의 주께서 주님을 신랑으로 소유하게 하는 말씀 설계도(#4)이다. 믿음으로 성자 안에서 죽을 수밖에 없게 된 사람(#3)이 믿음으로 주님을 신랑으로 소유할 수 있게 하는 단계(#4)이다.

하나님께서 넷째 날에 창조하신 피조물은 네 번째 하나님 말씀의 정체성을 나타내신 것이라 하였다. 궁창 안에 별들과 함께 큰 광명으로 여호와 하나님을 상징하는 해(시 84:11)와 작은 광명으로 사람을 상징하는 달을 창조하셨다. 낮에는 해와 같은 여호와께서 빛을 비추어 만물을 소생할 수 있도록 일하심을 나타내셨다(요 9:4). 밤에는 빛을 소유할 수 있는 작은 광명으로 만들어진 달이 빛을 받아 어두운 세상을 밝히게 하셨다. 즉 해와 같은 광대하신 주님께서 빛을 스스로 밝힐 수 없는 달과 같은 사람을 세워 빛이신 주님을 소유하게 하였다는 뜻이다. 빛이 아닌 달이 빛이신 주님을 소유할 수 있게 하신 네 번째 날(#4)이다.

성자의 형상인 지구에 붙들려 벗어날 수 없는 달은 주님의 신부가 성자 하나님을 떠나서 살 수 없음을 나타내신 하나님의 지혜이다. 해처럼 하늘에 계시던 여호와께서 사람이 되어 자기 땅(지구)으로 오셨고(요 1:11-12) 빛을 스스로 밝힐 수 없는 달이 빛이신 주님을 신랑으로 받아들이는 과정을 그믐달에서 보름달이 되도록 설계하셨다.

게난의 이름은 '철공(鐵工)'이라는 뜻으로 성자께서 사탄의 유혹을 받아 자기 뜻대로 살기를 원하는 철과 같이 완고한 사람을 변화시켜 하나님의 그릇으로 만드심을 뜻한다. 하나님의 백성이 된 사람은 자신의 의지를 내려놓음으로 인생의 광야에서 성자 하나님을 신랑(주님)으로 받아들여야 한다. 타락한 하와는 여호와께서 먹지 말라 하신 선악과를 양식으로 먹고 죽게 되었다. 타락한 하와가 예수 그리스도의 신부가 되려면 여호와께서 주신 성자 하나님을 자기 양식으로 삼아야 한다.

믿음의 주께서 사람이 주님을 소유하게 하는 말씀 설계도(#4)를 통하여 창세기 4장(#4)과 4권 민수기(#4)와 넷째 날(#4)과 넷째 달(#4)과 넷째 아들(#4)과 숫자 4(#4)와 모든 성경의 4장(#4)을 설계하셨다.

4권 민수기 말씀(#4)은 믿음의 주께서 믿음으로 죄인을 신부로 소유하는 므낫세 지파 남자를 통하여 가나안 땅의 기업을 무를 수 없는 슬로브핫의 딸이 믿음으로 주님(므낫세 지파의 신랑)을 소유할 수 있게 하는 민수기 설계도(#4)이다.

믿음으로 죄인을 신부로 소유할 수 있는 야곱의 넷째 아들 유다(#4)를 통하여 이방인 다말이 유다를 주님과 같은 신랑으로 소유할 수 있게 되어 성자 예수님의 계보를 계승하였다.

5) 설계도 #5 - 5대 마할랄렐

죄인을 신부로 소유한 4대 아담(게난)이 낳은 5대 아담(마할랄렐)의 이름은 '하나님을 찬양하다'라는 뜻으로 하나님을 찬양하는 성자의 형상이다. '하나님을 찬양'한다는 의미는 사람이 스스로 자신과 같은 사람을 하나님의 형상으로 세우고 죽는 것을 말한다. 하나님께서 자신의 형상으로 사람을 창조하심은 사람을 통하여 하나님의 형상과 모양을 가진 사람을 세워 하나님을 찬양하게 하심이다. 사람이 하나님의 뜻대로 하나님의 형상과 모양을 가진 사람을 세우고 죽으면 하나님을 찬양하는 삶이 되지만, 그렇지 못하면 하나님을 찬양하지 못하게 된다는 뜻이다.

사탄은 사람을 유혹하여 세상에서 큰 명예와 부를 쌓게 하지만, 하나님께서 세상으로 보내신 사람은 하나님의 형상을 잃어버린 사람을 하나님의 형상으로 세우고 역사 속으로 사라지는 존재이다. 신랑이 되신 성자 예수님을 소유한 사람이 스스로 하나님의 형상으로 자기와 같은 사람을 세우고 어둠 속으로 사라짐으로 하나님의 영화로운 모습을 드러내는 단계이다.

성자 하나님의 다섯 번째 말씀은 하나님을 찬양하는 5대 마할랄렐을 통하여 사람을 믿음의 주께서 자기의 삶을 통하여 하나님을 찬양하게 하는 말씀 설계도(#5)이다. 믿음으로 주님을 신랑으로 소유한 사람(#4)이 믿음으로 하나님을 찬양하는 단계(#5)이다. 주님을 신랑으로 소유하지 못한 사람을 그의 삶을 통하여 하나님을 찬양할 수 없다. 사람을 자기의 형상으로 창조하신 성자께서 자기의 형상을 가진 사람을 통하여 보이지 않으신 하나님의 모습을 드러내게 하여 하나님을 찬양하게 하셨다. 성자 하나님의 다섯 번째 형상인 5대 마할랄렐은 다섯째 날 궁창 윗물과 아랫물을 통하여 창조하신 생물과 같은 정체성이다. 다섯째 날 궁창 윗물로 창조하신 새(생물)는 하늘에 계신 하나님의 말씀을 땅으로 전달하여 땅에 있는 사람을 하나님의 형상으로 세우고 자기의 모습을 땅에서 드러내지 않음으로 하늘에 계신 하나님을 드러내어 믿음으로 하나님을 찬양하는 존재이다.

궁창 아랫물로 창조하신 물고기는 땅에서 죽을 수밖에 없는 사람을 성령 안에서 살리는 역할을 통하여 하나님을 찬양하는 존재이다. 이것들은 하늘(궁창 윗물과 아랫물)에서 땅에 있는 존재를 세우는 사명을 다하면 땅에서 궁창 윗물과 아랫물로 사라져 보이지 않게 된다. 이러한 생물처럼

5대 마할랄렐은 자기 삶을 통하여 자신의 형상과 모양을 가진 사람을 낳고 길러서 자신을 대신하는 사람으로 세우고 땅에서 사라져 하나님을 찬양하는 사명이다. 주님을 신랑으로 소유한 사람이 주님의 말씀으로 다음 세대를 세우고 죽음으로 자신의 영광을 자랑하던 연약한 사람이 하나님을 찬양하는 단계이다.

믿음의 주께서 사람이 하나님을 찬양하게 하는 말씀 설계도(#5)로 창세기 5장(#5)과 5권 신명기 말씀(#5)과 다섯째 날(#5)과 다섯째 달(#5)과 다섯째 아들(#5)과 숫자 5(#5)와 모든 성경의 5장(#5)을 설계하셨다.

5권 신명기 말씀(#5)은 믿음의 주께서 믿음으로 하나님을 찬양하는 모세를 통하여 광야에서 태어난 이스라엘 자손이 믿음으로 하나님을 찬양하게 하는 신명기 설계도(#5)이다.

6) 설계도 #6 - 6대 야렛

하나님을 찬양하는 5대 아담(마할랄렐)이 낳은 6대 아담(야렛)의 이름은 '내려오다, 내려가다'에서 유래하여 '후예, 가계, 계승된'이란 뜻으로 하나님의 후예가 되어 하나님의 가계(家系)를 이룸으로 하나님을 계승하는 성자의 형상이다. 하나님을 계승할 수 없는 사람이 계승할 수 있게 하는 단계이다. 성자 하나님의 여섯 번째 말씀은 하나님을 계승하는 6대 야렛을 통하여 사람을 믿음의 주께서 주님을 계승하게 하는 말씀 설계도(#6)이다. 믿음으로 하나님을 찬양하는 사람(#5)이 믿음으로 주님을 계승할 수 있게 하는 단계(#6)이다. 주님을 계승하기 위해서는 믿음으로 하나님을 찬양하지 않으면 불가능하기 때문이다. 여섯째 날(#6) 창조하신 짐승과 사람을 통하여 여섯 번째 설계도의 정체성을 나타내셨다. 짐승과 사람은 성자 하나님의 형상으로 세워진 사람이 하나님을 계승하는 성자 예수님의 형상이다. 만약 성자께서 여섯째 날에 흙으로 짐승을 만들지 않으셨다면 타락한 사람이 하나님을 계승할 수 없었을 것이다.

하나님을 찬양하는 삶은 하늘에 계신 하나님의 말씀을 땅에 있는 사람에게 전달하는 사명이며, 몸으로 하나님을 계승하는 삶은 하나님의 뜻이 하늘에서 이루어진 것처럼 사람을 통하여 하나님의 나라가 땅에서 이루어지게 하는 사명이다.

믿음의 주께서 사람이 주님을 계승하게 하는 말씀 설계도(#6)로 창세기 6장(#6)과 6권 여호수아서 말씀(#6)과 여섯째 날(#6)과 여섯째 달(#6)과 숫자 6(#6)과 모든 성경의 6장(#6)을 설계하셨다.

6권 여호수아서 말씀(#6)은 믿음의 주께서 믿음으로 하나님을 계승하는 여호수아를 통하여 하나님을 계승할 수 없었던 기생 라합과 기브온 주민이 믿음으로 주님을 계승하게 하는 여호수아서 설계도(#6)이다.

7) 설계도 #7 - 7대 에녹

주님을 계승하는 6대 아담(야렛)이 낳은 7대 아담(에녹)의 이름은 '헌신된, 교수, 시작하는 자'라는 뜻으로 교수가 되어 새로운 일을 시작하여 하나님께 헌신하는 성자의 형상이다. 성자 하나님의 일곱 번째 말씀은 하나님께 헌신하는 7대 에녹을 통하여 사람을 믿음의 주께서 주님께 헌신하게 하는 말씀 설계도(#7)이다. 믿음으로 주님을 계승할 수 있도록 창조하신 사람(#6)이 주님의 말씀에 헌신하지 못하여 하나님께서 창조하신 질서를 깨뜨렸다. 믿음으로 주님을 계승하는 야렛을 통하여 하나님께 헌신하는 에녹을 낳을 수 있게 하셨다.

7대 아담(에녹)은 천지와 만물을 창조하신 여호와께서 7일에 사람 안에 안식하신 성자 하나님과 같다. 여호와의 말씀에 순종하여 헌신하는 아담 안에 여호와께서 안식하셨고, 아담은 여호와 하나님을 대신하여 피조물을 다스리게 되었다. 하나님께 헌신하신 성자 예수님의 7대 형상인 에녹은 하나님께서 성자 예수님을 하늘로 끌어 올리신 것과 같이 성자 예수님과 한 몸을 이룬 에녹을 하늘로 데려가셨다(*에녹이 하나님과 동행하더니 하나님이 그를 데려가시므로 세상에 있지 아니하였더라-창 5:24*). 300규빗으로 만들어진 방주처럼 에녹이 300년 동안 영과 혼과 몸으로 성자 하나님과 한 몸을 이루어 세상에 있지 않게 되었다. 하늘로 올라가신 예수님처럼 에녹도 죽음을 보지 않고 하늘로 올라감으로 사람을 하늘에 계신 성자 하나님의 형상으로 창조하셨음을 보여 주셨다. 흙으로 창조하신 사람은 땅(세상)에서 사탄이 주는 욕망을 내려놓고 하나님의 말씀에 헌신할 수도 있고 사탄이 주는 욕망대로 살 수 있는 자유의지를 가졌다. 타락한 신부를 죄에서 구원하기 위해 땅으로 내려오신 성자께서 성부 하나님께 헌신하시는 예수님의 삶을 에녹을 통하여 계시하셨다. 여호와 하나님과 동행하지 못한 하와로 인하여 사람이 하늘(에덴동산)에서 떨어져 세상으로 내려왔고 세상에서 하나님께 헌신하여 하나님과 동행함으로 7대 아담(에녹)을 다시 하늘로 끌어 올리셨다. 하나님께서 에녹을 하늘로 끌어 올리신 것은 땅으로 쫓겨난 신부가 예수 그리스도의 영이신 보혜사 성령님과 한 몸을 이룸으로 다시 하늘로 올라갈 수 있음을 알게 하신 것이다.

믿음의 주께서 사람을 주님께 헌신하게 하는 설계도(#7)를 통하여 창세기 7장(#7)과 7권 사사기 말씀(#7)과 일곱째 날(#7)과 일곱째 달(#7)과 일곱째 해(#7)와 일곱 번째 사람(#7)과 숫자 7(#7)과 모든 성경의 7장(#7)을 설계하셨다.

7권 사사기 말씀(#7)은 믿음의 주께서 믿음으로 주님께 헌신하는 사사들과 베냐민 지파를 통하여 하나님께 헌신할 수 없었던 600명의 신부가 믿음으로 주님께 헌신하게 하는 사사기 설계도(#7)이다.

8) 설계도 #8 - 8대 므두셀라

주님께 헌신하는 7대 아담(에녹)이 낳은 8대 아담(므두셀라)의 이름은 히브리어로 '투창의 사람, 창을 던지는 사람'이며 헬라어로 '대확장'이란 뜻으로 신부(하와)를 지키기 위해 창을 던져 그리스도의 신부를 대확장하는 성자의 형상이다. 첫째 하늘에서 둘째 하늘로 확장될 수 없는 사람을 대확장하는 성자 하나님을 므두셀라를 통하여 나타내셨다. '창을 던지는 투창의 사람'은 하나님 나라(빛)를 대적하는 사탄(어둠)을 향하여 창을 던지시는 성자 하나님을 본받는 성자 예수님의 8대 형상이다. 성자 하나님의 여덟 번째 말씀은 대확장하는 8대 므두셀라를 통하여 사람을 믿음의 주께서 대확장되게 하는 말씀 설계도(#8)이다. 여호와의 말씀에 헌신하여 성자 하나님 안에 들어간 사람을 새로운 영역으로 대확장하는 단계이다. 성부 하나님께서 주관하시는 첫째 하늘에서 구원받은 헌신된 사람(#7)을 성령 하나님께서 주관하시는 영역으로 대확장되게 하셨다(#8)는 뜻이다.

여호와께서 세상으로 내려와 자신을 희생하여 헌신함으로 피조물이 홍수로 거듭나서 새 하늘과 새 땅으로 대확장되게 하심을 므두셀라를 통하여 나타내셨다. 성자의 8대 형상인 므두셀라의 죽음으로 노아의 식구들과 코로 숨을 쉬는 피조물들이 방주를 타고 땅에서 둘째 하늘로 올라가게 됨을 나타내셨다. 하늘과 땅 사이에 존재하는 물을 궁창 윗물과 아랫물로 나누시고 사이에 창조하신 첫째 하늘(궁창)이 타락한 사람 때문에 무너지게 되었다. 사탄에게 사로잡힌 사람을 죄에서 구원하려면 성자 하나님의 희생(화목제물)을 통하여 이루어지도록 하나님께서 율법의 기초를 세우셨다. 하나님의 심판에서 구원받을 수 없는 사람을 대신하여 하나님의 심판을 받으실 성자 예수님을 본받는 사람으로 8대 므두셀라를 부르셨다. 8대 성자의 형상인 므두셀라의 죽음으로 코로 숨 쉬는 피조물과 사람이 홍수 심판에서 구원받게 된다. 므두셀라가 187세에 라멕을 낳았고 라멕이 182세에 노아를 낳았으므로 노아가 태어났을 때 므두셀라는 369세(187+182)이었다. 노아가 600세 되던 해에 홍수 심판이 일어났으므로 므두셀라가 969세(369+600)의 나이로 죽은 것은 그가 홍수 심판이 일어난 해에 죽었음을 의미한다. 여호와께서 8대 므두셀라를 세워 코로 숨 쉬는 피조물을 대확장되게 하는 역할로 부르셨다. 성자 예수님의 죽음을 통하여 첫째 하늘 아래에서 죽을 수밖에 없는 피조물을 대확장되게 하셨다.

믿음의 주께서 사람을 대확장되게 하는 말씀 설계도(#8)로 창세기 8장

(#8)과 8권 룻기 말씀(#8)과 여덟째 날(#8)과 여덟 번째 달(#8)과 여덟 살 (#8)과 여덟 번째 아들(#8)과 숫자 8(#8)과 모든 성경의 8장(#8)을 설계하 셨다.

8권 룻기 말씀(#8)은 믿음의 주께서 대확장하는 나오미와 보아스를 통 하여 믿음으로 헌신하는 사람(룻)을 예수님의 족보로 대확장되게 하는 룻 기 설계도(#8)이다.

안식일(제칠일) 다음 날 제팔일(#8)은 안식일을 지키지 못한 아담과 하 와에게 가죽옷을 입혀 대확장되게 하는 날이다.

하늘의 개념

하나님께서 창조하신 천지(天地)는 하늘과 땅을 말한다(창 1:1). 하늘에 계신 하나님께서 땅을 창조하여 땅에서 하나님의 형상과 모양을 가진 사 람을 창조하여 성자 하나님께서 주관하시는 셋째 하늘로 끌어 올리시려 는 것이다. 땅은 육체를 가진 사람이 한시적으로 살다가 육체를 벗고 하나 님의 영과 같이 되게 하는 역할이다. 하나님의 형상과 모양을 가진 사람이 땅에서 나타나지 않게 되면 땅은 불태워진다(벧후 3:6). 이러한 관점으로 첫째와 둘째와 셋째 하늘은 사람의 영과 혼과 몸을 삼위 하나님(성부·성 령·성자)께서 주관하시는 하늘을 말하는 것으로 보인다. 땅보다 위에 있 는 하늘은 종과 주인의 관계처럼, 성부 하나님의 말씀에 순종하지 못한 사 람은 사탄의 종이 되어 에덴동산(첫째 하늘)에서 쫓아내셨다. 궁창 윗물 을 궁창(하늘) 아래로 쏟아부음으로 성부 하나님께서 주관하시는 첫째 하 늘을 무너뜨리고 방주를 타고 구원을 받은 사람들을 성령 하나님께서 주 관하시는 둘째 하늘로 올리셨다가 둘째 하늘 아래에 있는 땅으로 내려보내셨다. 첫째와 둘째 하늘은 성부와 성령 하나님께서 주관하시는 하늘이며 셋째 하늘은 성자 하나님께서 주관하시는 하늘이다. 하늘에 계신 여호와께서 흙으로 만든 사람을 구원하시려면 자신이 사람이 되어 땅 아랫물에서 사람을 구원해야 하셨다. 여호와께서 하늘을 상징하는 가나안에서 땅을 상징하는 애굽으로 이스라엘 후손을 보내셨다가 홍해 바다에서 세례를 받게 하시고 시내산에서 여호와의 율법을 주셨다. 땅 아래에 있는 홍해 바다에서 일으킨 이스라엘 후손은 셋째 하늘(시내산)로 강림하신 여호와 하나님으로부터 율법을 받게 되었다. 시내산에 강림하셨던 여호와께서 친히 사람이 되어 요단강에서 세례(침례)를 받으심으로 모든 사람을 셋째 하늘 아래에서 살게 하셨다. 율법으로 태어난 이스라엘 후손은 율법을 자기 몸으로 깨뜨리신 성자 하나님께서 주관하시는 셋째 하늘 아래에서 살게 하신 것이다. 율법을 주셨던 시내산이 있는 아라비아로 갔던 바울은 셋째 하늘로 올라갔다고 한다(고후 12:2). 요한계시록에 새 하늘과 새 땅에는 바다가 없는 이유는 모두가 셋째 하늘로 올라갔기 때문이다.

9) 설계도 #9 - 9대 라멕

대확장하는 8대 아담(므두셀라)이 낳은 9대 아담(라멕)의 이름은 '강한 자, 힘센, 능력 있는 것'이라는 뜻으로 능력 있는 성자의 형상이다. 성자 하나님의 아홉 번째 말씀은 믿음의 주께서 9대 라멕을 통하여 사람을 능력 있게 하는 말씀 설계도(#9)이다. 믿음으로 대확장하신 사람(#8)을 믿음으로 능력 있게 하는 단계(#9)이다. 라멕은 사탄에게 사로잡힌 자기 백성을 구원하려고 능력 있는 왕으로 오신 성자 예수님의 9대 형상이다. 능력 있는 왕께서 자기 백성을 대신하여 스스로 십자가를 짊어지고 죽으셨을 때 주님을 섬기는 사람을 믿음으로 능력 있게 하는 단계이다.

라멕은 777세를 살고 아버지 므두셀라보다 5년 빨리 죽었다(창 5:31). 라멕의 삶은 마지막 아담으로 오신 예수께서 첫째 아담보다 먼저 하나님의 심판을 받았음을 나타낸다. 예수께서 하나님의 심판을 받으심으로 아담부터 시작된 모든 사람의 죄를 대신 짊어지심으로 사람을 능력 있게 하심을 9대 라멕을 통하여 나타내신 설계도(#9)이다.

믿음의 주께서 사람을 능력 있게 하는 말씀 설계도(#9)로 창세기 9장(#9)과 9권 사무엘상 말씀(#9)과 아홉째 날(#9)과 아홉 번째 달(#9)과 숫자 9(#9)와 각 성경의 9장(#9)을 설계하셨다.
9권 사무엘상 말씀(#9)은 믿음의 주께서 능력 있는 사울 왕을 통하여 능력을 상실한 길르앗 야베스 주민을 능력 있게 하는 사무엘상 설계도(#9)이다.

10) 설계도 #10 - 10대 노아

능력 있는 9대 아담(라멕)이 낳은 10대 아담(노아)의 이름은 '쉬다, 남다, 고요하다'에서 유래하여 '안식'이라는 뜻으로 타락한 세상 속에서 안식하는 성자의 형상이다. 노아는 일곱째 날에 선악과를 먹고 여호와의 말씀 안에서 안식할 수 없었던 사람을 안식하게 하는 성자 예수님의 10대 형상이다. 사탄의 유혹으로 여호와의 말씀 안에 안식할 수 없었던 연약한 사람을 믿음으로 안식하게 하는 단계이다.

하나님의 형상과 모양으로 창조하신 사람을 하나님께서 자기를 위해 일하지 않으신 성자 하나님처럼 일곱째 날에 안식하게 하셨다. 성부 하나님 품에 계신 성자 하나님은 성부 하나님의 뜻에 따라 일하시는 분이시며 또한 성부 하나님의 뜻이 아니면 일하지 않으시고 성부 하나님 품에서 안식하시는 분이시다. 하나님께서 창조하시는 일을 마치시고 쉬심과 같이 하나님의 형상으로 창조된 사람이 하나님께서 맡겨 주신 사명을 다하고 어둠 속에서 쉬게 하셨다. '안식'은 '쉬다'는 뜻으로 아담이 하나님께서 창조하신 피조물의 이름을 부여하는 일을 마치고 쉬었다는 뜻이다. 하나님 말씀을 비추는 사명을 다한 빛이 어둠 속에서 잠잠히 쉬는 날이 안식일이다. 신의 성품에 참여하지 못한 하와는 뱀의 유혹에 넘어가 안식일을 지키지 못하고 선악과를 먹는 일을 하였다. 여호와의 말씀 안에 안식한 사람은 어둠 속에서 잠잠히 주님의 인도하심을 기다리지만(합 2:20) 믿음이 없는 사람은 주님의 말씀 안에서 쉴 수 없어 자기 뜻대로 일하게 된다. 사탄이 하와를 무너뜨린 것은 안식하시는 성자 하나님과 같은 아담을 무너뜨리기 위함이다. 빛의 영과 어둠의 영이 될 수 있는 자유의지를 가진 하와가 사탄의 유혹에 넘어져 성자 하나님의 형상인 아담을 떠나 어둠의 영이 되었다. 살아 있는 생령이 된 아담(고전 15:45)은 어둠의 영이 된 하와와 한 몸을 이루어야 하는 사명에 따라 하와가 주는 선악과를 먹고 성부 하나님 안에서 안식할 수 없게 되었다.

성부 하나님 안에서 안식할 수 없게 된 사람을 여호와께서 안식할 수 있도록 10대 아담(노아)을 부르셨다. 9대 라멕이 능력 있는 왕과 같은 존재이기에 왕과 같은 주님 안에서 안식하는 노아를 낳을 수 있게 되었다. 성자 하나님의 열 번째 말씀은 믿음의 주께서 어둠 속에서 안식하는 10대 노아를 통하여 사람을 어둠 속에서 안식하게 하는 말씀 설계도(#10)이다. 믿음으로 능력 있게 하신 사람(#9)을 어둠 속에서 믿음으로 안식하게 하는 단계(#10)이다. 어둠의 유혹을 이길 수 없어 넘어졌던 사람이 10대 노아를 통하여 안식할 수 있게 하는 과정이다.

　믿음의 주께서 사람을 어둠 속에서 안식하게 하는 말씀 설계도(#10)로 창세기 10장(#10)과 10권 사무엘하 말씀(#10)과 열 번째 날과 달(#10)과 열 번째 해(#10) 숫자 10(#10)과 모든 성경의 10장(#10)을 설계하셨다.

　10권 사무엘하 말씀(#10)은 믿음의 주께서 믿음으로 어둠 속에서 안식하는 다윗 왕을 통하여 어둠 속에서 안식할 수 없는 사람을 다윗 왕의 소망으로 안식하게 하는 사무엘하 설계도(#10)이다. 요단 동편에서 다윗 왕을 따라와서 안식할 수 없는 사람을 안식하게 하는 설계도이다.

　1대 아담은 여호와께서 땅에서 성자 하나님의 씨를 땅(흙)에 파종하여 빛의 형상으로 붉어지게 하신 첫 번째 사람이고, 10대 아담(노아)은 하나님 품에 안식한 열매와 같은 열 번째 사람이다. 여호와께서 세상을 홍수로 심판하여 땅에서 농사하여 얻은 노아를 아담처럼 세우셨다. 즉 성부 하나님 품에서 안식하던 사람을 성령 하나님 품에서 안식하게 하심이다. 여호와께서 10대 아담(노아)을 숫자 10으로 설정하여 십일조의 개념을 나타내셨다. 10대 노아가 새로운 땅에 파종할 수 있는 열매이기에 십분의 일(1/10)로 취하여 여호와께서 물로 세례를 받은 새로운 땅에서 1대 아담처럼 파종하신 것이다. 7대 에녹은 성자 하나님의 말씀에 순종하여 헌신된 사람의 결과를 나타낸다. 헌신된 에녹은 그의 아내와 그의 아들(므두셀라)과 함께 하늘로 올라갈 수 없었으나 10대 노아는 그의 아내와 후손들과 며느리까지 방주를 타고 하늘로 올라갔다가 물로 심판한 땅에 그의 후손을 새로운 씨앗으로 파종하는 하나님의 형상이 되었다.

1대 아담은 말씀으로 땅에 파종한 씨를 상징하는 십분의 일(1/10)이며, 10대 노아는 땅에 파종한 씨가 열매를 맺은 상태를 의미한다. 이처럼 하나님의 말씀에 순종하여 땅에서 열매를 맺은 사람은 하나님께 십분의 일(1/10)을 드림으로 새로운 땅에 새로운 씨앗을 파종할 수 있게 해야 한다. 즉 하나님께 드려진 십분의 일(1/10)은 하나님께서 창조하신 사람을 하나님의 땅에 파종하는 것과 같다. 따라서 여호와의 말씀이 결실함으로 여호와께서 또 다른 일을 시작하실 수 있도록 십분의 일(십일조)을 다시 여호와께 드리게 하셨다. 사람이 성자 하나님의 값을 상징하는 십분의 일을 여호와께 드림으로 성자 하나님 안에서 안식하게 된다.

11) 설계도 #11 - 11대 셈

어둠 속에서 안식하는 10대 아담(노아)이 낳은 11대 아담(셈)의 이름(창 5:32)은 '이름'이라는 뜻이며 히브리어 사전은 '두다, 놓다, 확립하다, 임명하다, 세우다'를 참조하라고 조언한다. 20대 아브람을 아브라함(열국의 아비)으로 개명(改名)하신 것은 여호와의 이르심에 따라 그의 새로운 이름으로 세워 '열국의 아비'로 임명하셨다는 뜻이다. 이처럼 하나님의 이르심에 따라 피조물과 사람들이 각각의 정체성을 가진 이름으로 임명받게 되었다는 뜻이다. 여호와의 이름(이르심)을 받지 못한 흙에 불과한 존재에게 여호와의 말씀이 이르심으로 주님의 이르심을 받은 성자 하나님을 11대 셈으로 나타내셨다. 하나님의 형상으로 창조하신 아담은 1대 아담부터 66대 그리스도인까지 모든 성자 하나님의 정체성을 가진 하나님 말씀(66권)이 아담 안에 계셔서 아담을 성전으로 삼고 계신 상태이다. 성자 하나님의 열한 번째 말씀은 주님의 이르심(이름)을 받은 11대 셈을 통하여 사람을 믿음의 주께서 주님의 이르심(이름)을 받게 하는 말씀 설계도(#11)이다. 어둠 속에서 믿음으로 안식하고 있는 사람(#10)에게 주님께서 말씀으로 이르셨고 믿음의 사람이 주님의 이르심(이름)을 받아 순종하는 단계(#11)이다. 여호와의 이르심(이름)을 받아 여호와께서 세우신 질서에 순응하며 살아가는 부모님의 말씀에 순종하며 살아가는 과정이다. 노아가 주님 안에서 안식함으로 주님의 이르심을 받은 셈을 낳게 되었다.

한글에서 '이름'의 기본형(이르다)은 '어떤 장소나 시간에 닿다, 어떤 정도나 범위에 미치다, 무엇이라고 말하다'라는 뜻을 담고 있다. 흙으로 만들어진 하나님의 형상 안에 여호와의 말씀이 이름(이르심)으로 흙이 사람이 되어 나타나게 되었음을 알 수 있게 하는 말이다. 이름을 갖게 된 피조물은 여호와의 말씀이 물과 땅에 이르러 여호와의 이르심을 받은 피조물로 나타나게 되었다는 의미이다(히 11:3). 짐승과 다르게 사람은 하나님께서 질그릇으로 만들어진 자신의 형상 안에 생기를 불어넣어 하나님의 모양으로 창조하셨다(창 2:7). 아무 일도 하지 않고 쉬고(안식) 있는 땅에 여호와의 말씀이 이르심(이름)으로 하나님의 형상과 모양으로 만들어진 흙의 형체가 살아 있는 영(생령)이 되었다. 여호와의 생기가 하나님의 형상으로 만들어진 사람을 여호와 하나님의 성품을 가진 사람으로 세운다. 여호와의 말씀이 흙으로 만들어진 사람에게 이름으로 사람(아담)은 여호와께서 창조하신 것들에게 여호와의 말씀을 전달하는 존재가 되었다(창

2:19). 이는 아담을 여호와께서 창조하신 모든 피조물을 다스리는 왕으로 세우셨다는 뜻이다.

자기 땅에 왕으로 오신 성자께서 자기 백성을 부르신 것처럼, 아담은 하와를 비롯한 모든 피조물에게 이름을 주어 각각의 사명을 부여하는 존재가 되었다. 우리말을 포함하여 모든 언어(말)는 여호와께서 바벨탑 사건으로 언어를 혼잡하게 하셨을 때, 히브리어와 같은 시기에 창조하셨다고 보아야 할 것이다. 여호와께서 가장 간교하게 창조하신 존재를 아담이 '뱀'이라고 명함은 하나님의 지혜와 사탄의 생각이 배어드는 존재로 창조되었음을 의미한다. 뱀의 기본형은 '배다'로서 말씀을 생명으로 간직하고 있음을 의미한다. 여호와 하나님을 경외하여 하나님의 지혜가 배어든 뱀이 여호와를 경외하지 않고 자신의 영광을 나타내려 할 때 사탄의 생각이 배어드는 간교한 존재라는 뜻이다. 하와는 뱀(어둠)의 말을 잉태하게 되었고 아담은 하와가 주는 선악과를 먹고 죽을 수밖에 없는 성자 하나님처럼 선악을 알게 되었다(창 3:22). 여호와께서 주신 지혜로 아담이 지은 피조물의 이름들을 살펴보면 각 피조물을 창조하신 여호와 하나님의 뜻을 조금이나마 헤아려 볼 수 있게 하셨다. 또한 성경에 기록된 인물들의 이름은 여호와께서 그들에게 어떠한 부르심으로 이르셨는가를 알 수 있게 하신 하나님의 지혜이다. 이것을 바탕으로 족보로 보는 성경의 설계도가 세워지게 되었다.

주님의 부르심에 따라 순종한 사람은 하늘의 별과 같이 빛날 것이다. "귀 있는 자는 성령이 교회들에게 하시는 말씀을 들을지어다 이기는 그에게는 내가 감추었던 만나를 주고 또 흰 돌을 줄 터인데 그 돌 위에 새 이름을 기록한 것이 있나니 받는 자 밖에는 그 이름을 알 사람이 없느니라"(계 2:17).

　믿음의 주께서 사람을 주님의 이르심(이름)을 받게 하는 말씀 설계도 (#11)로 창세기 11장(#11)과 11권 열왕기상 말씀(#11)과 열한 번째 날과 달과 해와 사람과 숫자 11(#11)과 모든 성경의 11장(#11)을 설계하셨다.

　11권 열왕기상 말씀(#11)은 믿음의 주께서 주님의 이르심(이름)을 받은 솔로몬 왕과 유다 왕을 통하여 주님의 이르심을 받을 수 없었던 백성들이 주님의 이르심(이름)을 받을 수 있게 하는 열왕기상 설계도(#11)이다. 여호와의 이르심을 거절하고 어둠 속에서 안식하는 이스라엘 왕(아합 왕과 아하시야 왕)은 주님의 이르심(이름)을 받을 수 없었다.

12) 설계도 #12 - 12대 아르박삿

　주님의 이름이 된 11대 아담(셈)이 낳은 12대 아담(아르박삿)의 이름은 (창 11:10) '영역, 나는 젖같이 약해질 것이다'라는 뜻으로 빛의 영역이 된 성자의 형상이다. 어둠 속에 계신 성부 하나님의 품에서 나오셔서 빛이 되신 성자 하나님께서 어둠의 반대편에서 주님(빛)의 영역이 됨을 나타낸 다. 아르박삿은 어둠의 영역으로 들어가 어둠의 사람을 세워 주님의 영역 이 되게 하는 성자 하나님의 12대 형상이다. 성자 하나님의 열두 번째 말씀은 믿음의 주께서 어둠(사탄)의 영역으로 들어간 12대 아르박삿을 통하여 사람을 주님의 영역이 되게 하는 말씀 설계도(#12)이다. 주님의 이르심을 믿음으로 받은 사람(#11)이 어둠 속에서 주님의 영역이 되는 단계 (#12)이다. 성자께서 여호와 하나님의 이르심(이름)을 따라 어둠의 영역으로 들어가 어둠에 사로잡힌 사람을 주님의 영역이 되게 하셨다. 11대 셈이 여호와의 이르심을 받아 어둠의 영역으로 들어갈 수 있는 12대 아르박삿을 낳게 되었다.

  어둠이 주관하고 있는 세상에서 주님(빛)의 영역은 지성소 안에 있는 언약궤이다. 지성소의 언약궤는 어둠 속에 계신 성부 하나님 품에 홀로 존재하신 성자 하나님의 형상이다. 말씀이신 성자께서 성부 하나님 품에서 나오셔서 천지와 만물을 창조하심으로 창조하신 모든 영역은 어둠 속에 세우신 하나님 나라(빛의 나라)를 상징한다.
  하나님께서 어둠 속에 빛을 창조하시고 낮과 밤을 나누심은(창 1:3) 빛이 어둠의 영역으로 들어갈 수 있게 하셨다는 뜻이다. 빛(성자)의 영역이란 해와 같으신 여호와께서 아침부터 저녁까지 자기 백성에게 말씀의 젖을 먹이는 영역을 말한다. 24시간 중에 빛이 어둠의 영역으로 들어가 어둠 속에 있는 피조물을 세워 주님의 영역이 되게 하는 12시간을 12대 아르박삿으로 나타내셨다.
  낮에는 빛이신 성자께서 말씀의 빛을 비춤으로 어둠이 물러가게 하는 빛(성자)의 영역이지만 밤에는 빛을 비출 수 없는 어둠(사탄)의 영역이다. 빛이신 성자께서 낮에 빛을 비추어 자기 백성을 세우다가 저녁이 되면 자신을 내려놓음으로 어둠에 속한 사람을 대신하여 자신을 희생하는 삶을 나타내는 설정이다. 어둠 속으로 사라진 빛을 하나님께서 다시 일으킴으로 어둠과 빛의 활동을 매일 반복되게 하셨다. 빛과 어둠을 통한 낮과 밤이 반복적으로 일어나는 일상을 통하여 사탄(어둠)에게 넘어진 하나님의 백성들을 일으키신다(창 8:22). 하나님께서 세상을 심판하실 때까지

쉼 없이 반복되는 낮과 밤은 하나님께서 예정하신 마지막 사람이 빛의 백성으로 세워졌을 때 태양계는 종말을 맞이하게 될 것이다. 물속에 잠겼던 흙으로 사람(아담)을 창조하심처럼 12대 아르박삿은 홍수 심판 후에 태어난 최초의 사람이다(창 11:10). 방주(성자) 안에서 거듭난 11대 아담(셈)이 홍수 심판을 받은 땅에 말씀의 씨를 뿌려 얻은 첫 번째 사람이 12대 아르박삿이다. 말씀이신 성자께서 빛이 되어 어둠이 되어 버린 사람을 구원하시려고 어둠(사탄)이 다스리는 영역으로 들어오셨음을 의미한다. 한 해(1년)가 열두 달로 이루어졌고 말씀으로 빛을 비추시는 예수께서 열두 명의 제자를 선택하신 이유를 이해할 수 있을 것이다. 빛이신 예수께서 열두 명의 제자들을 어둠이 주관하는 세상에서 하나님의 말씀을 비추는 빛이 되게 하시고 하늘로 올라가셨다.

믿음의 주께서 사람을 주님의 영역이 되게 하는 말씀 설계도(#12)로 창세기 12장(#12)과 12권 열왕기하 말씀(#12)과 열두 번째 날과 달과 해와 사람과 숫자 12(#12)와 모든 성경의 12장(#12)을 설계하셨다.

12권 열왕기하 말씀(#12)은 믿음의 주께서 어둠의 영역으로 들어간 엘리야와 엘리사와 유다 왕을 통하여 하나님 백성을 주님의 영역이 되게 하는 열왕기하 설계도(#12)이다. 주님의 이르심을 따르지 않음으로 어둠의 영역이 된 이스라엘과 유다 백성을 주님의 영역이 되게 하는 설계도이다.

13) 설계도 #13 - 13대 셀라

어둠의 영역으로 들어간 12대 아담(아르박삿)이 낳은 13대 아담(셀라)

의 이름은 '보내다, 뻗치다, 하고 싶은 대로 하게 하다'에서 유래하여 '눈, 싹, 무기(투창), 보낸다(헬라어)'라는 뜻이다. '눈'이란 타락한 사람을 죄에서 구원할 수 있는 메시아(성자 하나님)를 알아보는 눈을 말한다. 시력이 좋지 못하여 성자의 형상인 야곱을 알아보지 못한 한 레아(창 29:17)를 아내로 맞이한 야곱처럼, 타락한 하와(그리스도의 신부)의 눈을 열어 주님의 영역에서 주님의 싹이 되게 하는 13대 성자의 형상이다. 성자 하나님의 열세 번째 말씀은 믿음의 주께서 어둠 속에서 주님의 싹이 된 13대 셀라를 통하여 사람을 주님의 싹이 되게 하는 말씀 설계도(#13)이다. 믿음으로 주님의 영역이 된 사람(#12)이 어둠의 영역 속에서 믿음으로 주님의 싹이 된 사람을 세우는 단계(#13)이다. 어둠의 영역으로 들어간 아르박삿이 주님의 싹이 된 셀라를 낳게 되었다.

12대 아르박삿이 13대 셀라를 낳은 것으로 창세기에서는 기록하셨지만(창 11:12), 누가복음에서는 12대 아르박삿이 게난(가이난)을 낳고 게난이 셀라(살라)를 낳았다고 하신다(눅 3:35-36). 선하신 성부 하나님의 말씀에 믿음으로 순종하지 않은 사람은 창세기의 족보에서는 들어갈 수 없으나 성자께서 모든 사람을 죄에서 구원하여 족보에 들어올 수 없었던 사람을 하와의 족보(누가복음)에 기록하신 것으로 보인다.

양수(陽數)와 음수(陰數) 13

양수(陽數)는 빛의 형상이지만 음수(陰數)는 어둠의 형상이다. 양수 13은 13대 아담(셀라)의 설계도이며 음수 -13은 13대 아담(니므롯)의 설계도이다. 10대 노아의 아들 함(11대)이 구스(12대)를 낳았고 구스가 13대 니므롯을 낳았다. 13대 니므롯은 특이한 사냥꾼으로 하나님의 형상으로 창조된 사람을 붙잡아 자신이 다스리는 나라를 세운다. 어둠의 사람은 하나님의 뜻에 따라 세상으로 흩어지지 않고 모여서 자신의 이름으로 자신의 나라를 세우는 사람이다. 13대 니므롯이 세운 니느웨와 바벨론은 여호와의 말씀을 외면하고 인간이 주인이 되어 살아가는 어둠의 나라를 상징한다. 여호와의 말씀을 벗어 버린 사람은 영원하지 않은 땅에 소망을 둠으로 세상에서 자신이 하나님의 자리에 앉아 자신의 영광을 나타내려 한다. 이러한 사람은 본향(本鄕)인 하늘을 잊어버리고 땅 중심으로 살다가 흙으로 돌아가 하나님 나라 밖에 존재하는 어둠의 나라에 거하게 된다. 13대 니므롯은 자신의 영광을 드러내기 위해 자기 뜻대로 바벨탑을 세움으로 자신의 나라를 세웠고, 13대 셀라는 여호와의 말씀으로 하나님의 형상과 모양을 가진 아들의 마음에 영원한 하나님의 나라를 세운다.

믿음의 주께서 사람을 주님의 싹이 되게 하는 말씀 설계도(#13)로 창세기 13장(#13)과 13권 역대상 말씀(#13)과 열세 번째 날과 해와 사람과 숫자 13(#13)과 모든 성경의 13장(#13)을 설계하셨다.

13권 역대상 말씀(#13)은 믿음의 주께서 어둠 속에서 주님의 싹이 된 아담의 족보와 다윗 왕을 통하여 주님의 싹이 될 수 없었던 이스라엘 백성이 솔로몬 왕과 한 몸을 이루어 주님의 싹이 되게 하는 역대상 설계도(#13)이다.

하나님의 나라를 상징하는 아브라함의 가정에서 어둠의 형상인 이스마엘이 태어난 후 13년(#13)에 여호와께서 아브라함에게 나타나셔서 할례를 행하게 하심은 여호와께서 아브라함을 주님의 싹이 되게 하셨다는 뜻이다.

솔로몬 왕이 13년(#13) 동안 지은 왕궁(왕상 7:1)은 여호와의 말씀이 사람이 되어 일하신 후 13년이 지나서 주님의 싹 된 성자의 13대 형상인 셀라와 한 몸을 이룬 신부(하와)를 상징한다.

숫자 13(#13)은 13일 금요일을 생각나게 하는 숫자이다. 생명의 싹이신 예수께서 어둠을 물리치는 무기가 되어 금요일에 죽었음을 의미한 것으로 보인다. 따라서 어둠에 사로잡힌 사람은 13일 금요일을 두려워하나 빛의 사람은 사흘 후에 부활을 고대한다.

14) 설계도 #14 - 14대 에벨

하나님의 싹이 된 13대 아담(셀라)이 낳은 14대 아담(에벨)의 이름은 (창 11:14) '건너가다, 건너오다'에서 유래하여 '건너편, 저편, 송아지, 과거(헬라어)'라는 뜻으로 건너편이 되신 성자의 형상이다. 에벨은 사탄에게 사로잡혀 끌려간 사람을 어둠의 건너편으로 데려오는 성자 예수님의 14대 형상이다. 하나님 나라 밖에 있는 어둠의 영역으로 건너간 타락한 사람을 구원하기 위해 성자께서 세상으로 건너오셔서 타락한 사람을 어둠의 건너편이 되게 하는 단계이다. 성자 하나님의 열네 번째 말씀은 어둠의 건너편이 된 14대 에벨을 통하여 사람을 믿음의 주께서 어둠의 건너편이 되게 하는 말씀 설계도(#14)이다. 믿음으로 주님의 싹이 된 사람(#13)이 어둠의 영역에서 믿음으로 건너오는 단계(#14)이다. 어둠의 영역에서 믿음으로 주님의 싹이 된 사람이 어둠에 넘어져 어둠에서 넘어진 사람을 어둠에서 믿음으로 건너오게 하신다.

'에벨'은 유브라데강을 건너갔다가 다시 건너온 '히브리인'의 어원과 같다. 유브라데강을 건너 바벨론 지역으로 끌려갔다가 다시 건너편 가나안 땅으로 건너온 사람이라는 뜻이다. 헬라어로 '과거'라는 뜻은 성자 예수께서 사람을 죄에서 구원하심으로 원래 머물렀던 과거의 장소인 건너편이 되게 하셨다는 것을 의미한다. 13대 셀라가 주님의 싹이 되지 못했다면 어둠의 건너편이 된 에벨을 낳을 수 없다.

엘리 제사장 때에 이스라엘 백성들이 블레셋과 싸우다가 말씀을 상징하는 언약궤(법궤)를 빼앗겼다(삼상 4장). 이것은 아담이 갖고 있던 말씀을 하와 때문에 사탄(뱀)에게 빼앗기게 됨을 나타내신 것이다. 사탄에게 넘어간 말씀(법궤)을 찾아올 수 있는 사람은 성자 예수님밖에 없음을 암소로 나타내셨다. 살아 있는 하나님의 말씀은 운동력이 있어 좌우에 날이 선 검처럼 사람의 심령과 골수를 찌르기 때문에(히 4:12), 하나님의 말씀을 받은 사람이 말씀대로 살지 않으면 괴로워서 견딜 수 없다(렘 20:9). 자기 뜻대로 살기를 원하는 블레셋 사람들은 하나님의 말씀(언약궤)을 마음에 두기 싫어하여 자신들을 괴롭게 하는 언약궤(삼상 5장)를 암소가 모는 수레에 실어 이스라엘 진영으로 보냈다. 아담과 하와를 상징하는 웃사가 모는 소들이 뛰어 언약궤가 땅에 떨어질 뻔하였으나, 벧세메스로 향하는 소는 눈물을 흘리며 목적지까지 안전하게 걸어간다. 이스라엘 백성들이 언약궤를 끌고 블레셋에서 건너온 소를 잡고 번제로 드렸다(삼상 6:7-14).

눈물을 흘리며 언약궤를 끌고 왔다가 번제로 드려진 소는 사탄에게 빼앗긴 말씀(언약궤)을 자기 백성에게 돌려주고 십자가를 지신 성자 예수님을 상징한다. 하늘에서 세상으로 건너오신 성자께서 사탄(어둠)에게 빼앗긴 말씀(법궤)을 과거에 있었던 건너편으로 끌어오시는 사명을 구약에서는 암소를 통하여 나타내셨다. 빼앗긴 법궤를 건너편으로 끌어오는 역할을 위하여 세상으로 오신 예수님을 송아지(14대 에벨)로 형상화하였다. 송아지는 아직 새끼를 낳지 않은 상태이고 암소는 새끼를 가지고 있는 상태를 말하며, 이는 타락한 자기 백성(블레셋)이 버린 언약궤를 성자 예수께서 눈물을 흘리며 건너편으로 끌어오신 것을 뜻한다.

믿음의 주께서 사람을 어둠의 건너편이 되게 하는 말씀 설계도(#14)로 창세기 14장(#14)과 14권 역대하 말씀(#14)과 열네 번째 날과 해와 사람과 숫자 14(#14)와 모든 성경의 14장(#14)을 설계하셨다.

14권 역대하 말씀(#14)은 믿음의 주께서 어둠의 건너편이 된 솔로몬 왕과 유대 왕을 통하여 어둠에 사로잡힌 사람을 어둠의 건너편이 되게 하는 역대하 설계도(#14)이다.

사도 바울을 로마로 싣고 가던 배가 북동풍(유라굴로)에 14일(#14) 동안 시달리게 하심은 사도 바울을 건너편으로 건너가게 하는 과정이다(행 27:27).

15) 설계도 #15 - 15대 벨렉

건너편이 된 14대 아담(에벨)이 낳은(창 11:16) 15대 아담(벨렉)의 이름은 '나눔, 쪼갬, 분할'이라는 뜻으로 어둠에서 쪼개져 나누어진 성자의 형상이다. 어둠에서 나누어진 벨렉은 어둠에서 나누어질 수 없는 사람을 쪼개어 나누어지게 하는 사명이다. 성자 하나님의 열다섯 번째 말씀은 믿음의 주께서 어둠에서 나누어진 15대 벨렉을 통하여 믿음으로 어둠에서 건너온 사람(#14)을 어둠에서 나누어지게 하는 말씀 설계도(#15)이다. 어둠의 영역에서 믿음으로 건너온 사람이 다시 어둠으로 돌아갈 수 없도록 나누어지게 하는 단계이다.

하나님께서 창조하신 세상을 아담에게 맡겼다가 하와의 타락으로 온 세상이 어둠(사탄)의 지배를 받게 되었다. 여호와께서 아담에게 가죽옷을 입힘으로 성자의 형상이 된 아담의 후손을 통하여 사탄(어둠)이 다스리는 세상에서 빛(성자)의 나라를 회복하기 시작하셨다. 15대 아담(벨렉)에 이르러 비로소 이방 땅과 하나님의 나라를 나누셨음을 나타내셨다. *"에벨은 두 아들을 낳고 하나의 이름을 벨렉이라 하였으니 그 때에 세상이 나뉘었음이요 벨렉의 아우의 이름은 욕단이며"*(창 10:25). 세상이 나뉘었다는 것은 지각 변동으로 인하여 한 덩어리였던 땅이 여러 대륙으로 나누어지게 되었다는 뜻으로 보인다. 여호와께서 흙으로 창조하신 사람을 통하여 사람의 본질과 같은 땅을 다스리게 하셨기에 땅의 변화는 흙으로 창조하신 사람 때문에 일어난다. 땅을 다스리던 사람이 타락함으로 땅에 가시덩굴과 엉겅퀴가 난 것처럼(창 3:18), 하나님께서 아담에게 세상을 맡기셨기에 어둠에 사로잡힌 아담처럼 땅도 어둠의 소유가 되었다. 여호와께서 사람을 자신의 형상으로 창조하셔서 하나님의 뜻이 하늘에서 이루어지는 것같이 땅에서 자동으로 이루어지도록 설계하셨다. 흙으로 만들어진 사람이 여호와의 말씀에 따라 행동하면 땅도 자연스럽게 변화되는 구조이다. 주님께서 다시 오실 때가 다가올수록 지각(地殼) 변동이 심하게 일어남은 사람들이 여호와의 말씀이 아닌 사탄의 생각으로 지각(知覺)하기 때문이다(한글의 특성-역자 주).

믿음의 주께서 사람을 어둠에서 나누어지게 하는 말씀 설계도(#15)로

족보로 보는성경 설계도 I

창세기 15장(#15)과 15권 에스라서 말씀(#15)과 숫자 15(#15)와 모든 성경의 15장(#15)을 설계하셨다.

15권 에스라서 말씀(#15)은 믿음의 주께서 바사 왕에서 나누어진 에스라를 통하여 바벨론 포로에서 귀환한 사람을 어둠에서 나누어지게 하는 에스라서 설계도(#15)이다. 어둠에서 나누어지지 못한 이방인과 결혼한 유대인을 어둠에서 나누어지게 하는 설계도이다.

그믐달(어둠)이 15일(#15)이 지나면 보름달이 되어 어둠에서 빛으로 나누어지며, 반대로 보름달이 15일이 지나면 그믐달이 되어 빛이 어둠이 된다. 그믐달은 타락하여 빛을 잃은 하와(그리스도의 신부)의 모습이며, 보름달은 어두운 밤에 빛이신 여호와 하나님(주님)을 반사하는 성령 충만한 그리스도인의 모습이다.

성자의 42대 형상인 아마샤 왕이 북왕국(이스라엘) 요아스 왕이 죽은 후 15년(#15)을 더 생존하였다(대하 25:25). 아마샤 왕이 죄인을 대신하여 십자가를 짊어지는 성자의 형상이 되어 타락한 아담을 대신하여 살다가 자기 백성에게 죽임을 당함으로 자기 백성을 어둠에서 나누어지게 하심을 의미한다. 성자의 46대 형상인 히스기야 왕이 죽을병에 들었다가 15년을 더 산 것도 마찬가지이다.

16) 설계도 #16 - 16대 르우

어둠에서 나누어진 15대 아담(벨렉)이 낳은 16대 아담(르우)의 이름은 '가축을 돌보다, 방목하다, 뜯어 먹게 하다, 양육하다, 보살피다'에서 유래하여 '친구'라는 뜻으로 죄인의 친구가 되신 성자의 형상이다. 르우는 친구가 될 수 없는 사람을 주님의 친구가 되게 하는 성자 예수님의 16대 형상이다. 성자 하나님의 열여섯 번째 말씀은 믿음의 주께서 죄인의 친구가 된 16대 르우를 통하여 어둠에서 믿음으로 나누어진 사람(#15)을 주님의 친구가 되게 하는 말씀 설계도(#16)이다. 믿음으로 어둠에서 나누어졌지만, 신분은 변화되지 않았기에 믿음으로 친구가 되게 하는 단계이다. 종과 같은 사람을 주님의 친구가 되게 하는 과정은 주님께서 세우신 위에 있는 권세에 순종하였을 때 이루어진다. 성자 예수께서 어둠의 권세에서 나누어진 제자들을 친구라 하심처럼(요 15:15), 세상을 주관하는 어둠의 권세에서 나누어지지 않은 사람은 윗사람의 친구가 될 수 없다. 종을 주인과 같은 신분으로 격상시켜 친구가 되게 하는 단계이다.

믿음의 주께서 사람을 주님의 친구가 되게 하는 말씀 설계도(#16)로 창세기 16장(#16)과 16권 느헤미야 말씀(#16)과 숫자 16(#16)과 모든 성경의 16장(#16)을 설계하셨다.

16권 느헤미야서 말씀(#16)은 믿음의 주께서 믿음으로 주님의 친구가 된 느헤미야가 종으로 살다가 바벨론 포로에서 귀환한 사람을 주님의 친구가 되게 하는 느헤미야서 설계도(#16)이다. 지켜줄 성벽이 무너진 예루살렘 주민을 주님의 친구가 되게 하는 설계도이다.

17) 설계도 #17 - 17대 스룩

친구가 된 16대 아담(르우)이 낳은 17대 아담(스룩)의 이름은 '서로 얽히다, 자신을 짜넣다, 자신을 얽게 하다'에서 유래하여 '가지, 덩굴손, 활

(헬라어)'이라는 뜻으로 하나님의 가지가 된 성자의 형상이다. 스룹은 성자 하나님의 가지가 될 수 없는 사람을 주님의 가지가 되게 하는 성자 예수님의 17대 형상이다. 성자 하나님의 열일곱 번째 말씀은 믿음의 주께서 주님의 가지가 된 17대 스룹을 통하여 믿음으로 주님의 친구가 된 사람(#16)을 주님의 가지가 되게 하는 말씀 설계도(#17)이다. 믿음으로 주님의 친구가 되었지만, 여전히 사탄의 거짓말과 속임수에 넘어지지 않도록 곁가지가 되었던 사람이 주님과 한 몸(한 가지)이 되게 하는 단계이다. 주님의 가지가 되었다는 것은 참 포도나무가 되신 주님과 한 몸을 이루어 참 포도 열매를 맺는 주님의 사역을 감당하게 되었다는 뜻이다. 이방인과 같이 여호와의 말씀을 떠나서 어둠과 나누어졌던 사람을 세워 주님의 친구가 되게 하셨고(#16) 이제는 주님과 한 몸이 된 주님의 가지가 되게 하는 단계(#17)이다. 죄인의 친구가 된 르우는 주님의 가지가 된 스룹을 낳게 되었다. 주님께서 죄인을 위해 십자가에서 죽으시고 부활하신 후에는 주님의 가지가 된 사람을 세워 어둠의 권세를 대적하는 '활'이 되게 하셨다는 뜻으로 보인다. 주님의 가지가 된 사람은 주님과 한 몸을 이루어 주님께서 일하시는 것처럼 일하게 된다. 참 포도나무이신 성자 하나님께서 들 포도나무와 같은 타락한 사람을 주님과 한 몸이 되게 하여 주님의 가지로 삼으시는 단계이다.

믿음의 주께서 사람을 주님의 가지가 되게 하는 말씀 설계도(#17)로 창세기 17장(#17)과 17권 에스더서 말씀(#17)과 숫자 17(#17)과 모든 성경의 17장(#17)을 설계하셨다.

17권 에스더서 말씀(#17)은 믿음의 주께서 믿음으로 주님의 가지가 된 모르드개와 에스더를 통하여 아하수에로 왕을 믿음으로 주님의 가지가 되게 하는 에스더서 설계도(#17)이다.

설계도 #17은 숫자 17과 사람의 나이(17세)로 나타내셨다. 성자의 형상인 요셉이 아버지 심부름으로 아버지의 양을 먹이는 형들에게 갔다가 미디안 상인들에게 끌려갔다(창 37:2). 아버지의 말씀을 떠난 형들에 의하여 성자의 형상인 요셉이 애굽으로 끌려가게 되었다. 여호와 말씀을 떠나 곁가지가 된 형들을 성자의 형상인 요셉을 통하여 주님의 가지가 되게 하셨음을 요셉의 나이(17세)로 나타내셨다. 여호와의 말씀을 떠난 사람들 때문에 세상을 심판하는 홍수가 7월 17일에 일어난 것은 하나님께 헌신하는 방주(7월-7대 에녹-헌신된) 안에 노아의 식구들이 들어가 주님의 가지가 되게 하는 날(17일)이다.

아론과 훌이 성자의 형상인 모세의 두 팔을 붙들어 내려오지 않게 함으로 여호수아가 아말렉과 전쟁에서 승리하게 되는 출애굽기 17장(#2-#17)에 기록하셨다. 두 팔을 붙들린 모세는 죄인을 위해 십자가를 지신 성자 예수님의 모습이며 이는 주님의 영으로 대치된 여호수아(#2)를 주님의 가지가 되게 하는 17장(#17)이다.

18) 설계도 #18 - 18대 나홀

주님의 가지가 된 17대 아담(스룩)이 낳은 18대 아담(나홀)의 이름은 '콧김을 내뿜음, 콧소리를 침(콧방귀)'에서 유래하여 '코를 골다, 거친 숨(헬라어)'이라는 뜻으로 주님의 거친 숨이 된 성자의 형상이다. '거친 숨'이란 주님께서 십자가에서 고통 중에 죄인을 구원하기 위해 하나님께 거친 숨을 내뱉으며 간구하신 것과 같다. 성자 하나님의 열여덟 번째 말씀은 믿음의 주께서 믿음으로 주님의 거친 숨이 된 18대 나홀을 통하여 믿음으로 주님의 가지가 된 사람(#17)을 주님의 거친 숨이 되게 하는 말씀 설계도(#18)이다. 참 포도나무이신 주님과 믿음으로 한 몸을 이루어 주님의 가지가 된 사람이 이제는 주님의 거친 숨이 되어 어둠 속에서 믿음으로 하나님께 간구하는 단계이다. 타락한 사람을 주님의 가지가 되게 하신 이유는 주님께서 가지가 된 사람의 호흡을 통하여 거친 숨으로 주님의 말씀을 대신하여 전하며 죄인을 위해 기도하시기 위함이다. 17대 스룩이 믿음으로 주님의 가지가 되었기에 믿음으로 주님의 거친 숨이 되는 나홀을 낳게 되었다. 18대 아담(나홀)은 성자께서 어둠 속에서 자기 백성을 위해 거친 숨으로 주님의 말씀을 전하며 죄인을 대신하여 하나님께 간구하는 사명이다.

흙덩이에 불과한 사람의 코에 여호와께서 생기를 불어넣어 사람이 여호와의 호흡으로 숨을 쉬며 여호와의 생각으로 말하게 되었다. 여호와 하나님의 말씀으로 창조된 사람이 기도(氣道)가 막히면 죽는 것처럼, 하나님과 대화하는 기도(祈禱)가 막힌 사람은 영적으로 죽은 사람이다. 기도(氣道)로 숨을 쉬는 사람은 영적으로 하나님과 기도(祈禱)로 소통할 수 있도록 하셨다(한글의 특성-역자 주). 코로 숨을 쉬는 모든 피조물을 하나님께서 홍수로 심판하심은(창 7:22) 기도(氣道)를 가진 피조물이 하나님과 소통하는 기도(祈禱)가 막혀 자신의 유익을 구하는 기도를 할 뿐 주님의 뜻대로 내뱉는 주님의 거친 숨이 되지 못하여 살아 있으나 실제로는 죽어 있다고 보는 주님의 관점이다. 성자 예수께서 제자들에게 기도를 가르쳐 주심은 제자들이 주님의 거친 숨이 되어 흑암에 눌린 사람을 위해 성자 예수님의 거친 숨으로 기도하게 함이다. 18대 나홀은 드디어 타락한 사람이 사탄이 주관하는 세상에서 주님의 거친 숨으로 여호와 하나님과 대화할 수 있게 된 상태를 말한다.

믿음의 주께서 사람을 주님의 거친 숨이 되게 하는 말씀 설계도(#18)로 창세기 18장(#18)과 18권 욥기(#18)와 숫자 18(#18)과 모든 성경의 18장(#18)을 설계하셨다.

18권 욥기 말씀(#18)은 믿음의 주께서 믿음으로 주님의 거친 숨을 쉬는 욥을 통하여 어둠의 거친 숨을 쉬던 믿음이 없는 세 친구와 욥의 아내를 주님의 거친 숨이 되게 하는 욥기 설계도(#18)이다.

솔로몬 성전의 두 놋기둥(보아스와 야긴)을 18규빗(#18)으로 세우셨다(왕상 7:15). 성자 하나님을 하나님 성전으로 세우셔서 죄인을 위해 어둠 속에서 거친 숨으로 기도하시는 분이심을 나타내신 것으로 보인다.

여호와께서 아브라함의 동생 나홀이 갈대아 우르에서 가나안 땅으로 오지 않고 그곳에 남아 있게 하심은 18대 아담(나홀)의 이름으로 어둠 속에서 주님의 거친 숨이 되게 하셨다는 뜻이다(창 11:29-31).

19) 설계도 #19 - 19대 데라

주님의 거친 숨이 된 18대 아담(나홀)이 낳은 19대 아담(데라)의 이름은 '야생 염소, 지연(遲延)'이며 헬라어로는 '표백'이다. 어둠 속에 있는 사람을 표백하는 성자의 형상이다. '지연'이란 '지체하다, 체류하다'라는 의미로 데라가 아브람과 사래와 롯을 가나안 땅으로 보내고 하란에 체류하였다는 뜻이며, 하란에 홀로 남아 있는 데라는 '야생 염소(산양)'와 같다는 뜻이다. 한글에서 '표백(漂白)'은 '종이나 피륙 따위를 바래거나 화학 약품으로 탈색하여 희게 하는 것'이다. 야생 염소와 같은 신분으로 하란에 체류한 데라는 어둠 속에 있는 후손을 빛의 나라를 상징하는 가나안 땅으로 보내어 어둠에서 표백하는 사명이다. 이는 데라가 주님의 거친 숨을 내쉬며 주님께서 하시는 주님의 말씀을 대신하게 되었다는 뜻이다. 더러운 것을 깨끗이 표백하는 것처럼 어둠의 사람을 빛의 사람으로 변화시키는 단계라 할 수 있다. 사탄에 사로잡힌 사람을 빛의 영역으로 표백하기 위해 성자께서 어둠 속에서 거친 숨으로 하나님께 간구하여 표백하는 데라의 사명이다. 어둠 속에 있는 사람을 하나님의 심판에서 구원하여 주님의 형상과 모양으로 세우는 단계이다. 하나님의 심판은 하나님의 말씀대로 세워지지 않는 피조물을 징계하시는 관점이며, 표백은 하나님의 관점으로 온전하지 못하여 하나님의 심판 아래 있는 사람을 성자께서 욕된 것을 감당하심으로 하나님의 저주에서 벗어나게 하신 것을 말한다. 하나님의 열아홉 번째 말씀은 표백된 19대 데라를 통하여 믿음의 주께서 믿음으로 주님의 거친 숨을 쉬는 사람(#18)을 믿음으로 표백되게 하는 말씀 설계도(#19)이다. 믿음의 사람이 주님의 거친 숨을 내쉬며 주님의 말씀을 하게 되었기에 주님의 거친 숨으로 간구하여 표백될 수 없는 어둠에 속한 사람을 믿음으로 표백될 수 있게 하셨다. 나홀이 주님의 거친 숨이 되어 거친 숨으로 간구하여 믿음으로 표백하는 데라를 낳게 되었다.

우르는 '불꽃'이라는 뜻이며 갈대아인은 '증대, 증가'라는 뜻에서 유래하여 '바벨론 주민, 점성가, 마술사, 가장 지혜롭다고 여겨지는 자들'이라는 뜻이다. 갈대아인의 우르는 하나님께서 주신 말씀을 벗어 버린 사람들이 메소포타미아 문명을 꽃피운 장소이다. 여호와께서 서로 소통하며 메소포타미아 문명을 통하여 세상에서 풍요로운 삶을 꿈꾸는 사람들을 흩어지게 하셨다. 데라는 뱀(사탄)에게 넘어진 타락한 아담의 형상으로 우상을 만들어 파는 사람이었다(수 24:14). 여호와께서 우상을 섬기던 데라가 아들 하란을 통하여 표백제가 되어 그의 후손을 갈대아인의 우르에서 표백되게 하여 가나안 땅으로 들어가게 하고 자신은 하란에 남는다.

여호와께서 노아의 세 아들(셈·함·야벳)처럼 데라의 세 아들(아브람·나홀·하란)을 세워 성부(믿음-영)와 성령(소망-혼)과 성자(사랑-몸)의 역할을 할 수 있게 하셨다. 아내의 이름을 알 수 없는 셋째 하란은 어둠 속에서 아담과 하와를 창조하신 성자 하나님처럼 롯과 밀가를 낳고 일찍 죽는다. 데라는 갈대아 우르에서 가나안 땅으로 들어가려고 아들 아브람과 딸이자 며느리인 사래와 손자 롯을 데리고 집을 나섰다(창 11:31). 성자의 형상인 하란의 죽음으로 타락한 데라를 표백제로 변화시켜 하란의 이름과 같은 하란에 머물게 하셨다. 성부 하나님 품에 계신 성자(말씀)께서 아담과 아담의 아내 하와를 창조하심처럼 하란은 롯과 밀가를 낳았고, 데라는 아브라함과 아브라함의 아내 사라와 나홀과 하란을 낳았다. 데라가 하란에 체류한 것은 이삭의 아내 리브가를 세우기 위함이다. 70세에 아브라함을 낳은 데라는 205세에 죽었을 때(창 11:32) 아브라함이 135세요 사라가 125이며 이삭은 35세였다. 데라가 죽은 후 2년에 사라가 127세에 죽고 3년 후에 이삭이 40세에 리브가를 아내로 맞이한다(창 25:20). 여호와께서 표백제가 된 데라를 통하여 아브라함과 사라와 롯과 리브가를 어둠 속

족보로 보는성경 설계도 I

에서 표백하셨다.

믿음의 주께서 사람을 표백되게 하는 말씀 설계도(#19)로 창세기 19장(#19)과 19권 시편(#19)과 숫자 19(#19)와 모든 성경의 19장(#19)을 설계하셨다.

19권 시편 말씀(#19)은 말씀(주님)의 거친 숨으로 표백된 시편 기자를 통하여 믿음으로 표백될 수 없었던 사람을 다섯 단계(5권)로 표백되게 하는 시편 설계도(#19)이다. 시편은 거짓이 없는 말씀으로 표백된 시(詩)들로 이루어진 하나님 말씀을 통하여 악인을 믿음으로 표백될 수 있게 하는 과정이다.

여호와께서 하나님 나라에서 쪼개져 나간 이스라엘 백성(하와)을 구원하기 위해 타락한 백성(하와)과 한 몸을 이룬 19명(#19)의 이스라엘 왕들을 세우심은 타락한 이스라엘을 믿음으로 표백하기 위함으로 보인다(BC587년). 하나님의 심판으로 세상에서 멸망하여 사라져야 할 이스라엘 백성을 성자 예수 안에서 거듭날 소망을 주셨다.

20) 설계도 #20 - 20대 아브라함(아브람)

표백된 19대 아담(데라)이 낳은 20대 아담(아브라함)의 이름은 '열국의 아비, 무리의 아비'라는 뜻으로 열국의 아비가 되신 성자의 형상이다. 아브라함은 생명을 낳을 수 없었던 사람을 세워 생명을 낳는 열국의 아비가 되게 하는 성자 예수님의 20대 형상이다. 성자 하나님의 스무 번째 말씀은 믿음의 주께서 열국의 아비가 된 20대 아브라함을 통하여 믿음으로 표백된 사람(#19)을 믿음으로 열국의 아비가 되게 하는 말씀 설계도 #20이다. 믿음으로 표백되었다는 것은 여호와의 말씀으로 거친 숨을 쉬며 어둠에 속한 사람을 빛으로 표백하는 사람이라는 뜻이다. 여호와의 말씀으로 표백된 사람이 이제는 여호와의 말씀으로 사람 안에 생명을 창조하는 열국의 아비가 되게 하는 단계(#20)이다. 사람을 하나님의 형상과 모양으로 창조하신 하나님께서 20대 아담과 하와로 아브라함과 사라를 세워 성부와 성령 하나님의 형상과 모양으로 세우는 단계이다. 1대 아담 외에는 신부(하와)의 이름을 기록하지 않으셨다가 20대 하와의 이름을 사라로 기록하셨다. 여종 하갈을 주님의 친구로 세우는 사래에서 성자의 형상인 이삭을 낳는 사라로 표백하셨다. 표백된 아브라함과 사라를 이제는 성부 하나님과 같은 아버지와 성령 하나님과 같은 어머니가 되게 하는 단계(#20)이다.

아브람의 이름은 '고귀한 아버지'라는 뜻으로 타락한 아내(하와)를 통하여 성자의 형상을 낳을 수 없는 성자의 20대 형상이다. 86세에 하갈을 통하여 타락한 아담의 형상인 이스마엘을 낳은 아브람은 어둠을 창조하신 여호와 하나님과 같다. 하갈과 이스마엘을 위해 할례를 받음으로 '아브라함'이 되었고 이스마엘을 낳은 후 14년 후에 빛(성자)의 형상인 이삭을 세워 어둠의 영역으로 건너가게 하셨다(#14). 어둠과 빛을 창조하신 여호와 하나님처럼 아브라함은 모든 어둠과 빛의 나라를 상징하는 '열국의 아비'이며 모든 '무리의 아비'가 되었다. 성령 하나님 없이는 성자 하나님을 세상으로 보내실 수 없는 것처럼, 아브라함의 아내(사라) 없이는 성자의 형상인 이삭이 태어날 수 없다. 20대 아브라함은 아비가 될 수 없는 사람을 열국의 아비가 되게 하는 설계도(#20)이다. 성자께서 그리스도의 신부를 열국의 아비가 되게 하는 과정을 20대 아브라함을 통하여 나타내셨다. 여호와의 말씀으로 주님의 거친 숨이 된 사람(#18)을 표백되게 하셨고, 말씀으로 표백된 사람(#19)을 이제는 여호와의 말씀으로 사람을 세울 수 있는 아비가 되게 하셨다는 뜻이다. 여호와께서 말씀으로 천지와 만물을 창조하심처럼, 여호와의 말씀으로 세워지지 않은 사람을 말씀으로 세웠을 때 그들의 아비가 되는 단계이다.

믿음의 주께서 사람을 열국의 아비가 되게 하는 말씀 설계도(#20)로 창세기 20장(#20)과 20권 잠언 말씀(#20)과 숫자 20(#20)과 모든 성경의 20장(#20)을 설계하셨다.

20권 잠언 말씀(#20)은 믿음의 주께서 열국의 아비가 된 솔로몬 왕을 통하여 여호와의 말씀으로 사람 안에 생명을 창조할 수 있는 사람을 열국의 아비가 되게 하는 잠언 설계도(#20)이다. 열국의 아비가 된 아브라함과 사라처럼 르무엘 왕과 현숙한 여인(그리스도인)을 열국의 아비와 어미가 되게 하는 과정이다.

숫자 20은 설계도 #20과 같은 개념으로 20대 아브라함은 스무 살이 된 아담과 같다. 여호와께서 이스라엘 백성 중에 전쟁에 나갈 수 있는 나이를 20살(#20)로 한정하여(민 1:3) 모든 사람을 20대 아브라함처럼 하나님 나라를 유업으로 받아 열국의 아비가 되게 하셨다.

22대 야곱이 라반의 집에서 20년(#20)을 종으로 산 것(창 31:38)은 어둠(라반)의 영역으로 들어가 주님의 말씀을 전하는 열국의 아비가 되어 유업을 이을 수 있는 기간이다. 20년 후에 야곱은 주님의 말씀으로 아내들과 자녀들과 종들을 거느리는 열국의 아비가 되어 가나안 땅으로 돌아온다.

요셉이 은 20개(#20)에 팔려 애굽으로 내려가서(창 37:28) 주님의 말씀으로 애굽 땅으로 내려온 무리를 기르는 열국의 아비가 되어 하나님의 나라를 유업으로 받게 하였다.

21) 설계도 #21 - 21대 이삭

열국의 아비가 된 20대 아담(아브라함)이 낳은 21대 아담(이삭)의 이름은 '웃다, 비웃다, 농담하다, 희롱하다'에서 유래하여 '웃음, 그가 웃는다'라는 뜻으로 웃을 수 없는 사람을 웃을 수 있게 하는 성자의 형상이다. 어둠 속에서 웃을 수 있는 이삭은 어둠의 조롱과 괴롭힘에도 아랑곳하지 않음으로 어둠 속에서 하나님의 나라를 세우는 사명이다. 성자 하나님의 스물한 번째 말씀은 믿음의 주께서 어둠 속에서 웃을 수 있는 21대 이삭을 통하여 믿음으로 열국의 아비가 된 사람(#20)을 믿음으로 어둠 속에서 웃게 하는 말씀 설계도(#21)이다. 믿음으로 열국이 아비가 된 사람(#20)이 낳은 아들은 어둠이 다스리는 세상에서 열국의 아비와 어미를 믿음으로 웃게 하는 단계(#21)이다. 아브라함과 사라가 성부와 성령 하나님과 같은 아비와 어미가 되지 못했다면 어둠 속에서 웃을 수 있는 이삭을 낳을 수 없다.

하나님께서 빛보다 어둠을 먼저 창조하심처럼 먼저 아브라함의 아들이 된 이스마엘은 어둠의 형상이며 뒤에 태어난 이삭은 빛의 형상이다. 성부와 성령의 형상인 아브라함과 사라 사이에 태어난 이삭은 하나님 품에 말씀으로 계시다가 어두운 세상을 빛으로 구원하시는 성자 하나님의 형상이다. 여호와께서 21대 성자의 형상인 이삭을 통하여 아브라함의 집을 어둠 속에 존재하는 빛의 나라로 세우시려는 것이다.

여호와께서 사라에게 1년 후에 아들을 주실 것이라 하였을 때 사라는 웃어 버렸다(*사라가 속으로 웃고 이르되 내가 노쇠하였고 내 주인도 늙었으니 내게 무슨 즐거움이 있으리요-창 18:12*). 사라는 생리가 끊긴 자신이 어떻게 아들을 낳겠느냐는 생각으로 여호와의 말씀을 비웃었다. 이는 여호와의 말씀이 그녀의 몸에 잉태될 수 없다는 뜻으로 사탄(어둠)의 생각이 그녀를 주장하고 있었다. 지혜요 진리이며 말씀이신 성자 하나님은 노루와 어린 사슴처럼(아 2:7, 17) 민감하여 작은 여우가 있는 에덴동산에서는 여호와의 말씀을 믿음으로 받아들이지 못하는 사람(신부)의 마음에 들어오실 수 없다. 사라가 성자의 형상인 아들을 낳을 것이라는 여호와의 말씀을 받았지만, 믿음으로 받아들이지 못한 그녀는 말씀이 생명으로 잉태될 수 없는 어둠의 영과 같다. 1년 후 여호와의 말씀을 비웃어 버렸던 사라를 여호와께서 이삭을 낳게 하심으로 하갈에게 무시당하던 사라를 어둠 속에서 웃게 하셨다(창 21:6).

믿음의 주께서 사람을 어둠 속에서 웃게 하는 말씀 설계도(#21)로 창세기 21장(#21)과 21권 전도서 말씀(#21)과 숫자 21(#21)과 모든 성경의 21장(#21)을 설계하셨다.

21권 전도서 말씀(#21)은 믿음의 주께서 솔로몬 왕을 통하여 사탄에게 유린당하는 연약한 아들들에게 여호와의 말씀으로 훈계하여 솔로몬 왕을 어둠 속에서 웃게 하는 전도서 설계도(#21)이다.

22) 설계도 #22 - 22대 이스라엘(야곱)

어둠을 비웃는 21대 아담(이삭)이 낳은 22대 아담(이스라엘)의 이름은 '하나님과 겨루어 이긴 자'라는 뜻으로 하나님의 시험을 이길 수 있는 성자의 형상이다. '야곱'은 형(에서)의 발꿈치를 잡은 상태로 나왔다는 뜻으로 '발꿈치를 잡은 자, 속이는 자, 탈취하는 자'라는 뜻이다. '이스라엘'은 얍복강에서 어떤 사람과 씨름하여 얻은 이름이다(창 32:28). 어둠과 빛을 창조하신 하나님께서 어둠을 대표하는 사람과 빛을 대표하는 야곱을 세워 씨름을 통하여 어둠 속에서 빛의 나라를 세울 수 있게 하셨다. 어둠을 대표하는 어떤 사람은 어둠을 통하여 일하시는 성부 하나님을 상징하며, 빛을 대표하는 야곱은 어둠을 통하여 일하시는 하나님의 시험을 이기는 성자 하나님을 상징한다. 어떤 사람과 씨름하여 이긴 야곱은 곧 어둠을 창조하신 하나님의 시험을 이긴 것을 의미한다. 야곱이 하나님을 대면하였다는 뜻으로 그곳을 '브니엘'이라 함은 그가 씨름한 사람이 어둠을 주관하시는 성부 하나님을 대신하는 사람이라는 증거이다.

성자 하나님의 스물두 번째 말씀은 하나님과 겨루어 이긴 22대 이스라엘을 통하여 믿음의 주께서 믿음으로 어둠을 비웃고 어둠 속에서 웃을 수 있는 사람(#21)을 세워 믿음으로 하나님과 겨루어 이기게 하는 말씀 설계도(#22)이다. 하나님의 시험에 넘어져 어둠에게 조롱받던 사람을 성자께서 세워 하나님의 시험을 이기게 하는 단계이다.

성자 하나님을 바라보는 아담(1대-22대)의 믿음으로 하나님의 시험에 무너진 신부를 하나님의 영으로 세우는 과정을 하나님의 믿음 사역이라 하였다. 하나님의 영이란 하나님의 말씀이신 성자 예수님을 받아들이는 땅(밭)과 같다. 성자의 형상인 아담의 말을 성자 예수님의 말씀으로 받아들이지 못하고 뱀의 말을 따름으로 하나님의 성전으로 지어졌던 하와는 사탄의 땅(밭)이 되어 사탄(어둠)의 영이 되었다. 여호와 하나님의 말씀을 믿지 못하여 무너진 사람(신부)을 사탄이 사로잡고 있는 모습이 밧단아람에서 라반에게 사로잡힌 딸들과 시녀들이다. 성자의 22대 형상인 이스라엘(야곱)의 믿음을 통하여 밧단아람에서 사탄에게 사로잡힌 네 명의 아내를 가나안 땅으로 데려온다. 야곱의 네 명의 아내는 하나님의 말씀을 받아들이는 하나님의 영과 같은 존재로 예수께서 씨를 뿌린 네 개의 밭과 같다. 야곱의 11명의 아들은 예수님께서 세우신 11명의 제자와 같고, 세겜 땅에서 세겜에게 강간당한 디나는 사탄에게 넘어진 가룟 유다를 의미한다.

　어둠의 영역은 빛이 나타나기 전에 어둠 속에 잠잠히 계신 성부 하나님의 영역을 말한다. 어둠 속에 계신 성부 하나님 품에 홀로 계신 성자 하나님께서 빛이 되심으로 빛과 어둠이 낮과 밤을 주관하게 되었다(창 1:3). 여호와께서 성전(성막)의 지성소와 성막과 뜰을 통하여 하나님의 영과 혼과 몸으로 일하시는 성자 하나님을 나타내셨다. 성전 뜰은 사람의 몸을 입으신 성자께서 타락한 사람을 대신하여 번제단에서 죽으심으로 사람의 몸과 한 몸을 이루심을 나타내셨다. 성소는 번제단에서 죽임을 당하신 대제사장(성자)께서 진설병과 등잔과 향단(분향단)을 통하여 혼의 사람 안에서 일하심을 나타내셨다. 지성소는 자기 백성과 한 몸을 이루신 대제사장(성자)께서 휘장을 찢고 깜깜한 지성소에 들어와 사람의 영 안에서 일하심을 나타내셨다. 깜깜한 지성소는 타락한 사람의 영 안에서 빛을 비출 수 없는 성자 하나님의 모습이며, 휘장이 찢어진 지성소는 보혜사 성령님께서 사람의 영 안에 들어오실 수 있는 모습이다.

성자의 22대 형상인 야곱이 어둠 속에 계신 성부 하나님과 대면하는 현장이 얍복 나룻터(브니엘)이다. 선하신 성부 하나님은 이방 여인(실바와 빌하)과 한 몸을 이룬 야곱이 이방 여인을 통하여 낳은 아들까지 성부 하나님의 영역인 가나안 땅으로 들어오는 것을 용납할 수 없으셨다. 야곱과 씨름하던 사람이 성부 하나님의 뜻에 따라 야곱의 허벅지 뼈가 어긋나게 하였으나 아담의 갈비뼈로 만들어진 아내와 자식과 가축까지 사랑한 그를 이길 수 없었다. 어둠의 영역(지성소)으로 휘장을 찢고 빛이신 성자 예수께서 자신과 한 몸을 이룬 사람들을 데리고 들어간 것을 야곱을 통하여 나타내셨다. 구약에는 지성소 휘장 밖에 분향단을 두게 하셨으나(출 30:1-6) 신약에는 지성소 휘장 안에 두게 되었다(히 9:4). 타락한 사람을 신부로 삼으신 성자 예수님의 역할을 통하여 이방인까지 성부 하나님 품에 들어가게 된 것이다(요 17:21).

믿음의 주께서 사람을 하나님과 겨루어 이기게 하는 말씀 설계도(#22)로 창세기 22장(#22)과 22권 아가서(#22)와 숫자 22(#22)와 모든 성경의 22장(#22)을 설계하셨다.

22권 아가서 말씀(#22)은 22대 이스라엘(야곱)처럼 믿음으로 하나님과 겨루어 이긴 솔로몬 왕을 통하여 하나님의 시험에 넘어진 술람미 여인을 믿음으로 하나님의 시험을 이길 수 있게 하는 아가서 설계도(#22)이다. 술람미 여인(그리스도인)이 성자 하나님(솔로몬 왕)과 한 몸을 이루어 하나님의 시험을 이길 수 있게 하는 과정이다.

하나님의 소망 사역(23대-44대)

하나님의 믿음 사역은 아담(1대-22대)과 하와의 믿음으로 하나님의 영이 되지 못한 타락한 신부(하와)를 에덴동산을 상징하는 가나안 땅 벧엘로 데려오는 과정이다. 믿음 사역을 통하여 남편을 성자 하나님으로 믿었던 하와(술람미 여인)가 하나님의 영으로 회복된 모습이다. 그러나 뱀에게 무너진 하나님의 성전이 회복되지 않아 하나님의 영(보혜사 성령)께서 사람의 마음을 성전으로 활용할 수 없었다. 하나님의 소망 사역은 성자의 형상인 아담(23대-44대)과 하와(그리스도의 신부)의 소망을 통하여 사람의 혼의 영역(마음)을 하나님의 성전으로 세워 보혜사 성령으로 충만하게 하는 과정이다. 뱀에게 넘어져 사탄의 집이 된 타락한 하와(그리스도의 신부)가 자기의 몸을 스스로 하나님의 성전이 되기를 소망할 때 하나님께서 타락한 하와를 성전으로 삼고 보혜사 성령님으로 충만하게 하는 사도행전(#44)이 이루어지는 설계도이다.

23) 설계도 #23 - 23대 유다

하나님과 겨루어 이긴 22대 아담(이스라엘)이 낳은 23대 아담(유다)의 이름은 '귀명(歸命)한'이란 뜻으로 타락하여 소망이 없는 신부에게 귀명한 성자의 형상이다. 남편(야곱)의 사랑을 받을 수 없었던 레아는 성자의 형상으로 낳은 아들들을 통하여 남편과 자신의 관계를 점검하였다. 열매로 나무를 아는 것처럼(눅 6:44) 레아(타락한 하와)는 자신이 낳은 아들을 통하여 자신이 어떤 존재인가를 아들들의 이름을 통하여 나타내었다(창

29:32-35). 레아가 네 번째 아들을 낳고 하나님을 찬송하게 되었다는 의미로 '유다'라 하였다. 넷째 아들을 낳기 전에는 야곱의 사랑을 받을 수 없었던 레아가 23대 성자의 형상인 유다를 통하여 남편이 자기에게 돌아오게 (귀명) 되었다는 뜻이다. 22대 에서와 야곱은 어둠과 빛의 형상으로 타락한 첫째 아담과 어둠 속에서 말씀의 빛을 비추는 둘째 아담의 형상이다. 둘째 아담(성자)께서 첫째 아담(에서)의 아내가 되어야 할 레아의 땅으로 귀명하여 레아가 23대 유다를 낳게 된 것이다. 선악과를 먹은 하와의 영을 1대 아담부터 22대 야곱을 통하여 세웠고, 23대 유다부터 선악과를 먹은 하와의 혼을 세우는 하나님의 소망 사역이다.

성자 하나님의 스물세 번째 말씀은 소망의 주께서 23대 유다를 통하여 사람을 귀명하게 하여 빛으로 붉어지게 하는 말씀 설계도 #23(22+1)이다. 23대 유다는 첫 번째 하나님의 소망 사역(#1)으로 소망 없는 이방인까지 빛으로 붉어지도록 유다를 귀명하게 하는 말씀 설계도 #23(22+1)이다. 하나님과 겨루어 믿음으로 시험을 이긴 사람(#22)이 어둠의 사람에게 귀명하여 어둠의 사람이 빛으로 붉어지게 하는 단계(#23)이다. 이방인에게 들어가는 23대 유다의 기이한 행적을 통하여 여호와의 말씀을 믿음으로 받아들이지 않았던 사람의 혼을 하나님의 성전으로 세우는 과정이다. 하와 (그리스도의 신부)가 여호와의 말씀을 거역하고 먹지 않아야 할 선악과를 먹고 타락하여 하나님 나라 밖으로 나간 이방인이 되었다. 선악을 아시는 성자 하나님처럼 유다가 타락한 이방인에게 귀명하여 소망이 없는 이방인을 빛으로 붉어지게 하는 단계이다. 23대 유다는 예수님의 족보 중에 소망이 없는 이방인을 통하여 족보를 잇는 최초의 사람이다. 23대 유다부터는 소망으로 성자 예수님을 본받는 성자의 형상(아담)들을 통하여 하나님 나라 밖에 있는 하와(그리스도의 신부-이방인)를 세우는 과정이다. 레아를 비롯하여 실바(레아의 시녀)와 빌하(라헬의 시녀)는 성자의 형상인 야곱과 결혼하였으나 야곱의 사랑 밖에 있는 상태였다. 성자의 형상인 야곱의 사랑을 받았다는 것은 성자 하나님과 하와(신부)가 믿음으로 한 몸을 이루었다는 의미이다.

성자 하나님의 나라 밖에 있는 사람들은 아담의 족보를 타고 세상으로 내려오시는 성자 예수님과 한 몸을 이루기를 소망하는 존재이다. 레아를 비롯한 이방인은 23대 유다가 아니면 성자 하나님께 돌아올 수 없는 상황이었다. 여호와께서 23대 유다를 통하여 하나님 나라 밖에 있는 사람에게 귀명하셨다.

'땅이 아니다'라는 뜻을 가진 '이방'은 여호와의 말씀을 떠나 하나님의 사랑받는 땅이 아닌 이방 땅이 되었다는 뜻이다. 20대 아담(아브라함)이 이방인 하갈을 통하여 어둠의 형상인 이스마엘을 낳고 사라를 통하여 성자(빛)의 형상인 이삭을 낳음으로 하나님 나라 밖에 있는 이방인(어둠)과 하나님 나라(땅) 안에 있는 하나님 백성으로 나누어졌다. 21대 아담(이삭)은 어둠과 빛의 형상인 에서와 야곱을 낳았고 22대 야곱은 장자의 명분을 얻어 에서(어둠)가 짊어져야 할 십자가를 짊어지고 레아를 통하여 23대 아담(유다)을 낳았다. 자신이 사랑하는 땅(라헬)이 아닌 에서의 땅(레아)에서 태어난 23대 아담(유다)은 하나님의 땅이 아닌 이방인의 몸(땅)을 통하여 생명을 낳는 하나님의 소망 사역을 시작하는 첫 번째 성자의 형상이 되었다.

'유다'가 성자의 형상인 요셉을 은 20을 받고 미디안 상인에게 팔았던 것처럼(창 37:26-28), 예수님 시대에 제사장들은 가롯 '유다'에게 은 30에 성자 예수님을 팔았고(마 26:15). 잘못된 것을 깨달은 가룟 유다가 은 30을 제사장들에게 돌려주었다. 제사장들은 그것을 성전 곳간에 두지 않고 토기장이의 밭을 사서 나그네의 묘지로 만든다(마27:3-8). 죽은 가룟 유다는 나그네의 묘지에 들어간 첫 번째 사람이 된 것으로 보인다. 성자의 형상인 요셉과 예수께서 같은 이름을 가진 두 사람 유다에게 팔리신 것은 토기장이이신 하나님께서 타락한 하와(이방인)를 자기의 몸으로 다시 사기위해 팔려야 하심을 의미한다. 흙으로 사람을 창조하신 것처럼, 성자께서 팔리심으로 타락한 사람을 다시 주님의 땅이 되게 하셨다. 성자께서 23대 유다를 통하여 주님께 귀명하기를 소망하는 사람(죄인)을 빛으로 붉어질 수 있게 하셨다.

요셉이 바로 왕의 시위 대장의 집으로 들어간 후(창 37:36), 유다가 갑자기 형제들을 떠나서 아둘람으로 거처를 옮긴다(창 38:1). '아둘람'은 '은신처, 피난처'라는 뜻으로 성자의 형상인 요셉을 미디안 상인에게 팔아 버린 유다가 여호와의 심판을 피하여 은신한 피난처로 보인다. 사울 왕이 죽이려 한 다윗도 아둘람 굴로 숨어 사울 왕의 눈을 피해 숨었던 장소이다(삼상 22:1; 대상 11:15). 다윗 왕은 이곳에서 환난을 겪는 자와 빚진 자와 마음이 원통한 400명의 우두머리가 되었다(삼상 22:2). 다윗 왕은 여호와의 심판을 받아야 할 사람을 구원하는 성자의 33대 형상이며, 유다는 주님께 돌아올 수 없는 가나안 사람에게 귀명한 성자의 23대 형상이다.

아둘람에 은신한 가나안 사람 수아의 딸은 선악과를 먹고 하나님 나라 밖으로 나간 하와(이방인)를 상징한다. 여호와 하나님은 모든 사람을 예수 그리스도의 신부로 삼아 성자 예수님과 한 몸을 이루게 함으로 성자 예수님의 족보를 이을 수 있게 하시는 분이시다. 유다가 수아의 딸을 통하여 엘과 오난과 셀라를 낳았음에도 여호와께서 책망하지 않으셨다(창 38장). 이는 여호와께서 성자의 23대 형상인 유다를 인도하여 이방인을 하나님의 성전으로 삼는 하나님의 소망 사역을 이루기 위함으로 보인다. 22대 에서가 이방인을 아내로 취할 때는 이삭과 리브가가 걱정하였으나(창 26:35), 23대 유다가 수아의 딸을 취할 때는 야곱과 레아가 걱정하지 않는다.

유다의 장인 '수아'는 '부유, 고귀'라는 뜻으로 부유하고 고귀한 사람이라는 뜻이다. 이는 여호와 하나님을 떠난 이방인이 세상에서 자기의 삶을 윤택하게 함으로 하나님 나라 밖에서 행복을 누리고 있는 이방인의 표상이다. 여호와께서 유다를 통하여 이방인을 대표하는 수아의 딸을 취하게 하여 하나님 나라 밖에 있는 이방인에게 귀명하신 것이다.

수아의 딸이 낳은 엘과 오난과 셀라는 하나님 나라 밖에 있는 이방 땅에서 태어난 사람들이다. 유다가 이방인 다말을 취하여 엘과 오난의 아내로 주었으나, 여호와께서 악한 두 아들을 심판하여 죽이셨다. 죽은 두 아들은 여호와의 말씀(율법)에 불순종하여 선악과를 먹고 죽은 것과 같다. 유다가 며느리 다말을 친정으로 보내어 셀라가 성장할 때까지 기다리게 하였다. 그러나 셀라가 성인이 되었으나 유다가 셀라도 죽을까 두려워 다말에게 주지 않아 그녀가 창녀로 변장하여 유다의 씨를 받는다. 수아의 딸이 낳은 유다의 아들들은 하나님께서 창조하신 아담이 타락하여 어둠의 영역이 된 상태와 같다. 죽은 엘과 오난을 낳은 유다는 여호와의 율법(선악과)을 거역한 타락한 사람을 창조하신 성부 하나님과 같다. 타락한 아담과 하와와 같은 엘과 오난을 남편으로 맞이한 다말은 타락한 하와와 같다. 하나님께서 소망이 없는 타락한 하와(다말)를 성자의 형상인 유다를 통하여 다시 세우시는 과정이다. 하나님께서 어둠의 영역(땅)이 된 다말의 소망(혼)을 통하여 다시 주님께 돌아올 수 있도록 23대 유다를 세우신 것이다. 여호와의 율법을 떠난 이방인 다말의 소망을 따라 성자 예수님의 족보에 들어와 성자 예수님의 사랑을 받을 수 있게 되었다.

소망의 주께서 사람을 귀명하게 하여 빛으로 붉어지게 하는 말씀 설계도(#23)로 창세기 23장(#23)과 23권 이사야서(#23)와 숫자 23(#23)과 각 성경의 23장(#23)을 설계하셨다.

23권 이사야서 말씀(#23)은 소망의 주께서 이사야 선지자를 통하여 사람을 귀명하게 하여 빛으로 붉어지게 하는 이사야서 설계도(#23)이다. 이사야서를 66장으로 설계하심은 어둠으로 타락한 신부가 성자의 품으로 귀명할 수 있게 하는 과정이 66대 족보와 같은 설계도이기 때문이다. 66권의 말씀은 빛으로 붉어지신 주님께서 타락한 사람이 회개하고 주님께 돌아올 수 있게 하는 과정을 나타낸다.

24) 설계도 #24 - 24대 베레스

타락한 하와에게 귀명한 23대 아담(유다)이 낳은 24대 아담(베레스)의 이름은 '깨뜨리다'에서 유래하여 '헤치고 나옴, 터짐'이라는 뜻이다. 어둠으로 타락한 하와를 구원하기 위해 어둠 속으로 귀명한 유다가 낳은 베레스는 어둠의 땅을 헤치고 나온 성자의 형상이다. 어둠 속에 있다가 어둠을 헤치고 나온 빛처럼 먼저 손을 내밀어 홍사를 묶어 둔 세라는 사탄에게 넘어진 첫째 아담의 형상이며, 어둠이 된 세라를 헤치고 나온 베레스는 둘째 아담(성자 예수)의 형상이다. 세라를 헤치고 나온 베레스는 어둠(사탄)을 헤치고 나올 수 없는 타락한 사람을 세워 어둠을 헤치고 나올 수 있게 하는 성자의 24대 형상이다. 성자 하나님의 스물네 번째 말씀은 소망의 주께서 24대 베레스를 통하여 사람을 헤치고 나오게 하여 주님의 영으로 대치되게 하는 말씀 설계도 #24(22+2)이다. 24대 베레스는 두 번째 하나님의 소망 사역(#2)으로 어둠 속에 갇힌 소망 없는 사람이 주님을 대신할 수 있도록 베레스를 헤치고 나오게 하는 말씀 설계도 #24(22+2)이다. 주님께 귀명한 사람(#23)을 헤치고 나오게 하는 단계(#24)이다. 홍사를 묶은 세라를 헤치고 나온 베레스를 통하여 어둠에 사로잡힌 자기 백성을 대신하여 성자께서 어둠을 헤치고 나오실 것을 나타내신 것이다.

소망의 주께서 사람을 헤치고 나오게 하여 주님의 영으로 대치되게 하는 말씀 설계도(#24)로 창세기 24장(#24)과 24권 예레미야서 말씀(#24)과 숫자 24(#24)와 모든 성경의 24장(#24)을 설계하셨다.

24권 예레미야서 말씀(#24)은 소망의 주께서 예레미야 선지자를 통하여 사람을 헤치고 나오게 하여 주님의 영으로 대치되게 하는 예레미야서 설계도(#24)이다. 아나돗 땅을 헤치고 나온 예레미야 선지자는 세상으로 오셔서 여호와의 말씀을 전하는 성자의 형상이다. 바벨론의 감옥에 갇혔다가 헤치고 나온 여호야긴 왕은 자기 백성(유다)을 대신하여 십자가를 지신 성자의 형상이다.

하나님께서 하루를 24시간(#24)으로 정하심은 24대 아담(베레스)을 통하여 어둠 속에 있던 빛이 어둠을 헤치고 나오는 것을 의미한다.

25) 설계도 #25 - 25대 헤스론

어둠을 헤치고 나온 24대 아담(베레스)이 낳은 25대 아담(헤스론)의 이름은 '벽으로 둘러싸인, 닫힌, 울타리'란 뜻으로 울타리 안에 닫힌 성자의 형상이다. 사탄이 말씀(성자)을 품고 있던 타락한 사람의 성벽을 무너뜨리고 자신의 성벽 안에 가두어 성자 하나님과 관계를 닫히게 하였다. 헤스론의 이름은 사탄이 무너뜨리고 자신의 성벽 안에 가두어 둔 타락한 사람을 대신하여 성자 하나님께서 사탄에게 닫힘으로 자기 백성을 성자 안에서 죽을 수밖에 없게 하는 이름이다. 성자 하나님의 스물다섯 번째 말씀은 소망의 주께서 25대 헤스론을 통하여 사람을 성자 안에 닫히게 하여 죽을 수밖에 없게 하는 말씀 설계도 #25(22+3)이다. 25대 헤스론은 세 번째 하나님의 소망 사역(#3)으로 죽을 수밖에 없는 소망 없는 사람이 주님 안에서 죽을 수밖에 없도록 헤스론을 닫히게 하는 말씀 설계도 #25(22+3)이다. 죄인을 대신하여 닫히신 주님 안에 닫히기를 소망하는 사람을 성자 안에서 죽을 수밖에 없게 하는 단계이다. 어둠을 헤치고 나오게 하신 주님께서(#24) 죽을 수밖에 없는 사람의 소망으로 주님 안에 닫히게 하는 단계(#25)이다. 성자 하나님처럼 닫힌 사람이 주님께 내려놓았던 주권을 다시 취하는 순간 하나님 나라 밖으로 나가게 된다.

소망의 주께서 사람을 성자 안에 닫히게 하여 죽을 수밖에 없게 하는 말씀 설계도(#25)로 창세기 25장(#25)과 25권 애가서 말씀(#25)과 숫자 25(#25)와 모든 성경의 25장(#25)을 설계하셨다.

25권 애가서 말씀(#25)은 소망의 주께서 예레미야 선지자를 통하여 사람을 성자 안에 닫히게 하여 죽을 수밖에 없게 하는 애가서 설계도(#25)이다. 사탄의 형상인 바벨론 왕의 포로가 되어 끌려가게 된 예루살렘 주민을 향한 예레미야 선지자의 간구는 죄인을 대신하여 십자가를 짊어지신 성자 예수님의 형상이다. 스스로 자신을 지킬 수 없는 죄인을 대신하여 십자가를 짊어지신 성자 예수님 안에 닫히게 하는 애가서 설계도이다.

26) 설계도 #26 - 26대 람

어둠 속에 닫힌 25대 아담(헤스론)이 낳은 26대 아담(람)의 이름은 '높여진'이란 뜻으로 어둠의 권세 안에 있는 땅에서 하늘로 높여진 성자의 형상이다. 하인(종)이 상전(주인)이 되는 것처럼, '람'은 낮추어졌던 사람이 주님 안에 닫히게 되어 상전처럼 높여지게 하는 성자의 26대 형상이다. 상전처럼 높여진 사람은 자신이 주인처럼 성자 안에서 자신의 소유권을 가지게 되는 단계이다. 성자 하나님의 스물여섯 번째 말씀은 소망의 주께서 26대 람을 통하여 사람을 높아지게 하여 주님을 소유하게 하는 말씀 설계도 #26(22+4)이다. 26대 람은 네 번째 하나님의 소망 사역(#4)으로 주님을 소유할 소망이 없는 죄인이 주님을 소유할 수 있도록 람을 높아지게 하는 말씀 설계도 #26(22+4)이다. 죄인을 대신하여 죽임을 당하신 주님과 하나 되기를 소망하는 사람을 높아지게 하여 주님을 소유하게 하는 단계이다. 하늘(주인)에서 땅(하인)으로 떨어져 주님을 소유할 소망이 없었던 사람이 성자 안에서 높여질 수 있게 하셨다. 주님 안에 닫히게 하신 주님께서(#25) 주님을 신랑으로 소유하기를 소망하는 사람을 성자 안에서 높아지게 하는 단계(#26)이다.

소망의 주께서 사람을 높아지게 하여 주님을 소유하게 하는 말씀 설계도(#26)로 창세기 26장(#26)과 26권 에스겔서 말씀(#26)과 숫자 26(#26)과 모든 성경의 26장(#26)을 설계하셨다.

26권 에스겔서 말씀(#26)은 소망의 주께서 에스겔을 통하여 사람을 높아지게 하여 주님을 소유하게 하는 에스겔서 설계도(#26)이다. 바벨론 포로로 끌려간 에스겔은 죄인을 대신하여 고초를 겪는 성자 예수님의 형상이다. 에스겔을 통하여 이방 신을 섬기던 죄인이 주님 안에서 새 예루살렘 성으로 높여지는 설계도이다.

27) 설계도 #27 - 27대 암미나답

땅에서 하늘로 높여진 26대 아담(람)이 낳은 27대 아담(암미나답)의 이름은 '즐거이 드리다'에서 유래하여 '관용의 백성'이란 뜻으로 관용의 백성이 된 성자의 형상이다. 암미나답은 사탄의 유혹에 넘어져 하나님의 뜻에 따라 살지 못하고 자신만을 위해 살던 사람을 관용의 백성이 되게 하는 성자의 27대 형상이다. 성자 하나님의 스물일곱 번째 말씀은 소망의 주께서 27대 암미나답을 통하여 사람을 관용의 백성이 되게 하여 하나님을 찬양하게 하는 말씀 설계도 #27(22+5)이다. 27대 암미나답은 다섯 번째 하나님의 소망 사역(#5)으로 죄인이 하나님을 찬양할 수 있도록 암미나답을 관용의 백성이 되게 하는 설계도이다. 성령 하나님의 뜻에 자신을 내려놓으신 성자 하나님을 관용의 백성이 되게 하는 단계이다. 하인(종)처럼 낮아졌다가 상전(주인)처럼 높여져 소유권을 갖게 된 사람이 자신의 영광을 나타내지 않고 하나님을 찬양하는 관용의 백성이 되게 하셨다. 사탄에게 휘둘려 자신을 위하는 사람이 아니라 자신을 희생하여 사탄에게 사로잡힌 사람을 구원하는 성자 예수님처럼 관용의 백성이 되게 하는 단계이다. 관용의 백성은 첫째 아담의 죄를 대신 짊어짐으로 타락한 사람을 구원하는 사람이라는 뜻이다. 타락한 사람은 지위가 높아져 상전이 되면 사탄의 유혹을 받아 자신의 지위를 이용하여 아랫사람을 다스림으로 자신의 유익을 누리려 한다. 그러나 성자 하나님은 자기 백성의 유익을 위하여 겸손하게 자신의 권리를 내려놓음으로 하나님 아버지의 뜻을 수용하는 관용의 백성이 되심을 나타내는 단계(#27)이다.

소망의 주께서 사람을 관용의 백성이 되게 하여 하나님을 찬양하게 하는 말씀 설계도(#27)로 창세기 27장(#27)과 27권 다니엘서 말씀(#27)과 숫자 27과 모든 성경의 27장을 설계하셨다.

27권 다니엘서 말씀(#27)은 소망의 주께서 다니엘을 통하여 사람을 관용의 백성이 되게 하여 하나님을 찬양하게 하는 다니엘서 설계도(#27)이다. 환관이 되어 끌려간 다니엘은 육체를 통하여 생명을 낳을 수 없는 상태로 사탄이 다스리는 세상으로 오신 성자 예수님의 형상이다. 성자께서 성부 하나님의 뜻을 수용하는 관용의 백성이 되심으로 타락한 죄인이 하나님을 찬양하게 하는 설계도이다.

신약 성경을 27권(#27)으로 설계하심은 세상으로 오신 성자 예수께서 관용의 백성이 되심을 나타내는 27권이란 뜻이다.

28) 설계도 #28 - 28대 나손

관용의 백성이 된 27대 아담(암미나답)이 낳은 28대 아담(나손)의 이름은 '징조를 보다'에서 유래하여 '점쟁이, 복술사, 뱀'이란 뜻으로 뱀처럼 지혜로운 성자의 형상이다. 나손은 뱀에게 넘어진 사람을 뱀처럼 지혜롭게 하여 뱀을 따르지 않고 여호와 하나님을 따르게 하는 성자의 28대 형상이다. 여호와께서 창조하여 에덴동산에 두신 '뱀'은 여호와 하나님을 경외할 때 여호와 하나님의 지혜가 배어들고, 여호와 하나님을 경외하지 않을 때 여호와 하나님의 뜻을 대적하는 사탄의 생각이 배어드는 존재이다. 하나님과 사람 사이에서 하나님 편에 서거나 하나님을 대적하는 사탄 편에 설 수 있는 간교한 존재이다(창 3:1). 천사는 흙으로 창조된 사람과 창조주 하나님 사이에서 일하는 존재이다. 하늘에 계신 하나님의 말씀을 땅에 있는 사람에게 전달하는 천사가 타락하여 하늘과 땅 사이에 있는 공중의 권세를 잡게 되었고(엡 2:2), 뱀에게 넘어진 사람이 여호와를 경외할 때 여호와께서 그를 하나님의 성전으로 삼으시고 여호와를 경외하지 않을 때 사탄의 집이 되는 것과 같다. 여호와를 경외한 나손이 관용의 백성이 되어 여호와께서 그를 뱀처럼 지혜롭게 하셨다는 뜻으로 보인다.

성자 하나님의 스물여덟 번째 말씀은 소망의 주께서 28대 나손을 통하여 사람을 뱀처럼 지혜롭게 하여 주님을 계승하게 하는 말씀 설계도 #28(22+6)이다. 28대 나손은 여섯 번째 하나님의 소망 사역(#6)으로 주님을 계승할 수 없는 죄인이 주님을 계승할 수 있도록 나손을 뱀처럼 지혜롭게 하는 말씀 설계도 #28(22+6)이다. 28대 아담을 '나손(뱀)'이라 하심은 성자께서 하나님과 사람 사이에 존재하는 뱀처럼 지혜롭게 하심이다.

뱀은 사람을 사탄의 종이 되게 하는 역할이며, 성자 안에서 뱀처럼 지혜롭게 된 사람은 타락한 사람을 구원하여 주님을 계승하는 역할이다. 관용의 백성(#27)을 뱀처럼 지혜롭게 하는 단계(#28)이다.

소망의 주께서 사람을 뱀처럼 지혜롭게 하여 주님을 계승하게 하는 말씀 설계도(#28)로 창세기 28장(#28)과 28권 호세아서 말씀(#28)과 숫자 28(#28)과 각 성경의 28장(#28)을 설계하셨다.

28권 호세아서 말씀(#28)은 소망의 주께서 호세아 선지자를 통하여 사람을 뱀처럼 지혜롭게 하여 주님을 계승하게 하는 호세아서 설계도(#28) 이다. 음란한 고멜을 신부로 삼는 호세아 선지자는 사탄을 신랑으로 삼은 죄인을 신부로 삼으신 성자 예수님의 형상이다. 고멜처럼 타락한 사람이 성자 예수님의 생명을 낳음으로 뱀처럼 지혜롭게 주님을 계승하는 설계도이다.

29) 설계도 #29 - 29대 살몬

뱀처럼 지혜로운 28대 아담(나손)이 낳은 29대 아담(살몬)의 이름은 '외투, 겉옷'이란 뜻으로 여호와의 말씀으로 겉옷을 입으신 성자의 형상이다. 살몬은 여호와의 말씀으로 겉옷을 입으신 성자 하나님께서 말씀을 벗어버린 사람을 세워 겉옷을 입게 하는 성자의 29대 형상이다. 아버지 나손이 뱀처럼 지혜롭지 못했다면 말씀으로 겉옷을 입은 살몬을 낳을 수 없었다.

성자 하나님의 스물아홉 번째 말씀은 소망의 주께서 29대 살몬을 통하여 사람을 겉옷을 입게 하여 주님께 헌신하게 하는 말씀 설계도 #29(22+7)

이다. 29대 살몬은 일곱 번째 하나님의 소망 사역(#7)으로 말씀의 겉옷을 벗어 버린 죄인이 주님께 헌신할 수 있도록 살몬을 죄인의 겉옷이 되게 하는 말씀 설계도 #29(22+7)이다. 타락한 천사가 뱀 안에 들어갈 수 있었 던 것은, 여호와를 경외하지 않은 뱀이 여호와의 말씀으로 옷을 입지 않 았기 때문이다. 뱀처럼 여호와를 경외하지 않는 사람은 여호와의 말씀으 로 옷 입을 수 없다. 타락한 하와처럼 여호와의 말씀을 벗어 버린 신부(기 생 라합)를 성자 예수께서 자기의 겉옷으로 입혀 주심을 29대 살몬을 통 하여 나타내셨다. 주님의 겉옷을 입은 기생 라합이 주님께 헌신하여 살몬 을 살릴 수 있게 되었다. 뱀처럼 지혜로운 사람(#28)을 세워 주님의 겉옷 을 입게 하는 단계(#29)이다.

여호와께서 창조하신 땅은 여호와의 말씀을 받아 말씀대로 생명을 창 조하는 사명이다. 여호와의 말씀을 받은 땅이 풀과 채소와 과목을 낸 것 은, 땅이 여호와의 말씀으로 옷 입은 것을 나타내심이다. 아무런 소출을 내지 못하고 벌거벗은 땅은 여호와의 말씀을 벗어 버린 부끄러운 상태를 나타낸다.

풀과 채소와 과목을 내어 부끄럽지 않게 된 땅처럼 흙으로 창조된 사람 이 여호와의 말씀으로 하나님께 헌신할 수 있도록 겉옷을 입게 하셔서 사 람이 벌거벗었으나 부끄럽지 않게 하셨다(창 2:25). 그러나 뱀의 말을 들 은 하와가 여호와의 말씀을 벗고 뱀처럼 간교하게 되었다. 간교한 하와가 선악과를 아담에게 주어 아담도 여호와의 말씀을 벗어 버린 뱀과 같이 되 었다. 여호와의 말씀을 벗어 버린 사람이 무화과 나뭇잎으로 치마를 만들 어 입고 서로 부끄러움을 면하게 되었으나, 중심을 보시는 여호와 하나님 앞에는 설 수 없었다(창 3:10). 여호와께서 흙으로 창조하신 아담이 여호와께 부끄러움을 느낌은 그가 여호와의 말씀을 지키지 못했기 때문이다. 선악과를 먹은 하와가 아담을 대할 때는 부끄러움을 느끼지 못했다가 아담이 선악과를 먹은 후에야 부끄러움을 느끼게 된 것은, 그녀가 성자 하나님의 첫 번째 형상인 아담과 한 몸이 되었기 때문이다. 아담은 선악과를 먹지 말라는 여호와의 말씀을 직접 받았지만, 하와는 여호와의 말씀을 직접 받지 않았기 때문에 아담이 부끄러움을 느낄 때까지 부끄러움을 느낄 수 없다. 주님의 겉옷을 입은 29대 아담(살몬)을 통하여 여호와의 말씀을 벗어 버린 하와(기생 라합)를 부끄럽지 않게 하셨다. 주님의 겉옷을 입었다는 것은 기생 라합이 살몬과 결혼하여 살몬의 아들을 양육하는 성령의 형상이 되었다는 뜻이다.

소망의 주께서 사람을 겉옷을 입게 하여 주님께 헌신하게 하는 말씀 설계도(#29)로 창세기 29장(#29)과 29권 요엘서 말씀(#29)과 숫자 29(#29)와 모든 성경의 29장(#29)을 설계하셨다.

29권 요엘서 말씀(#29)은 소망의 주께서 요엘 선지자를 통하여 사람을 겉옷을 입게 하여 주님께 헌신하게 하는 요엘서 설계도(#29)이다.

30) 설계도 #30 - 30대 보아스

겉옷을 입은 29대 아담(살몬)이 낳은 30대 아담(보아스)의 이름은 히브리어로 '민첩, 재빠름'이며 헬라어로 '유력자, 신속'이라는 뜻으로 유력자가 되신 성자 하나님을 나타낸다. 보아스는 신속하게 자신의 영역을 선택할 수 없는 그리스도의 신부를 도울 힘을 가졌다는 뜻이다. 어둠의 권세에 사로잡혀 꼼짝할 수 없었던 사람을 신속하게 빛의 영역으로 이동할 수 있는 유력자가 되게 하는 단계이다. 보아스는 하늘나라 기업을 무를 수 없는 신부(룻)를 기업을 무르게 하는 유력자가 되신 성자의 30대 형상이다. 아버지 살몬이 주님의 겉옷을 입지 못했다면 유력자가 된 보아스를 낳을 수 없었다. 성자 하나님의 서른 번째 말씀은 여덟 번째 하나님의 소망 사역(#8)으로 소망의 주께서 30대 보아스를 통하여 사람을 유력자로 대확장되게 하는 말씀 설계도 #30(22+8)이다. 사람을 대확장될 수 있도록 보아스를 유력자가 되게 하는 설계도이다. 주님의 겉옷을 입은 사람(#29)을 유력자가 되게 하는 단계(#30)이다.

가나안 땅의 기업을 무를 수 없는 모압 사람 룻은 사탄에 사로잡힌 타락한 하와의 형상이며, 보아스보다 더 가까운 친족(룻 3:12)은 사탄의 형상이다. 아담(룻의 남편)이 잃어버린 가나안 땅의 기업을 사서 룻(타락한 하와)에게 준 보아스는 둘째 아담(성자)의 형상이다. 하늘나라를 상징하는 가나안 땅의 기업을 무를 수 없는 이방인 룻을 보아스가 성자 안에서 대확장하여 유력자가 되게 하였다.

소망의 주께서 사람을 유력자로 대확장되게 하는 말씀 설계도(#30)로 창세기 30장(#30)과 30권 아모스서(#30)와 숫자 30(#30)과 모든 성경의 30장(#30)을 설계하셨다.

30권 아모스서 말씀(#30)은 소망의 주께서 아모스 선지자를 통하여 사람을 유력자로 대확장되게 하는 아모스서 설계도(#30)이다. 하나님의 백성을 사로잡고 있는 왕의 궁궐을 불사름으로 하나님 백성을 대확장되게 하는 설계도이다. 뽕나무를 배양하는 아모스 선지자는 뽕나무에 오른 삭개오를 찾아오신 성자의 형상이다.

성자 예수께서 은 30세겔(#30)에 가룟 유다에게 팔림으로 유력자가 된 성자께서 사탄에게 사로잡힌 사람을 소망으로 대확장할 수 있게 하심을 의미한다(레 27:4; 마 26:15).

31) 설계도 #31 - 31대 오벳

유력자가 된 30대 아담(보아스)이 낳은 31대 아담(오벳)의 이름은 '섬기는, 종'이란 뜻으로 죄인을 섬기는 종이 된 성자의 형상이다. 아버지 보아스가 신속하게 신부(룻)를 대확장될 수 있도록 유력자가 되게 하였기에 타락한 사람을 섬기는 오벳을 낳을 수 있었다.

성자 하나님의 서른한 번째 말씀은 아홉 번째 하나님의 소망 사역(#9)으로 소망의 주께서 31대 오벳을 통하여 사람을 여호와의 종으로 능력 있게 하는 말씀 설계도 #31(22+9)이다. 능력을 상실한 사람을 능력 있게 하려고 오벳을 섬기는 종이 되게 하는 설계도이다. 사탄의 사슬을 끊을 수 있는 능력을 상실하여 사탄을 섬기고 있는 사람을 섬기러 오신 주님을 31대 오벳을 통하여 나타내셨다. 유력자가 된 사람(#30)이 사탄의 권세를 단절시킬 수 있는 능력 있는 여호와의 종이 되게 하는 단계(#31)이다.

소망의 주께서 사람을 여호와의 종으로 능력 있게 하는 말씀 설계도(#31)로 창세기 31장(#31)과 31권 오바댜서 말씀(#31)과 숫자 31(#31)과 각 성경의 31장(#31)을 설계하셨다.

31권 오바댜서 말씀(#31)은 소망의 주께서 오바댜 선지자를 통하여 사람을 여호와의 종으로 능력 있게 하는 오바댜서 설계도(#31)이다. 바위틈(요르단 페트라)에 자리 잡은 에돔은 사람의 마음속에 숨어 사는 사탄의 형상이다. 선지자 100명을 두 개의 굴속에 숨겨두고 양식을 먹인 오바댜 선지자(왕상 18:4)는 구약과 신약에 하나님의 종들에게 하나님의 말씀을 공급하신 성자의 형상으로 보인다. 에돔을 심판하여 에돔에게 사로잡힌 백성을 새롭게 함으로 여호와를 섬기는 능력 있는 종이 되게 하는 설계도이다.

32) 설계도 #32 - 32대 이새

종이 된 31대 아담(오벳)이 낳은 32대 아담(이새)의 이름은 '현존하는'이란 뜻으로 어둠의 영역에서도 현존하신 성자의 형상이다. 이새는 어둠의 권세를 끊어낼 수 있는 여호와의 종이 어둠 속에서 현존할 수 없는 사람을 현존할 수 있게 하는 성자의 32대 형상이다. 아버지 오벳이 여호와의 종이 되어 어둠 속에서 현존하는 이새를 낳을 수 있었다.

성자 하나님의 서른두 번째 말씀은 열 번째 하나님의 소망 사역(#10)으로 소망의 주께서 32대 이새를 통하여 사람을 어둠 속에서 현존하게 하여 안식하게 하는 말씀 설계도 #32(22+10)이다. 어둠 속에서 안식할 수 없는 사람을 안식할 수 있도록 이새를 어둠 속에서 현존하게 하셨다. 능력 있는 여호와의 종(#31)을 어둠 속에서 현존하게 하는 단계(#32)이다. 다윗의 아버지 이새는 사탄을 상징하는 블레셋과 접전을 벌이는 전쟁터로 다윗을 통하여 음식을 보낸다(삼상 17:17-18). 이는 사탄(골리앗)의 권세에 눌린 사람들에게 하나님의 말씀을 상징하는 양식을 공급하는 것을 의미한다. 여호와의 말씀을 먹을 수 없어 어둠 속에서 하나님의 나라를 유지하여 현존할 수 없는 사람을 성자의 형상인 다윗을 보내어 어둠 속에서 현존하게 하는 이새의 사명이다.

소망의 주께서 사람을 어둠 속에서 현존하게 하여 안식하게 하는 말씀 설계도(#32)로 창세기 32장(#32)과 32권 요나서 말씀(#32)과 숫자 32(#32)와 각 성경의 32장(#32)을 설계하셨다.

32권 요나서 말씀(#32)은 소망의 주께서 요나 선지자을 통하여 사람(니느웨)을 어둠 속에서 현존하게 하여 안식하게 하는 요나서 설계도(#32)이다. 니느웨로 가서 하나님의 말씀을 전하는 요나 선지자는 타락한 죄인을 구원하기 위해 세상으로 오신 성자 예수님의 삶을 몸으로 경험한 선지자이다. 여호와의 율법의 관점으로는 심판을 받아 세상에서 현존할 수 없는 니느웨 백성을 성자 예수님의 은혜로 어둠 속에서 소망으로 현존할 수 있게 하는 설계도이다.

33) 설계도 #33 - 33대 다윗

어둠 속에서 현존하는 32대 아담(이새)이 낳은 33대 아담(다윗 왕)의 이름은 '사랑받는 자, 두목'이라는 뜻으로 성부 하나님께 사랑받는 성자의 형상이다. 아버지께 사랑받는 성자(다윗)께서 불량배들과 악한 사람들의 두목이 되어 사랑받을 수 없는 죄인이 하나님께 사랑받게 하는 역할이다.

아버지 이새가 어둠 속에서 안식하여 현존하므로 아버지와 불량배들에게 사랑받는 다윗을 낳았다. 어둠 속에서 현존하신 주님께서 어둠 속에서 현존하며 하나님의 사랑을 받을 수 없는 사람을 위해 행하시는 단계이다.

성자 하나님의 서른세 번째 말씀은 열한 번째 하나님의 소망 사역(#11)으로 소망의 주께서 33대 다윗을 통하여 사람이 사랑받게 하여 주님의 이르심(이름)을 받게 하는 말씀 설계도 #33(22+11)이다. 여호와의 율법을 거역한 사람을 구원하러 오신 주님을 소망하는 사람을 사랑받게 하는 설계도이다. 주님을 소망하며 기다리는 우리아의 아내 밧세바를 사랑받게 하여 주님의 이르심(이름)을 받게 하는 단계이다. 여호와께서 제정하신 선악과 율법을 거역한 하와를 여호와의 율법에서 구원하기 위해 아담이 하와가 주는 선악과를 먹었다고 하였다. 이 사건은 주님의 복음으로 여호와의 율법을 폐하기 위한 첫 번째 성자의 십자가 사건이다(역자 주). 1대 아담부터 하나님의 품에서 타락한 사람의 품으로 들어가신 성자 예수님의 족보(발자취)를 세우는 사람들은 죄인을 위해 십자가를 짊어지신 성자 예수님을 본받는 자들이다. 하와가 주는 선악과를 먹은 1대 아담처럼 33대 다윗은 밧세바가 주는 선악과를 먹은 것이다. 여호와의 율법으로 사람이 먹을 수 없도록 제정하신 첫 번째 선악과 율법은 선과 악을 아시는 성자 하나님만이 먹을 수 있는 과일이다. 성자의 형상으로 창조된 아담이 선악과를 먹고 선악을 아시는 성자 하나님과 같이 되었다(창 3:22). 다윗 왕의 유혹에 넘어지지 않은 밧세바의 남편 우리아는 선악과를 먹지 않고 여호와의 율법을 지킨 첫째 아담의 형상이며, 다윗 왕은 선악과를 먹은 둘째 아담(예수)의 형상이다.

다윗은 사울 왕이 집권하고 있을 때 기름 부음을 받아 왕이 되었다(삼상 16:13). 사울 왕은 선악과를 먹은 타락한 첫째 아담의 형상이며, 다윗 왕은 악한 자들과 불량배들을 통하여 죄인을 자기 백성으로 부르러 오신 성자 예수님의 정체성을 보여 준다(삼상 30:22). 어둠이 다스리는 세상에서 하나님의 사랑을 받을 수 없는 죄인은 하나님의 심판에 직면한 상태이다. 타락한 하와를 아담이 외면하였다면, 그리스도의 신부인 하와는 영원히 성자 안에서 구원받지 못하게 된다. 이처럼 만약 다윗 왕이 우리아의 아내 밧세바를 취하지 않았다면, 밧세바는 성자 안에서 구원받을 수 없게 된다. 밧세바를 아내로 취한 다윗 왕은 죄인을 신부로 삼아 구원하러 오신 성자의 33대 형상이다. 어둠 속에서 현존하며 사랑받지 못한 사람(#32)이 성자의 사랑을 받게 하는 단계(#33)이다.

소망의 주께서 사람을 사랑받게 하여 주님의 이르심(이름)을 받게 하는 말씀 설계도(#33)로 창세기 33장(#33)과 33권 미가서 말씀(#33)과 숫자 33(#33)과 각 성경의 33장(#33)을 설계하셨다.

33권 미가서 말씀(#33)은 소망의 주께서 미가 선지자를 통하여 사람을 사랑받게 하여 주님의 이르심(이름)을 받게 하는 미가서 설계도(#33)이다. 미가 선지자는 사랑받을 수 없는 사람을 사랑하는 성자 예수님의 형상이다. 사람이 타락하여 하나님의 사랑을 받을 수 없게 되었으나 성자 예수께서 죄인을 대신하여 자신을 희생하심으로 사랑받게 하는 설계도이다.

34) 설계도 #34 - 34대 솔로몬

죄인에게 사랑받는 33대 아담(다윗 왕)이 낳은 34대 아담(솔로몬 왕)의 이름은 '평화로운'이라는 뜻으로 솔로몬 왕은 성부 하나님과 평화롭지 못한 사람(죄인-신부)을 평화롭게 하는 성자의 34대 형상이다. 하나님께 사랑받을 수 없는 사람을 사랑받게 하신 주님께서 이제는 하나님과 평화롭지 못한 사람을 평화롭게 하는 단계이다. 아버지 다윗 왕이 사랑받지 못한 사람을 사랑받게 하여 죄인을 평화롭게 하는 솔로몬 왕을 낳을 수 있었다.

성자 하나님의 서른네 번째 말씀은 열두 번째 하나님의 소망 사역(#12)으로 소망의 주께서 34대 솔로몬을 통하여 사람을 평화롭게 하여 주님의 영역이 되게 하는 말씀 설계도 #34(22+12)이다. 주님의 영역 밖에 있어서 하나님과 원수 된 사람을 찾아오시는 주님을 소망하는 사람을 하나님과 평화롭게 하는 설계도이다. 사랑받는 사람(#33)을 평화롭게 하는 단계(#34)이다. 성자께서 사랑받지 못할 사람을 사랑받게 하심으로 이제는 성자의 형상인 솔로몬 왕을 통하여 원수 되었던 사람(신부)을 평화롭게 하신다.

여호와께서 다윗 왕이 지을 수 없었던 하나님의 성전을 솔로몬 왕에게 짓게 하셨다. 여호와께서 땅 위에 세워진 솔로몬 성전에 들어오신 모습은 흙으로 만들어진 사람의 몸을 입으신 성자 예수님을 나타낸다. 여호와 하나님께서 사람으로 오셔서 타락한 사람을 예수 그리스도의 신부로 세우시려는 것이다. 다윗 왕을 통하여 주님께 사랑받는 사람(#33)을 하나님의 성전이 되신 성자 하나님과 한 몸이 되게 하여 평화롭게 하실 것을 솔로몬 왕을 통하여 나타내셨다. 하나님의 성전으로 지어진 사람이 선악과를 먹고 사탄과 한 몸을 이루었기 때문에 하나님께서 사탄을 심판하시면 타락한 사람도 살 수 없기에 사탄을 심판하실 수 없으셨다. 여호와께서 하나님의 성전으로 지으신 아담을 통하여 하와를 창조하심처럼 하나님의 성전을 지은 솔로몬 왕을 통하여 하와(타락한 사람)를 평화롭게 하시려는 것이다. 하나님의 영광으로 충만한 솔로몬 성전은 에덴동산에서 한 몸을 이룬 아담과 하와의 모습이며 또한 성자 하나님과 그리스도의 신부가 한 몸을 이룬 모습이다. 아담과 한 몸을 이루었던 하와가 선악과를 먹고 타락하여 하나님의 성전 밖으로 나가서 사탄과 한 몸을 이루게 되었다. 성자의 첫 번째 형상인 아담이 하와(그리스도의 신부)를 구원하기 위해 선악과를 먹은 것처럼, 성자의 34대 형상인 솔로몬 왕이 타락한 하와를 상징하는 바로 왕의 딸을 비롯하여 천 명의 여자를 아내로 맞이하는 기행(奇行)을 통하여 타락한 사람(그리스도의 신부)을 사랑하심을 나타내셨다. 1대 아담의 사명은 어둠으로 타락한 사람(하와)을 빛으로 붉어지게 하는 첫 번째 성자 예수님의 역할이며, 34대 아담(솔로몬 왕)의 사명은 하나님과 평화롭지 못한 사람(하와-그리스도의 신부)을 평화롭게 하는 34대 성자 예수님의 역할이다. 성자 예수께서 타락한 모든 사람을 예수 그리스도의 신부가 되게 하심을 솔로몬 왕의 기행을 통하여 나타내셨다. 솔로몬 왕이 7년 동안 지은 성전은 7일 동안 흙으로 만들어진 아담 안에 안식하신 여호와 하나님을 상징한다. 13년 동안 지은 솔로몬의 왕궁은 성자 하나님과 한 몸을 이룬 타락한 하와(바로 왕의 딸-타락한 모든 사람)를 상징한다. 솔로몬 성전과 왕궁을 왕래할 수 있는 솔로몬 왕은 죄인을 신부로 삼기 위해 오신 성자 예수님의 34대 형상이다.

소망의 주께서 사람을 평화롭게 하여 주님의 영역이 되게 하는 말씀 설계도(#34)로 창세기 34장(#34)과 34권 나훔서 말씀(#34)과 숫자 34(#34)

와 각 성경의 34장(#34)을 설계하셨다.

34권 나훔서 말씀(#34)은 소망의 주께서 나훔 선지자를 통하여 사람을 평화롭게 하여 주님의 영역이 되게 하는 나훔서 설계도(#34)이다. 사탄의 성읍을 상징하는 니느웨성을 향하여 심판을 선포하는 나훔 선지자는 세상을 심판하러 오셔서 자신이 요단강에서 세례를 받으신 성자 예수님의 형상이다. 무너지지 않을 것 같은 니느웨성을 수공(水攻)으로 무너뜨린 것처럼, 사탄에게 사로잡힌 고집 센 사람이 물로 세례(침례)를 받으신 성자 안에서 평화롭게 되는 설계도이다.

35) 설계도 #35 - 35대 르호보암

죄인을 평화롭게 하는 34대 아담(솔로몬 왕)이 낳은 35대 아담(르호보암 왕)의 이름은 '백성을 번성케 하다'라는 뜻으로 백성을 번성케 하는 성자의 형상이다. 르호보암 왕은 바로 왕의 침략으로 번성할 수 없는 자기 백성을 번성케 하는 성자의 35대 형상이다. 솔로몬 왕을 통하여 사람을 평화롭게 하셨기에 평화로운 백성을 번성케 하는 르호보암 왕을 낳는다.

성자 하나님의 서른다섯 번째 말씀은 열세 번째 하나님의 소망 사역(#13)으로 소망의 주께서 35대 르호보암을 통하여 백성을 번성케 하여 주님의 싹이 되게 하는 말씀 설계도 #35(22+13)이다. 주님의 싹이 될 수 없는 사람을 르호보암 왕을 통하여 번성케 하는 설계도이다. 평화롭게 하신 백성(#34)을 번성케 하는 단계(#35)이다.

솔로몬 왕이 죽고 아들 르호보암이 왕이 되었을 때 북쪽 열 지파가 애굽 왕 시삭의 도움을 받은 여로보암을 왕으로 세우고 좁은 길을 버리고 이방 나라와 같이 넓은 길로 가 버렸다(왕상 12장). 솔로몬 왕 때에 애굽으로 도망친 여로보암을 받아 주어 이스라엘을 나누어지게 한 애굽 왕 시삭은 땅에서 권세를 잡은 사탄의 형상이다. 여로보암을 도왔던 애굽 왕 시삭이 좁은 길을 가는 남쪽 유다를 쳐서 솔로몬 성전과 왕궁을 지키고 있던 금방패를 빼앗아 간다(왕상 14:25-28). 솔로몬 왕이 만든 금방패는 금처럼 변함없는 믿음으로 하나님의 성전과 하나님의 성전으로 지어진 사람을 지키는 믿음의 방패를 말한다. 사탄에게 넘어진 하와로 인하여 하나님의 성전으로 지어진 아담과 아담의 집(하와)과 같은 왕궁을 지키던 금방패를 잃어버린 것이다. 르호보암 왕이 금방패를 대신하여 놋으로 만든 뱀처럼 놋으로 방패를 만들어 성전과 왕궁을 지키게 하였다. 이는 성자께서 자신이 사람의 몸을 입고 오셔서 자기 백성을 보호하심으로 주님의 싹이 될 수 없는 자기 백성을 번성케 하심을 의미한다. 만약 금방패를 빼앗긴 하나님의 성전을 르호보암 왕이 방치하였다면 주님의 싹이 될 수 없는 유다 백성과 하나님의 나라는 사라졌을 것이다.

소망의 주께서 백성을 번성케 하여 주님의 싹이 되게 하는 말씀 설계도(#35)로 창세기 35장(#35)과 35권 하박국서 말씀(#35)과 숫자 35(#35)와 각 성경의 35장(#35)을 설계하셨다.

35권 하박국서 말씀(#35)은 소망의 주께서 하박국 선지자를 통하여 백성을 번성케 하여 주님의 싹이 되게 하는 하박국서 설계도(#35)이다. 악인에게 고통받는 자기 백성을 위해 하나님께 간구하는 하박국 선지자는 죄인을 위해 하나님께 간구하신 성자 예수님을 본받는 사람이다. 사탄을 상징하는 애굽의 시삭 왕에게 금방패를 빼앗긴 유다 백성을 놋방패로 번성케 하셨던 것처럼, 사탄에게 넘어진 하나님 백성을 놋방패로 지키는 성자 예수님을 본받는 하박국 설계도이다.

36) 설계도 #36 - 36대 아비야(얌)

백성을 번성케 한 35대 아담(르호보암 왕)이 암몬 사람 압살롬의 딸 마아가를 통하여 태어난 아비야 왕의 또 다른 이름은 '아비얌'이다. 열왕기상(15장)에서는 '아비얌'으로 기록하셨고 역대하(13장)에서는 '아비야'로 기록하셨다. '아비얌'은 '바다는 나의 아버지'라는 뜻이며, '아비야'는 '여호와는 나의 아버지'라는 뜻이다.

다윗 왕의 아들로 태어난 압살롬이 아버지를 몰아내고 아버지의 첩들과 동침한다(삼하 16:22). 이는 야곱의 장자 르우벤이 야곱의 첩(빌하)과 동침한 사건과 같고(창 35:22), 하와가 여호와께서 먹지 말라고 하신 선악과를 먹는 것과 같다. 성자의 첫 번째 형상인 아담이 하와가 주는 선악과를 먹고 그녀의 남편이 된 것처럼, 성자의 35대 형상인 르호보암 왕이 선악과를 먹고 타락한 하와를 구원하기 위해 압살롬의 딸 마아가를 아내로 삼았다(왕상 15:2). 마아가를 통하여 태어난 아비얌(바다는 나의 아버지)은 하나님의 영을 상징하는 물(바다)에서 나온 사람으로 타락한 사람을 구원하기 위해 성자께서 세례를 받으심을 나타내는 이름으로 보인다. 죄인을 대신하여 세례를 받으신 성자께서 자기 백성을 위해 여로보암 왕과 싸우는 모습을 열왕기상 15장에서 나타내셨다. 역대하 13장에서 여호와께서 아비얌을 아비야로 부르심은 타락한 하와의 후손을 통하여 세상으로 오신 성자께서 멸절될 위기에 처한 자기 백성을 구원하심을 나타내셨다. 열왕기상 15장에서는 아비얌 왕이 여로보암 왕과 싸웠다고 하셨으나 승리했다는 말씀이 없고, 역대상 13장에서는 야비야 왕이 승리했다고 기록하셨다. 아비얌의 이름(바다는 나의 아버지)은 자기 백성과 한 몸을 이루는 세례(침례)를 받는 사명이며, 아비야의 이름(여호와는 나의 아버지)은 여호와의 아들이 되어 사탄에게 속한 사람을 여호와의 백성이 되게 하는 이름이다.

성자 하나님의 서른여섯 번째 말씀은 열네 번째 하나님의 소망 사역(#14)으로 소망의 주께서 36대 아비야를 통하여 사람을 여호와의 백성이 되게 하여 어둠의 건너편이 되게 하는 말씀 설계도 #36(22+14)이다. 사탄에게 넘어져 하나님께 심판받아야 할 유다 백성을 아비야 왕이 구원하여 여호와의 백성이 되게 하였다. 여호와의 아들이 된 아비야 왕이 자신을 따르는 유다 백성을 구원한 것처럼, 성자께서 따르는 자기 백성을 구원하여 어둠의 건너편이 되게 하셨음을 아비야 왕을 통하여 나타내셨다. 여호와께서 번성케 하신 백성(#35)을 여호와의 백성이 되게 하는 단계(#36)이다.

소망의 주께서 사람을 여호와의 백성이 되게 하여 어둠의 건너편이 되게 하는 말씀 설계도(#36)로 창세기 36장(#36)과 36권 스바냐서 말씀(#36)과 숫자 36(#36)과 모든 성경의 36장(#36)을 설계하셨다.

36권 스바냐서 말씀(#36)은 소망의 주께서 스바냐 선지자를 통하여 사람을 여호와의 백성이 되게 하여 어둠의 건너편이 되게 하는 스바냐서 설계도(#36)이다. 온 세상을 향하여 심판을 선포하는 스바냐 선지자는 검을 주러 오신 성자 예수님의 형상이다. 심판을 선포하신 성자께서 죄인을 대신하여 죽으심으로 성자 안에서 회복하심을 바라보게 하는 스바냐서 말씀이다.

37) 설계도 #37 - 37대 아사

여호와의 아들이 된 36대 아담(아비야 왕)이 낳은 37대 아담(아사 왕)
의 이름은 '상처를 입다, 상하게 하다, 치료자'라는 뜻으로 치료자이신 성
자의 형상이다. 아사 왕은 성자께서 하나님 성전이 무너진 타락한 아담을
37대 만에 타락한 하와와 한 몸을 이룬 하나님의 성전으로 건축하여 치료
하는 치료자가 되신 성자의 37대 형상이다. 성자 하나님의 서른일곱 번
째 말씀은 열다섯 번째 하나님의 소망 사역(#15)으로 소망의 주께서 37대
아사를 통하여 사람을 치료자가 되게 하여 어둠에서 나누어지게 하는 말
씀 설계도 #37(22+15)이다. 어둠에서 나누어질 수 없는 사람을 어둠에서
나누어질 수 있도록 치료자의 형상인 아사 왕을 통하여 치료받게 하셨다.
여호와의 백성이 된 사람(#36)을 치료자가 되게 하는 단계(#37)이다. 빛
의 형상으로 창조된 사람이 어둠에서 나누어질 수 없어 성자께서 어둠에
서 나누어질 수 있도록 치료하는 치료자가 되셨다는 뜻이다. 병든 사람을
치료하기 위해 치료자가 되어 세상으로 오신 성자 예수님을 37대 아담(아
사 왕)을 통하여 나타내셨다.

아사 왕은 아세라상을 만든 어머니 태후를 폐위시킨다(왕상 15:13). 성
자께서 사탄에게 넘어진 여자의 후손으로 오셨으나 자신이 타락한 하와
와 나누어진 하나님의 아들이심을 아사 왕을 통하여 나타내신 것이다. 여
호와께서 거하시는 하나님 성전으로 건축된 사람(아담)이 타락하여 여호
와께서 거하실 수 없게 된 것을 37대 만에 여호와께서 사람을 하나님의 성

전으로 사용할 수 있게 된 것이다. 아세라상을 만든 황후는 타락한 하와의 형상이며 그녀가 낳은 아사 왕은 여자의 후손을 통하여 세상으로 오신 성자 예수님의 37대 형상이다. 하와를 에덴동산에서 쫓아내신 여호와께서 타락한 여자의 후손을 통하여 왕으로 오셔서 하나님의 성전으로 지어진 사람이 사탄과 나누어지게 된 것을 나타내셨다. 어머니를 태후의 자리에서 폐위시킴으로 자기 백성을 치료하는 치료자가 된 아사 왕이 자기 백성(유다)을 어둠(어머니)과 나누어질 수 있도록 치료한 것이다. 폐위된 아사 왕의 어머니가 예수님의 어머니 마리아처럼 겸손히 성자 예수님의 말씀으로 거듭날 수 있도록 치료하는 과정이다. 치료자가 된 아사 왕의 종교개혁은 사탄에게 무너진 사람을 하나님의 성전으로 건축하는 개혁이다. 이스라엘 바아사 왕이 라마를 건축하여 이스라엘 백성을 자신의 나라에 가두어 두려 하였을 때, 아사 왕이 성전과 왕궁에 있는 은과 금을 아람 왕에게 보내어 라마 건축을 저지하였고, 라마를 건축하려고 모아둔 돌과 자재를 가져다가 베냐민의 게바와 미스바를 건축하였다(왕상 15:18-23).

이러한 아사 왕의 행위는 타락한 사람을 어둠에서 나누어 하나님의 성전으로 건축하시려는 성자 예수님을 나타내기 위함이다. 성경은 성자 예수께서 사탄에게 사로잡힌 자기 백성을 위하여 무엇을 하셨는가를 알려주기 위한 하나님의 말씀임을 기억해야 한다(요 5:39). 만약 이스라엘 바아사 왕이 이스라엘 백성이 성자의 형상인 아사 왕과 왕래하지 못하도록 라마를 건축하였다면, 이스라엘 백성은 영원히 하나님의 백성으로 돌아올 수 없었을 것이다. 아사 왕이 성전과 왕궁에 있는 은과 금을 아람 왕에게 보낸 것은 성자께서 자신을 희생하여 어둠에 속한 자기 백성을 어둠에서 나누어질 수 있도록 치료하심을 나타내신 것이다.

소망의 주께서 사람을 치료자가 되게 하여 어둠에서 나누어지게 하는 말씀 설계도(#37)로 창세기 37장(#37)과 37권 학개서 말씀(#37)과 숫자 37(#37)과 각 성경의 37장(#37)을 설계하셨다.

37권 학개서 말씀(#37)은 소망의 주께서 학개 선지자와 대제사장 여호수아를 통하여 총독 스룹바벨을 치료자가 되게 하여 어둠에서 나누어지게 하는 학개서 설계도(#37)이다. 여호와께서 세상으로 오셔서 성전이 무너진 사람을 치료하는 치료자가 되심을 알려 주는 학개서이다.

유다 백성들과 함께 바벨론 포로가 되어 끌려갔던 여호야긴 왕이 37년(#37)에 옥에서 풀려나 자유롭게 되었다(왕하 25:27; 렘 52:31). 이는 치료자가 되어 세상으로 오셔서 죄인을 대신하여 고초를 겪으신 성자의 소망으로 어둠에서 나누어진 바벨론의 포로 된 백성을 치료하셨음을 의미한다.

38) 설계도 #38 - 38대 여호사밧

치료자가 된 37대 아담(아사 왕)이 낳은 38대 아담(여호사밧 왕)의 이름은 '여호와께서 심판하셨다'라는 뜻으로 죄인을 대신하여 여호와의 심판을 받으신 성자의 형상이다. 성자 하나님의 서른여덟 번째 말씀은 열여섯 번째 하나님의 소망 사역(#16)으로 소망의 주께서 38대 여호사밧을 심판하여 죄인을 주님의 친구가 되게 하는 말씀 설계도 #38(22+16)이다. 죄인을 치료하신 주님께서 죄인을 친구로 삼기를 소망하는 성자 예수님을 대신하여 여호사밧 왕을 여호와께서 심판하시는 설계도이다. 사탄과 한 몸이 된 죄인을 심판하실 수 없어 여호와께서 죄인의 친구가 되신 주님을 심판하셨다는 뜻이다. 타락한 사람이 받아야 할 홍수 심판을 성자의 형상인 방주가 대신하여 감당하게 하신 것처럼, 죄인의 친구가 되신 성자 예수님을 여호와께서 심판하심을 38대 여호사밧 왕을 통하여 나타내셨다.

38대 아담(여호사밧 왕)은 타락한 아합 왕을 대신하여 왕복을 입고 왕의 말을 타고 아람 왕이 정복한 길르앗 라못을 치러간다(왕상 22장). 이는 성자께서 죄인의 친구가 되어 죄인의 도피성이었던 길르앗 라못을 회복하기 위해 성부 하나님께 나아가심을 의미한다. 요단 동편에 있는 길르앗 라못은 갓 지파를 위한 도피성(신 4:43)으로 타락한 사람을 자신의 품에 숨겨 구원하시는 성자 예수님을 상징한다. 전쟁터에서 여호사밧 왕이 죽지 않고 군병들 속에 숨어 있던 아합 왕이 죽게 하신 것은 여호와께서 사람의 몸을 입고 오신 성자 예수님을 통하여 사람 속에 숨어 있는 사탄을 심판하셨다는 뜻이다. 타락한 아담의 친구가 되어 아담의 옷을 대신 입으신 성자께서 사람의 죄를 대신 감당하심을 왕복을 입고 왕이 타는 말을 타고 전쟁터로 나간 여호사밧 왕(왕상 22:30)을 통하여 나타내셨다.

아합 왕이 죽은 후 모압이 이스라엘을 배반하여 여호람 왕이 여호사밧 왕에게 요청하여 이제는 모압을 치러 간다(왕하 3장). 아람은 사탄을 상징하는 존재이며, 모압은 사탄에게 사로잡힌 타락한 사람을 상징한다. 길르앗 라못을 되찾기 위한 아람과의 전쟁에서는 여호사밧 왕이 아담의 옷을 대신 입고 나가서 십자가를 짊어지는 역할이었다. 모압과의 전쟁에서는 혼자 가지 않고 타락한 아담의 형상인 이스라엘 여호람 왕과 사탄에게 사로잡힌 하와와 같은 에돔 왕과 동행한다. 유다의 여호사밧 왕은 죄인의 친구가 되신 성자 예수님을 상징한다. 모압을 치러 가는 도중에 군사들과 가축을 먹일 물이 없다는 것은 성령 하나님께서 이들을 도울 수가 없다는 뜻이다. 엘리사 선지자는 죄인의 친구가 된 여호사밧 왕 때문에 모압과 전쟁에서 승리하는 방법을 알려준다. 여호와께서 죄인을 대신하여 심판하신 여호사밧 왕을 통하여 모압을 물리침으로 여호람 왕과 에돔 왕을 주님의 친구가 되게 하셨다.

소망의 주께서 사람을 대신하여 심판받아 죄인을 주님의 친구가 되게 하는 말씀 설계도(#38)로 창세기 38장(#38)과 38권 스가랴서 말씀(#38)과 숫자 38(#38)과 모든 성경의 38장(#38)을 설계하셨다.

38권 스가랴서 말씀(#38)은 소망의 주께서 사람을 대신하여 대제사장 여호수아를 심판하여 죄인을 주님의 친구가 되게 하는 스가랴서 설계도(#38)이다. 더러운 옷을 입은 대제사장 여호수아는 아담의 더러운 옷을 대신 입고 성부 하나님 앞에 나아간 성자의 형상이다.

39) 설계도 #39 - 39대 여호람(요람)

여호와께서 심판하신 38대 아담(여호사밧 왕)이 낳은 39대 아담(여호람 왕)의 이름은 '여호와는 높으시다, 여호와는 존귀하시다'라는 뜻이다. 성자 예수님의 39대 형상이 된 여호람 왕은 타락한 사람을 주님처럼 존귀하게 여기는 사명이다. 성자 하나님은 서른아홉 번째 말씀은 열일곱 번째 하나님의 소망 사역(#17)으로 소망의 주께서 39대 여호람(요람)을 통하여 사람을 존귀하게 여겨 주님의 가지가 되게 하는 말씀 설계도 #39(22+17)이다. 주님의 가지가 될 수 없는 사람을 주님의 가지가 될 수 있도록 여호람 왕을 통하여 죄인(아달랴 여왕)을 존귀하게 여기시는 설계도이다. 죄인을 대신하여 여호와께서 성자의 형상을 심판하셨기에 주님의 가지가 될 수 없었던 죄인을 성자 안에서 존귀하게 여기는 단계이다. 여호와께서 성자의 39대 형상인 존귀한 여호람 왕을 세워 주님의 가지가 될 수 없는 타락한 사람(아달랴)을 성자께서 존귀하게 여기심을 나타내셨다.

성부의 형상인 여호사밧 왕(38대 아담)이 아들 여호람 왕(39대 성자의 형상)을 이스라엘 아합 왕의 딸 아달랴와 결혼시킨다. 시돈 왕 엣바알의 딸 이세벨이 낳은 아달랴는 바알 숭배자이다(왕상 16:31). 여호와께서 창조하신 타락한 하와(아달랴)를 존귀하게 여겨 버려두지 않으시고 여호와께서 성자의 형상인 여호람 왕의 아내가 되게 하셨다. 죄인의 허물을 대신 감당하시는 여호와의 존귀함을 나타내기 위해 어둠 속에서 잠잠히 계신 성자의 모습을 39대 여호람을 통하여 나타내셨다. 존귀한 성자의 형상인 여호람 왕이 주님의 가지가 될 수 없는 타락한 신부(아달랴)를 존귀하게 여기므로 자신의 영광을 나타낼 수 없어 어둠 속에 숨어 계심을 보여준다.

여호람 왕이 오래 참고 잠잠히 기다림으로 타락한 아달랴를 통하여 성자의 형상인 아하시야 왕을 세웠다. 이는 여호와께서 어둠 속에서 빛을 창조하시는 과정과 같이 오래 참고 잠잠히 기다리심으로 신부를 존귀하게 여기신 결과이다. 만약 여호람 왕이 신부를 존귀하게 여기지 않고 바알 숭배자 아달랴와 결혼하지 않았다면, 바알 숭배자와 같이 타락한 우리도 성자 예수님의 신부가 될 수 없었을 것이다. 성자 예수께서 여호와의 율법으로 타락한 사람을 구원하실 수 없어 율법을 십자가로 깨뜨리심을 여호람 왕을 통하여 나타내셨다. 하나님의 주관적인 관점으로 죄인을 구원하시기 위해 기록하신 성경 말씀은 인간의 윤리적 관점으로 보면 이해할 수 없다. 여호람 왕은 죄인을 구원하여 주님의 가지가 될 수 있도록 타락한 사람을 신부로 삼으셔서 존귀하게 여기신 성자의 39대 형상이다.

소망의 주께서 사람을 존귀하게 여겨 주님의 가지가 되게 하는 말씀 설계도(#39)로 창세기 39장(#39)과 39권 말라기 말씀(#39)과 숫자 39(#39)와 모든 성경의 39장(#39)을 설계하셨다.

39권 말라기서 말씀(#39)은 소망의 주께서 말라기 선지자를 통하여 사람을 존귀하게 여겨 주님의 가지가 되게 하는 말라기서 설계도(#39)이다. 여호와를 경외하지 않고 하나님의 것을 도둑질하는 죄인을 심판하지 않으시고 주님의 가지가 될 수 있도록 존귀하게 여기신 설계도이다.

구약 성경을 39권(#39)으로 설계하심은 여호와를 경외하지 않아 주님의 가지가 될 수 없는 죄인을 성자께서 존귀하게 여기므로 여호와께서 어둠 속에 숨어 계셨다. 해와 같은 여호와께서 자신의 영광을 드러내면 타락한 사람은 불태워지기 때문이다.

40) 설계도 #40 - 40대 아하시야

아내를 존귀하게 여긴 39대 아담(여호람 왕)이 낳은 40대 아담(아하시야 왕)의 이름은 '여호와께서 잡으셨다'는 뜻이다. 성자 예수님의 40대 형상이 된 아하시야 왕은 여호와께서 잡으실 수 없었던 사람을 여호와께서 자신을 희생하여 잡으심을 나타내는 사명이다. 성자 하나님의 마흔 번째 말씀은 열여덟 번째 하나님의 소망 사역(#18)으로 소망의 주께서 40대 아하시야를 통하여 사람을 잡으셔서 주님의 거친 숨이 되게 하는 말씀 설계도 #40(22+18)이다. 주님의 거친 숨을 쉴 수 없는 사람을 세워 주님의 거친 숨을 쉬도록 아하시야 왕을 여호와께서 잡으시는 설계도이다. 존귀하게 여기신 죄인(#39)을 대신하여 여호와께서 성자 예수님을 잡으셔서 사람을 주님의 거친 숨이 되게 하는 단계(#40)이다. 하나님의 형상으로 창조하여 자유의지로 살도록 풀어놓았던 사람을 여호와께서 거친 숨을 쉬는 사람이 되어 죽으심으로 하나님의 형상으로 창조하신 사람을 잡아 일꾼으로 삼으시는 40단계이다.

  유다와 나누어져 북쪽으로 갈라진 이스라엘 백성을 다스리는 모든 왕은 타락한 하와와 한 몸을 이룬 타락한 아담의 형상이다. 타락한 하와가 잃어버린 도피성 길르앗 라못을 되찾으려다가 다친 요람(여호람) 왕은 성자의 39대 형상인 유다 여호람 왕과 같은 이름이다. 아내(아달랴)를 존귀하게 여긴 유다의 여호람 왕처럼 그가 자기 백성을 존귀하게 여김으로 도피성을 되찾기 위해 싸우다가 다쳤다는 뜻이다. 선악과를 먹은 하와가 빼앗긴 도피성을 되찾기 위해 이스라엘 요람 왕이 하와가 준 선악과를 먹은 타락한 아담의 형상이라는 뜻이다. 다친 이스라엘 요람(여호람) 왕을 문병하러 갔다가 군대 장관 예후에게 죽임을 당한 유다의 아하시야 왕은 병든 사람(타락한 아담)을 대신하여 죽임을 당하신 성자의 40대 형상이다. 여호와께서 존귀하게 여기신 사람(#39)을 주님의 거친 숨이 되게 하기 위해 여호와께서 성자의 형상(40대 아하시야)을 잡으시는 단계(#40)이다. 사탄에게 사로잡힌 사람을 여호와께서 잡으실 수 없어 여호와께서 성자 예수님을 잡으심으로 사람을 여호와께서 잡으실 수 있게 되었다.

소망의 주께서 사람을 잡으셔서 주님의 거친 숨이 되게 하는 말씀 설계도(#40)로 창세기 40장(#40)과 40권 마태복음(#40)과 숫자 40(#40)과 모든 성경의 40장(#40)을 설계하셨다.

40권 마태복음(#40)은 소망의 주께서 사람을 잡으셔서 주님의 거친 숨이 되게 하는 마태복음 설계도(#40)이다. 예수님을 여호와께서 잡으셔서 사람이 주님의 거친 숨이 되어 지상명령을 수행하게 하는 설계도이다.

40일(#40) 동안 내린 홍수는 피조물과 노아의 식구들을 성자의 형상인 방주를 통하여 죄인을 잡으셔서 주님의 거친 숨이 되게 하는 과정(#40)이며, 모세의 40일(#40) 금식은 여호와께서 모세를 잡으셔서 주님의 거친 숨이 되게 하는 과정(#40)이다.

여호와께서 사울 왕과 다윗 왕과 솔로몬 왕을 통하여 이스라엘을 각각 40년(#40) 동안 다스리게 하셨다. 여호와께서 세 왕을 잡으셔서 주님의 거친 숨이 되게 하셨음을 보여 준다.

예수께서 부활하신 후에 40일(#40) 동안 세상에 계신 것은 성자께서 제자들을 잡으셔서 주님의 거친 숨이 되게 하는 시간이다.

41) 설계도 #41 - 41대 요아스

여호와께서 잡으신 40대 아담(아하시야 왕)이 낳은 41대 아담(요아스 왕)의 이름은 '여호와께서 불붙이심'이라는 뜻이다(왕하 11:2). 성자 예수님의 41대 형상이 된 요아스 왕은 불이 꺼진 사람을 여호와께서 불붙게 하는 사명이다. 여호와께서 아버지 아하시야 왕을 잡지 않으셨다면 여호와께서 불붙게 하신 요아스 왕을 낳을 수 없었다. 성자 하나님의 마흔한 번째 말씀은 열아홉 번째 하나님의 소망 사역(#19)으로 소망의 주께서 41대 요아스를 통하여 사람을 불붙게 하여 표백되게 하는 설계도 #41(22+19)이다. 사탄에게 넘어져 스스로 표백될 수 없는 사람을 표백될 수 있도록 요아스 왕을 여호와께서 불붙게 하는 설계도이다. 여호와께서 잡으신 사람(#40)을 여호와께서 불붙게 하시는 단계(#41)이다. 여호와께서 잡으신 사람(#40)을 여호와께서 불붙게 하는 단계(#41)이다.

유다의 아하시야 왕이 죽은 후 아하시야 왕의 어머니 아달랴가 손자들을 죽이고 유다를 다스리는 여왕이 되었다(왕하 11:1). 유다를 다스리는 여왕이 된 아달랴는 사탄에게 넘어진 하와가 하나님의 자리에 앉아 하나님의 나라를 다스리는 형상으로 빛이 나타나기 전 어둠이 다스리는 것과 같다. 대제사장 여호야다와 그의 아내 여호세바가 갓 태어난 요아스를 7년 동안 아들처럼 키우다가 아달랴 여왕을 죽이고 요아스를 왕으로 세웠다. 대제사장 여호야다와 아내 여호세바는 성부와 성령의 형상이며, 요아스 왕은 성자의 41대 형상이다. 지성소와 같이 성부 하나님의 품에 계시던 성자께서 빛이 되어 나타나신 것과 같다.

소망의 주께서 사람을 불붙게 하여 표백되게 하는 말씀 설계도(#41)로 창세기 41장(#41)과 41권 마가복음(#41)과 숫자 41(#41)과 모든 성경의 41장(#41)을 설계하셨다.

41권 마가복음(#41)은 소망의 주께서 마가를 통하여 사람을 불붙게 하여 표백되게 하는 마가복음 설계도(#41)이다. 사도 바울과 함께 전도 여행을 떠났다가 중도에 전도의 불이 꺼져 버린 마가를 성자께서 불붙게 하는 설계도이다.

42) 설계도 #42 - 42대 아마샤

여호와께서 불붙게 하신 41대 아담(요아스)이 낳은 42대 아담(아마샤)
의 이름은 '여호와는 강하시다, 여호와의 능력'이라는 뜻으로 여호와의 능
력을 나타내는 성자의 형상이다. '여호와의 능력'이란 타락한 사람을 죄에
서 구원하기 위해 여호와께서 자기를 내려놓고 희생하는 능력을 말한다.
성부 하나님은 죄인을 대신하여 십자가를 짊어지시는 성자 하나님을 통
하여 여호와의 능력을 나타내시는 분이시다. 성부의 형상인 아버지 요아
스 왕이 성자의 형상인 아마샤 왕을 통하여 여호와의 능력을 나타내게 하
심을 의미한다. 여호와께서 자기 형상으로 창조하신 사람이 타락하여 자
신이 사람이 되어 타락한 사람을 대신하여 사탄에게 사로잡혀 죽으심으
로 타락한 사람을 거듭나게 하는 여호와의 능력을 아마샤 왕을 통하여 나
타내셨다. 성자 하나님의 마흔두 번째 말씀은 스무 번째 하나님의 소망
사역(#20)으로 소망의 주께서 42대 아마샤를 통하여 사람을 여호와의 능
력으로 열국의 아비가 되게 하는 말씀 설계도 #42(22+20)이다. 여호와께
서 불붙게 하신 사람(#41)이 여호와의 능력을 나타내는 단계(#42)이다.
여호와께서 기행(奇行)을 벌이는 42대 아마샤 왕을 통하여 성자 예수께서
사람의 마음에 숨어 있는 사탄을 쫓아내고 사탄에게 넘어진 사람을 대신
하여 성부 하나님께 나아가 심판을 받으시고 죽으시는 여호와의 능력을
나타내셨다. 41대 요아스 왕을 여호와께서 불붙게 하지 않았다면 여호와
의 능력을 나타내는 42대 아마샤 왕을 낳을 수 없다.

아마샤 왕이 타락한 사람을 상징하는 에돔을 정복하러 가기 전에 이스라엘의 큰 군사 십만 명을 고용하였으나 어떤 하나님의 사람을 통하여 데려가지 말라는 여호와의 말씀을 받았다(대하 25장). 사탄의 소굴을 상징하는 에돔을 정복하는 것은 사탄에게 사로잡힌 사람을 정복하고 사탄에게 사로잡힌 사람을 대신하여 십자가를 짊어지므로 타락한 사람이 열국의 아비가 될 수 있도록 성자의 소망에 따라 여호와의 능력을 나타내는 과정이다. 죄인을 대신하여 십자가를 짊어지는 성자의 역할을 위해 타락한 아담의 형상인 이스라엘 요아스 왕과 함께 에돔으로 가지 않게 하셨다.

이스라엘 군사와 함께 가지 않은 아마샤 왕이 에돔의 수도 '셀라(반석)'를 정복하고 '욕드엘'로 고쳤다. '욕드엘'은 '하나님에 의하여 정복되었다'는 뜻으로 사탄에게 정복되었던 타락한 사람의 마음을 성자께서 정복하였다는 뜻이다. 만약 아마샤 왕이 요아스 왕과 함께 에돔을 정복하러 갔다면 수도 셀라를 욕드엘로 고칠 수 없었을 것이다. 선하신 성부 하나님은 죄인을 용납하실 수 없어 에돔은 소돔과 고모라처럼 사라졌을 것이다.

성부 하나님은 타락한 사람을 심판하시는 역할이며 성자 하나님은 타락한 사람을 변화시키기 위해 죄인과 한 몸을 이루어 죄인과 같이 되셔서 선하신 성부 하나님의 심판을 대신하여 받으시는 분이시다. 이처럼 타락한 사람을 상징하는 에돔의 수도를 정복한 아마샤 왕이 에돔의 신을 섬기게 된 것은 타락한 사람의 죄를 대신 짊어지신 모습이다(대하 25:14). 타락한 사람의 마음을 정복하여 죄인과 한 몸을 이루신 성자 예수님은 선하신 성부 하나님 관점으로 심판의 대상이다. 갑자기 에돔의 수도를 정복한 아마샤 왕이 이스라엘의 요아스 왕에게 대면하자고 하였다. 이는 죄인(에돔)과 한 몸 된 성자께서 죄에 빠진 자기 백성을 구원하시기 위해 성부의 자리에 앉아 있는 첫째 아담에게 나아가는 모습이다.

이스라엘의 요아스 왕은 아마샤 왕의 아버지 요아스 왕(41대 아담)과 같은 이름으로 여호와께서 설계하셨다. 즉 이스라엘의 요아스 왕은 성자 예수님을 세상으로 보내신 성부의 형상이는 뜻이다. 둘째 아담(성자)의 형상인 아마샤 왕이 성부의 형상인 요아스 왕을 대면하였다가 사로잡힌 것은 첫째 아담의 죄를 대신 짊어지고 성부 하나님께 심판받으신 것을 나타낸다. 이스라엘 요아스 왕이 아마샤 왕을 벧세메스에서 붙잡았고 에브라임 문에서부터 모퉁이까지 예루살렘 성벽 400규빗을 헐었다(왕하 14:8-14). '벧세메스'는 '태양의 집'이라는 뜻으로 이곳은 블레셋에게 빼앗긴 언약궤를 암소가 끌고 와서 번제로 드려진 장소이다(삼상 6:12-14). 아마샤 왕이 이곳에서 요아스 왕에게 붙들림은 성부 하나님께서 아담의 죄를 대신하여 성자 하나님을 심판하심과 같다. 예루살렘 성벽 400규빗이 헐린 것은 여호와께서 빛과 어둠의 비율을 400:1로 설정하셨기에 빛이신 성자께서 자신의 영역(400규빗)을 어둠에 내어주심을 뜻한다. 이는 아브라함에게 400년 동안 이방의 객이 되게 하신 것과 같다(창 15:13). 죄인을 대신하여 성자 예수께서 희생될 것을 나타내신 하나님의 지혜이다. 요아스 왕과 대면한 아마샤 왕은 15년을 더 생존하지만 요아스 왕은 죽어 흙으로 돌아간다.

성자(둘째 아담)께서 여호와의 능력으로 첫째 아담이 짊어져야 할 십자가를 대신 짊어지셨기에 요아스 왕을 대신하여 열국의 아비가 된 유다의 아마샤 왕은 15년을 타락한 아담(이스라엘 요아스 왕)을 대신하여 사는 삶이다. 스무 번째 하나님의 믿음 사역(#20)은 20대 아브라함이 여호와의 말씀을 믿음으로 열국의 아비가 될 수 없는 사람을 열국의 아비가 되게 하는 과정이었다. 스무 번째 하나님의 소망 사역(#42=22+20)은 주께서 열국의 아비가 될 수 없는 사람(요아스 왕)을 열국의 아비가 될 수 있도록 아마샤 왕을 세워 여호와의 능력을 나타내는 설계도이다. 사탄에게 사로잡힌 죄인을 대신하여 하나님 앞에 나아가는 성자 하나님의 능력을 나타내는 아마샤 왕을 통하여 아마샤 왕을 사로잡는 요아스 왕을 열국의 아비가 되게 한 것이다.

말년에 아마샤 왕이 여호와를 버린 후에 반역하는 무리에게 쫓겨 라기스까지 도망하였다가 거기서 죽임을 당하였고 그의 시체는 말에 실려 조상들과 함께 유다 성읍에 장사되었다(대하 25:25-28). '라기스'는 '정복할 수 없는, 무적의, 불임의 산'이라는 뜻과 같은 의미로 '완강하다'라는 뜻이다. "라기스 주민아 너는 준마에 병거를 메울지어다 라기스는 딸 시온의 죄의 근본이니 이는 이스라엘의 허물이 네게서 보였음이니라"(미 1:13). 여호와를 버린 아마샤 왕이 라기스에서 죽은 것은 죄의 근본이 된 하와의 죄를 대신하여 성부 하나님의 심판을 받게 됨을 보여 준다. 42대 아마샤 왕은 성자께서 반역하는 자기 백성에게 죽임을 당하여 정복할 수 없었던 타락한 사람에게 실려 조상들에게 돌아가신 모습이다. 여호와를 버린 아마샤 왕의 행보는 지탄받아 마땅하지만, 하나님께서 그를 통하여 사람 안에 숨어 있는 사탄을 사로잡는 여호와의 능력을 나타내는 성자 예수님의 모습을 하나님의 말씀으로 기록하심을 상고(相考)해야 한다. 하나님의 말씀은 글자 하나까지 하나님의 감동으로 기록되었고 모든 말씀은 성자 예수님을 나타내기 위한 말씀이다(요 5:39).

소망의 주께서 사람을 여호와의 능력으로 열국의 아비가 되게 하는 말씀 설계도(#42)로 창세기 42장(#42)과 42권 누가복음(#42)과 숫자 42(#42)와 모든 성경의 42장(#42)을 설계하셨다.

42권 누가복음(#42)은 소망의 주께서 누가를 통하여 데오빌로 각하를 여호와의 능력으로 열국의 아비가 되게 하는 누가복음 설계도(#42)이다. 에돔을 정복하여 수도를 욕드엘로 고친 아마샤 왕(42대 성자의 형상)처럼 자신의 나라(가정)를 다스리는 데오빌로 각하를 열국의 아비가 될 수 있게 하였다.

43) 설계도 #43 - 43대 웃시야(아사랴)

여호와의 능력을 나타내는 42대 아담(아마샤 왕)이 낳은 43대 아담(웃시야 왕)의 이름은 '여호와는 나의 힘이시다, 나의 힘은 여호와'라는 뜻으로 여호와의 힘(말씀)으로 사는 성자의 형상이다. 웃시야의 또 다른 이름 '아사랴'는 '여호와께서 도우셨다'라는 뜻이다.

36대 아담(아비야-아비얌)처럼 43대 아담(웃시야-아사랴)을 두 개의 이름으로 부르셨다. '아사랴'는 주님의 영역이 될 수 없는 자기 백성을 주님의 영역이 되게 하는 열왕기하(15:1-7)에서 사용된 이름이며, '웃시야'는 건너편이 된 자기 백성을 어둠의 건너편이 되게 하는 역대하(26장)에서 사용된 이름이다. 성자의 43대 형상인 웃시야 왕은 여호와 하나님을 떠나 자신의 힘으로 사는 죄인을 대신하여 십자가를 짊어짐으로 아들(요담)과 자기 백성을 여호와의 힘(말씀)으로 살게 하는 사명이다. 아버지 아마샤 왕이 여호와의 능력을 나타내어 자신의 힘으로 살지 않고 여호와의 힘(말씀)으로 사는 웃시야 왕을 낳았다. 성자 하나님의 마흔세 번째 말씀은 스물한 번째 하나님의 소망 사역(#21)으로 소망의 주께서 43대 웃시야 왕을 통하여 사람을 여호와의 말씀(힘)으로 어둠 속에서 웃게 하는 말씀 설계도 #43(22+21)이다. 사탄에게 넘어져 어둠 속에서 사탄을 비웃을 수 없는 사람이 어둠 속에서 웃을 수 있도록 웃시야 왕을 여호와의 말씀(힘)으로 살게 하는 설계도이다. 여호와의 능력을 나타내는 사람(#42)이 여호와의 말씀(힘)으로 사는 단계(#43)이다. 자기 힘으로 사는 삶은 사탄의 삶이며, 여호와의 말씀(힘)으로 사는 사람은 성자 예수님의 삶이다.

강성해진 웃시야 왕이 교만하여 성전에 들어가 대제사장에게 맡겨 두신 하나님께 분향하는 일을 대신하려 하였다(대하 26:16). 성전에서 향단에 분향하는 일은 대제사장이 백성들의 죄를 대신 짊어지고 여호와께 나아가 백성들의 죄를 사해달라고 기도하는 일을 말한다(레 16:12-13). 여호와의 율법으로 세워진 제사장도 자신의 죄 때문에 백성들의 죄를 대신 짊어질 수 없고, 오직 죄가 없으신 성자 예수께서 죄인의 왕으로 오셔서 자기 백성의 죄를 대신 짊어지고 하나님 앞에 나아가실 수 있다. 왕으로 오신 성자 예수께서 대제사장이 되어 하나님께 나아가 자기 백성을 대신하여 분향하시고 십자가에 죽음으로 여호와께서 세우신 율법을 자기 몸으로 깨뜨리실 것을 43대 웃시야 왕을 통하여 나타내셨다. 여호와께서 성소에 들어가 분향하려 한 웃시야 왕의 이마에 나병을 발하게 하여 그의 옛 이름을 가진 대제사장 아사랴의 명령에 따라 성전에서 쫓겨나게 되었고 별궁으로 들어가게 되었다. 여호와께서 대제사장을 웃시야 왕의 옛 이름(아사랴)으로 세우심은 여호와의 율법에 따라 첫째 아담의 죄를 대신 짊어지고 둘째 아담(성자)께서 죽게 되실 것을 나타내심으로 보인다. 별도로 만들어진 별궁에서 아들(요담)을 통하여 나라를 다스리는 웃시야 왕은 사람의 힘이 아닌 여호와의 힘(말씀)으로 자기 백성을 다스리는 모습이다.

아들을 통하여 자신의 나라를 다스리는 모습은 여호와께서 자신의 형상과 모양으로 여호와의 율법에 구속당한 아담을 창조하시고 아담을 통하여 하나님의 나라를 다스리는 모습을 재현하신 것이다. 사람(아담)을 창조하신 여호와께서 사람이 볼 수 없는 상태로 계시며 아담이 여호와의 말씀(힘)으로 살게 하셨다. 사람이 볼 수 없는 여호와 하나님의 형상으로 43대 아담(웃시야 왕)을 세워 어둠 속에서 여호와의 힘(말씀)으로 아들을 다스리게 하셨다.

소망의 주께서 사람을 여호와의 말씀(힘)으로 어둠 속에서 웃게 하는 말씀 설계도(#43)로 창세기 43장(#43)과 43권 요한복음(#43)과 숫자 43(#43)과 모든 성경의 43장(#43)을 설계하셨다.

43권 요한복음(#43)은 소망의 주께서 사도 요한을 통하여 사람(베드로)을 여호와의 말씀(힘)으로 어둠 속에서 웃게 하는 요한복음 설계도(#43)이다. 빛으로 오신 성자 예수께서 주님의 어린 양을 먹이는 베드로(그리스도인)가 어둠 속에서 웃을 수 있도록 여호와의 힘(말씀)으로 살게 하는 과정이다.

44) 설계도 #44 - 44대 요담

여호와의 힘(말씀)으로 사는 43대 아담(웃시야)이 낳은 44대 아담(요담)의 이름은 '여호와는 완전하시다, 여호와는 온전하심'이라는 뜻으로 온전하신 성자의 형상이다. 성자 하나님의 마흔네 번째 말씀은 스물두 번째 하나님의 소망 사역(#22)으로 소망의 주께서 44대 요담을 통하여 사람을 온전하게 하여 하나님과 겨루어 이기게 하는 말씀 설계도 #44(22+22)이다. 하나님의 시험에 넘어진 소망이 없는 사람을 하나님과 겨루어 이길 수 있도록 요담 왕을 온전하게 하는 설계도이다. 여호와의 말씀(힘)으로 사는 사람(#43)을 온전하게 하는 단계(#44)이다. 아버지 웃시야 왕이 여호와의 힘으로 살았기에 여호와의 온전하심을 나타내는 요담 왕을 세울 수 있었다.

하나님처럼 되기를 원하는 하와의 소망을 자극하는 사탄(뱀)의 유혹으로 하와가 제7일에 안식하지 못하고 여호와의 율법으로 금하신 선악과를 먹게 되었다. 연약한 사람이 여호와 하나님처럼 온전해지려면 자신을 내려놓고 보혜사 성령님께 맡겼을 때 사람은 하나님의 영과 같은 하나님의 성전으로 세워지게 된다. 여호와께서 성막으로 들어가심으로 여호와의 영광으로 충만하게 하심처럼(출 40장), 하나님의 성전으로 지어진 사람 안으로 보혜사 성령님께서 들어가실 수 있도록 요담 왕이 성전 윗문을 건축한다. 이러한 모습은 여호와께서 하나님의 성전(성막-몸)으로 창조하신 사람 안에 거하심으로 사람을 온전하게 하심을 보여 주신 것이다.

"그가 여호와의 전 윗문을 건축하고 또 오벨 성벽을 많이 증축하고 유다 산중에 성읍들을 건축하며 수풀 가운데에 견고한 진영들과 망대를 건축하고 암몬 자손의 왕과 더불어 싸워 그들을 이겼더니 그 해에 암몬 자손이 은 백 달란트와 밀 만 고르와 보리 만 고르를 바쳤고 제이년과 제삼년에도 암몬 자손이 그와 같이 바쳤더라"(대하 27:3-5).

요담 왕이 건축한 '여호와의 전 윗문'은 여호와의 성전으로 들어가는 새로운 문으로 이는 하나님의 성전으로 지어진 사람 속으로 사람의 죄를 대신하여 죽임을 당하시고 부활하신 보혜사 성령께서 들어갈 수 있게 한 것으로 보인다. 타락한 사람 속으로 성부 하나님과 한 몸을 이룬 보혜사 성령님이 들어가 사람을 다스리게 되었다. 아담을 성자 하나님의 형상으로 창조하셨으나 아담이 타락하여 선하신 성부 하나님께서 아담 안에 거하실 수 없었다. 44대 아담(요담 왕)이 '성전 윗문'을 건축함으로 성부 하나님과 한 몸을 이루신 하나님의 영(보혜사 성령)이 하나님의 성전으로 지어진 사람 안으로 들어오시게 되었다. 자유의지를 가진 사람이 스스로 자신을 내려놓고 보혜사 성령님께서 자신을 다스려 주시기를 소망할 때 보혜사 성령으로 충만하게 된다.

다윗 왕은 암몬을 정복하고 한 달란트 무게의 암몬의 왕관을 썼고(삼하 12:30) 성전 윗문을 건축한 요담 왕은 배반한 암몬 자손의 왕과 싸워 이김으로 다시 원래의 상태로 돌려놓았다. 다윗 왕이 타락한 하와를 상징하는 암몬을 정복하고 왕관을 쓰게 된 것은, 왕으로 오실 성자께서 다윗 왕을 세워 타락한 사람을 자기 백성으로 삼으심을 의미한다. 암몬 자손이은 백 달란트와 밀 만 고르와 보리 만 고르를 연 3년 동안 요담 왕에게 바쳤다고 기록하셨다. 이는 성전 윗문을 건축함으로 성부 하나님과 하나 된 하나님의 영(보혜사 성령)이 타락한 사람의 주가 되어 다스리게 되었다는 뜻이다. 사탄에게 넘어진 사람(자신이 주인이 되어 사는 사람)의 관점으로는 굴욕스럽지만, 여호와의 백성으로 거듭난 사람의 관점으로는 여호와께서 창조하신 사람을 성자 하나님처럼 온전하게 하셨다는 것을 의미한다.

소망의 주께서 사람을 온전하게 하여 하나님과 겨루어 이기게 하는 말

족보로 보는성경 설계도 I

씀 설계도(#44)로 창세기 44장(#44)과 44권 사도행전(#44)과 숫자 44(#44)와 모든 성경의 44장(#44)을 설계하셨다.

44권 사도행전 말씀(#44)은 소망의 주께서 보혜사 성령님을 통하여 사람을 온전하게 하여 하나님과 겨루어 이기게 하는 사도행전 설계도(#44)이다. 보혜사 성령께서 오순절을 기점으로 회개한 하와의 마음에 들어오심으로 하나님의 시험을 이길 수 있도록 온전하게 하는 과정이다.

하나님의 사랑 사역(45대-66대)

믿음의 주께서 사람의 영을 세우는 하나님의 믿음 사역(1대-22대)과 소망의 주께서 사람의 혼을 세우는 하나님의 소망 사역(23대-44대)을 통하여 무너진 사람의 영과 혼이 하나님의 성전으로 회복되어 사람의 영(지성소)과 혼(성소) 안에 보혜사 성령님께서 들어가실 수 있게 되었다. 하나님의 사랑 사역(45-66대)은 사랑의 주께서 사람의 몸(성전 뜰)을 성자 하나님의 형상으로 세워 그리스도의 신부를 새 예루살렘성으로 세우는 과정이다. 보혜사 성령님을 통하여 예수 그리스도와 한 몸을 이룬 성자의 형상(45대-66대)이 타락한 사람을 위해 자기의 몸을 희생함으로 자신을 그리스도의 흔적을 가진 성자 하나님의 몸이 되게 하는 과정이다.

45) 설계도 #45 - 45대 아하스

온전하게 하는 44대 아담(요담)이 낳은 45대 아담(아하스)의 이름은 '그가 붙들었다'라는 뜻으로 아들의 몸으로 죄인을 붙드신 성부의 형상이다. 성자 하나님의 마흔다섯 번째 말씀은 첫 번째 하나님의 사랑 사역(#1)으로 사랑의 주께서 45대 아하스 왕을 통하여 사람을 붙들어 빛으로 붉어지게 하는 말씀 설계도 #45(44+1)이다. 1대 아담은 타락한 하와가 빛으로 붉어질 수 있도록 믿음으로 여호와께서 금하신 선악과를 먹었고, 23대 유다는 이방인(하와)을 빛으로 붉어질 수 있도록 이방인 며느리 다말을 통하여 후손을 낳는다. 45대 아하스 왕은 하와(죄인)가 빛으로 붉어질 수 있도록 번제로 드려진 아들의 몸을 통하여 사랑의 주께서 죄인을 붙드는 설계도이다. 여호와께서 택하여 성자의 형상으로 세우신 사람들은 죄인을 구원하기 위해 욕된 것을 감당하는 역할이다(고전 15:43-46).

타락한 사람의 몸을 하나님의 성전으로 삼기 위해서는 사람의 몸을 입으신 성자께서 번제로 드려져야 한다. 타락한 아담을 대신하여 여호와께서 자신의 형상인 짐승을 죽여 짐승의 가죽옷을 지어 입히신 것처럼(창 3:21), 타락한 사람을 빛으로 붉어질 수 있게 하려면 성자께서 죽으셔야 함을 아하스 왕과 그의 아들을 통하여 나타내셨다. 아하스 왕은 이방 사람의 예식에 따라 자기 아들을 화제로 드렸다(왕하 16:3). 아하스 왕의 이런 악한 행위는 하늘에서 내려온 타락한 사람을 구원하기 위해 성부 하나님께서 하늘에서 내려온 성자 예수님을 번제로 드리신 것을 나타내신 것으로 보인다. 사탄에게 넘어진 사람을 선하신 성부 하나님께서 붙드실 수 없어 죄가 없으신 성자 예수께서 대신하여 번제로 드려져야 하심을 나타내신 것이다. 타락한 사람을 붙들고 있는 사탄을 심판하기 위해서 하나님께서 온전하신 아들을 사탄에게 내어주어야 하셨다. 성자께서 제사의 제물이 되어 타락한 사람의 죄를 대신 감당함으로 성부 하나님께서 타락한 사람을 붙들 수 있게 되심을 아하스 왕과 그의 아들을 통하여 나타내신 것으로 보인다. 성부 하나님께서 온전하신 성자 하나님(#44)을 희생하여 죄인이 빛으로 붉어질 수 있도록 사랑의 주께서 붙들 수 있게 되었음을 45대 아담(아하스 왕)과 화제로 드려진 아들을 통하여 나타내셨다.

아들을 화제로 드린 아하스 왕이 앗수르 왕을 만나러 다메섹으로 갔다가 거기서 제단을 보고 설계도를 그려 제사장 우리야에게 보내어 다메섹 제단을 만들었다(왕하 16:10-11). 다메섹에 있는 제단은 첫째 아담이 하와를 위해 사탄에게 드려진 제단을 말하며, 성전 뜰에 있는 놋제단은 성자 예수께서 모든 사람을 위해 성부 하나님께 드려진 제단이다. 다메섹에서 돌아온 아하스 왕이 제사장 우리야가 만든 제단에 나아가 번제와 소제와 수은제를 드렸다(왕하 16:13). 수은제는 타락한 아담을 대신하여 성자 예수께서 대신하여 죽어 주심을 감사하는 감사제이다. 제사를 지낸 아하스 왕이 성전의 뜰에 있는 놋제단을 옮겨 새 제단과 하나님의 성전 사이에 두었다(왕하 16:14). 즉 그리스도의 신부인 하와를 위해 성자 예수님을 바라보는 믿음으로 선악과를 먹은 타락한 아담의 제단을 놋제단 앞으로 놓을 수 있게 하신 하나님께 드리는 수은제라는 뜻이다. 이는 하와가 준 선악과를 먹고 타락한 아담이 성자 하나님의 놋제단을 통하여 하나님의 성전으로 거듭날 수 있도록 주님께서 죄인을 은혜 안에서 붙들어 구원하심을 나타내심이다.

"아하스 왕이 물두멍 받침의 옆판을 떼내고 물두멍을 그 자리에서 옮기고 또 놋바다를 놋소 위에서 내려다가 돌판 위에 그것을 두며"(왕하 16:17).

놋소 위에 놓인 놋바다는 피조물(소)을 통하여 땅에서 높여지신 성자 예수님을 상징한다. 사람으로 오신 성자 예수께서 놋바다가 되셔서 죄인을 거룩한 제사장으로 세우시는 분이심을 의미한다. 놋제단을 옮긴 후에 제사장을 정결하게 하는 물두멍 받침의 옆판을 떼어 자리를 옮겼고 놋바다를 놋소 위에서 내려 돌판 위에 놓았다. 이는 하늘에 계신 성자 예수님을 죄인과 같은 모습으로 땅으로 내려오게 함으로 여호와의 율법을 깨뜨리는 행위이다. 여호와의 율법을 훼손하는 관점으로는 악한 행위이지만 타락한 죄인을 구원하는 관점으로는 성자 하나님의 사랑을 나타내는 사랑 사역의 첫 단계이다.

"또 그는 앗시리아 왕에게 경의를 표하려고, 주의 성전 안에 만들어둔 왕의 안식일 전용 통로와 주의 성전 바깥에 만든 전용 출입구를 모두 없애 버렸다"(왕하 16:18)-표준새번역.

성자의 형상인 왕의 통행을 위해 만든 성전의 낭실은 왕이신 성자께서 왕 같은 제사장의 몸 안에 들어가서 일하심을 나타낸 것으로 보인다. 왕의 전용 출입구인 낭실을 없애 버림은 주님을 머리 둘 곳이 없게 함으로 하늘에서 땅으로 내려오게 하는 것을 의미한다.

또한 아하스 왕이 만든 해시계는 해의 그림자를 통하여 때를 알리는 일 영표이다(왕하 20:11; 사 38:8). 해는 회전하는 그림자도 없으신 여호와 하나님의 형상이다(시 84:11). 여호와 하나님처럼 해는 그림자가 없지만 해가 아닌 아하스 왕을 통하여 해를 나타내는 그림자로 사용하셔서 해시계를 만들게 하신 것으로 보인다. 해와 같은 여호와 하나님께서 세상으로 오시기 전에 유다의 왕으로 세워진 아하스 왕이 어둠을 나타내는 그림자라는 것이다. 먼저 세워진 율법이 믿음의 법으로 세워진 은혜를 나타내는 그림자가 된 것처럼(골 2:17; 히 8:5, 9:24, 10:1), 사울 왕을 비롯하여 모든 이스라엘과 유다 왕뿐 아니라 예수 그리스도를 본받는 우리도 빛이신 성자 예수님의 그림자이다(약 1:17). 성자 예수께서 하늘에서 세상으로 내려오셔서 사람의 몸으로 일하시는 첫 번째 하나님의 사랑 사역을 시작하는 45대 성자의 형상이다. 하나님께서 아하스 왕의 이해할 수 없는 행적을 성경에 기록하심은 그를 통하여 죄인을 주님께서 붙들어 구원하는 모습을 나타내시기 위함이다. 모든 성경은 성자 예수님에 대한 말씀으로(요 5:39) 타락한 사람을 구원하기 위해 성자께서 무엇을 하셨는가를 나타내시기 위해 기록되었음을 기억해야 한다. 주의할 것은 여호와의 율법을 깨뜨리는 악한 아하스 왕의 행위가 의로운 것이 아니지만 하나님께서 그의 악한 행실을 통하여 하나님의 뜻을 이루셨다는 것이다. 가룟 유다가 예수님을 은 30세겔를 받고 사탄에게 넘겨줌으로 예수께서 모든 사람의 죄를 대신하여 죽임을 당하셨다. 가룟 유다처럼 하나님께서 하나님의 뜻을 이루기 위해 45대 아하스 왕은 세우셨다고 보아야 할 것이다.

사랑의 주께서 죄인을 붙들어 빛으로 붉어지게 하는 말씀 설계도(#45)로 창세기 45장(#45)과 45권 로마서 말씀(#45)과 모든 성경의 45장(#45)과 숫자 45(#45)를 설계하셨다.

45권 로마서 말씀(#45)은 사랑의 주께서 사도 바울을 통하여 죄인을 붙들어 빛으로 붉어지게 하는 로마서 설계도(#45)이다. 의인은 하나도 없다고 선언하는 로마서 말씀은 성자 예수님의 의로운 죽음 통하여 사랑으로 죄인을 붙들어 빛으로 붉어지게 하는 설계도이다.

46) 설계도 #46 - 46대 히스기야

주님께서 붙드신 45대 아담(아하스 왕)이 낳은 46대 아담(히스기야 왕)의 이름은 '여호와는 강하시다'라는 뜻으로 강하게 하신 성자의 형상이다. 성자 예수님의 46대 형상이 된 히스기야 왕은 여호와께서 강하게 하신 사람이다. 대군을 이끌고 쳐들어온 앗수르 산헤립 왕에게 고립된 히스기야 왕이 이사야 선지자에게 엘리야김을 보내어 여호와 하나님의 뜻을 물었다. 히스기야 왕을 여호와께서 말씀으로 붙들어 강하게 하심으로 전쟁에서 승리하게 하셨다(왕하 18-19장). 성자 하나님의 마흔여섯 번째 말씀은 두 번째 하나님의 사랑 사역(#2)으로 사랑의 주께서 46대 히스기야 왕을 통하여 사람을 강하게 하여 주님의 영으로 대치되게 하는 말씀 설계도 #46(44+2)이다. 주님께서 붙드신 사람(#45)을 여호와께서 강하게 하여(#46) 사탄이 다스리는 세상에서 사탄에게 휘둘리지 않도록 하는 단계이다.

사랑의 주께서 사람을 강하게 하여 주님의 영으로 대치되게 하는 설계도(#46)로 창세기 46장(#46)과 46권 고린도전서(#46)와 숫자 46(#46)과 모든 성경의 46장(#46)을 설계하셨다.

46권 고린도전서 말씀(#46)은 사랑의 주께서 사도 바울을 통하여 사람을 강하게 하여 주님의 영으로 대치되게 하는 고린도전서 설계도(#46)이다. 네 개의 파벌로 나누어진 연약한 고린도교회를 세상 속에서 흔들리지 않도록 여호와께서 강하게 하는 설계도이다.

47) 설계도 #47 - 47대 므낫세

여호와께서 강하게 하신 46대 아담(히스기야 왕)이 낳은 47대 아담(므낫세 왕)의 이름은 '잊어버림, 잊게 해주다'라는 뜻으로 성령 안에서 자기를 내려놓으므로 잊어버리신 성자의 형상이다. 사탄에게 넘겨진 죄인과 한 몸을 이루신 성자께서 타락한 사람이 자신의 옛사람을 성자 안에서 잊어버릴 수 있게 하심을 므낫세 왕을 통하여 나타내셨다. 죽을병에 걸린 히스기야 왕이 하나님께 간구하여 얻은 15년의 삶은 42대 아담(아마샤 왕)과 같다. 요아스 왕이 죽은 후 15년을 더 살게 된 아마샤 왕은 타락한 사람

(요아스 왕)의 짐을 대신 짊어지는 삶이며, 히스기야 왕은 여호와께서 그를 강하게 하심으로 하나님의 심판에서 구원받아 사는 예수 안에서 거듭난 새로운 삶이다. 예수 안에서 몸으로 거듭난 므낫세의 삶을 통하여 죄로 인하여 거듭날 수 없는 사람을 거듭날 수 있도록 아담이 저지른 죄를 잊어버리게 하는 사명이다. 성자 하나님의 마흔일곱 번째 말씀은 세 번째 하나님의 사랑 사역(#3)으로 사랑의 주께서 47대 므낫세 왕을 통하여 옛사람을 잊어버리게 하여 죽을 수밖에 없게 하는 말씀 설계도 #47(44+3)이다. 사람을 성자 안에서 죽을 수밖에 없도록 므낫세 왕을 세워 타락한 옛사람을 성자 안에서 잊어버리게 하는 설계도이다. 만약 47대 므낫세 왕이 없었다면 타락한 옛사람이 저지른 죄를 잊어버릴 수 없게 된다.

"다시는 너를 버림 받은 자라 부르지 아니하며 다시는 네 땅을 황무지라 부르지 아니하고 오직 너를 헵시바라 하며 네 땅을 쁄라라 하리니 이는 여호와께서 너를 기뻐하실 것이며 네 땅이 결혼한 것처럼 될 것임이라"(사 62:4).

'헵시바'는 '나의 기쁨이 그녀 안에 있다'라는 뜻이며, '쁄라'는 '결혼한 여인, 결혼하다, 주인이 되다'는 뜻이다. 예루살렘을 헵시바와 쁄라로 부르시겠다는 것은 예수께서 예루살렘과 한 몸을 이루어 사람의 주인이 되시겠다는 뜻이다. 성자의 47대 형상인 므낫세 왕을 낳은 어머니의 이름은 '헵시바'이다(왕하 21;1). 흙으로 사람을 창조하신 여호와께서 황무지와 같은 헵시바의 몸에 잉태한 므낫세 왕이 예수님의 형상이라는 뜻이다. 황무지와 같았던 '헵시바'가 흙으로 사람을 창조하신 성자 하나님의 47대 므낫세 왕을 낳음으로 그녀를 더 이상 황무지라 부를 수 없게 된 것이라 할 수 있다. 흙으로 창조된 타락한 사람을 신부로 삼아 성자 안에서 자신의 힘으로 살던 과거의 삶을 잊어버리게 하심을 나타내신 말씀이다.

므낫세 왕의 만행(왕하 21:1-6)으로 유다는 우상으로 가득하게 되었다. 이러한 모습은 하와가 주는 선악과를 먹은 타락한 아담의 모습으로 하나님의 형상을 잊어버린 것을 의미한다. 그러나 므낫세 왕이 바벨론으로 끌려 갔다가 회개하여 다시 돌아와서는 유다를 견고하게 세운다(대하 33:10-20). 이는 죄인과 한 몸을 이루신 성자 예수께서 자신을 사탄에게 내어주셨다가 다시 성자 하나님의 형상을 회복하셨음을 의미한다. 여호와께서 강하게 하신 왕이 죄인을 대신하여 사탄이 다스리는 바벨론으로 끌려가 사탄에게 속한 옛사람을 잊어버리게 하셨다는 의미로 보인다. 여호와께서 추악한 므낫세 왕의 행적을 성경에 기록하심은 그를 통하여 사탄에 넘어진 타락한 옛사람을 잊어버리게 하심을 나타내기 위함이다.

"그 후에 다윗 성 밖 기혼 서쪽 골짜기 안에 외성을 쌓되 어문 어귀까지 이르러 오벨을 둘러 매우 높이 쌓고 또 유다 모든 견고한 성읍에 군대 지휘관을 두며 이방 신들과 여호와의 전의 우상을 제거하며 여호와의 전을 건축한 산에와 예루살렘에 쌓은 모든 제단들을 다 성 밖에 던지고 여호와의 제단을 보수하고 화목제와 감사제를 그 제단 위에 드리고 유다를 명령하여 이스라엘 하나님 여호와를 섬기라 하매 백성이 그의 하나님 여호와께만 제사를 드렸으나 아직도 산당에서 제사를 드렸더라"(대하 33:14-17).
이러한 므낫세 왕의 행적은 죄인의 죄를 대신 짊어지고 죽으셨다가 부

활하신 후에 주님과 함께 죽음에 동참한 사람을 부활의 능력으로 사탄에게 무너진 옛사람(아담)을 잊어버리게 하는 것을 말한다. 므낫세 왕과 같은 이름으로 부르심을 받은 요셉이 애굽에서 낳은 므낫세의 사명도 마찬가지이다. 이스라엘(야곱)이 형 므낫세와 동생 에브라임을 안수할 때 손을 엇갈리게 하여 오른손으로 동생 에브라임을 안수하였다. 므낫세 왕처럼 형 므낫세도 성자 하나님의 형상으로 창조되었다가 타락한 옛아담(에브라임)을 잊어버리게 하여 다시 장자의 복을 받게 하는 역할이다. 므낫세 왕이 다윗 성 밖 기혼 서쪽 골짜기 안에 외성을 쌓은 것은 하나님 나라밖에 있는 옛사람을 잊어버리게 하여 성자 안으로 들어오게 한 것을 의미한다.

사랑의 주께서 옛사람을 잊어버리게 하여 죽을 수밖에 없게 하는 말씀 설계도(#47)로 창세기 47장(#47)과 47권 고린도후서(#47)와 숫자 47(#47)과 모든 성경의 47장(#47)을 설계하셨다.

47권 고린도후서 말씀(#47)은 사랑의 주께서 사도 바울을 통하여 옛사람을 잊어버리게 하여 죽을 수밖에 없게 하는 고린도후서 설계도(#47)이다. 아담이 하와에게 여호와의 율법(선악과)을 전한 것처럼, 고린도전서를 통하여 고린도교회에게 말씀을 전한 사도 바울은 아담과 같다. 고린도교회가 바울의 사도 권에 대하여 의문을 품었다는 것은 하와가 아담의 말을 믿지 않고 선악과를 먹은 것과 같다.

48) 설계도 #48 - 48대 아몬

옛사람을 잊어버리게 한 므낫세 왕(47대 아담)이 낳은 아몬 왕(48대 아담)의 이름은 '기술공, 노동자 공인, 충실한 자, 신뢰할 수 있는 사람'이라는 뜻으로 충실한 노동자가 되신 성자의 형상이다. 성자 하나님의 마흔여덟 번째 말씀은 네 번째 하나님의 사랑 사역(#4)으로 사랑의 주께서 48대 아몬 왕을 통하여 사람을 충실한 노동자가 되게 하여 주님을 소유하게 하는 말씀 설계도 #48(44+4)이다. 사람이 주님을 소유할 수 있도록 아몬 왕을 충실한 노동자가 되게 하는 설계도이다. 므낫세 왕이 자신이 주인이 되는 삶을 잊어버리지 못했다면 아몬 왕을 충실한 노동자로 세울 수 없다. 충실한 노동자가 된 사람은 충실한 씨앗처럼 또 다른 생명을 낳을 수 있는 존재가 되었다는 뜻이다.

아몬 왕은 유다 왕 중에 가장 짧은 2년 동안 다스리다가 자기 백성의 죄를 대신 짊어지는 충실한 노동자가 되어 십자가를 짊어지고 죽어 웃사의 동산에 장사된다(왕하 21:18). 유다 왕이 웃사의 동산에 장사 된 경우는 므낫세 왕(47대 아담)과 아몬 왕(48대 아담)밖에 없다. '웃사의 동산'이란 언약궤를 새 수레로 옮기다가 소의 난동으로 인하여 땅으로 떨어지는 언약궤를 자신의 생명으로 지킨 '웃사'와 같은 일을 므낫세 왕과 아몬 왕이 하였다는 것으로 보인다(삼하 6:3-11). 이러한 므낫세 왕과 아몬 왕은 여호와의 율법을 자기의 몸으로 폐하시고 타락한 사람을 죄에서 구원하신 성자 예수님을 본받는 사명으로 부르심을 받은 것이다. 충실한 노동자가 되어 죽은 아몬 왕을 통하여 주님을 소유한 백성을 되게 하는 단계이다.

사랑의 주께서 사람을 충실한 노동자가 되게 하여 주님을 소유하게 하는 말씀 설계도(#48)로 창세기 48장(#48)과 48권 갈라디아서(#48)와 숫자 48(#48)과 모든 성경의 48장(#48)을 설계하셨다.

48권 갈라디아서 말씀(#48)은 사랑의 주께서 사도 바울을 통하여 사람을 충실한 노동자가 되게 하여 주님을 소유하게 하는 갈라디아서 설계도(#48)이다.

여호와께서 가나안 땅을 나누어 주실 때 48개 성읍(#48)을 레위 지파에 주셨다(민 35:7). 하나님께서 48개 성읍을 통하여 이스라엘 후손이 충실한 노동자가 되게 하여 주님을 소유하게 하심을 나타내셨다.

49) 설계도 #49 - 49대 요시야

충실한 노동자가 된 48대 아담(아몬)이 낳은 49대 아담(요시야)의 이름은 '여호와께서 고쳐 주신다'라는 뜻으로 여호와께서 고쳐 주신 성자의 형상이다. 성자 예수님의 49대 형상이 된 요시야 왕은 성자께서 죄인을 대신하여 죽으심으로 죄인을 여호와께서 고쳐 주신다는 뜻이다. 타락한 사람을 하나님의 아들로 고치기 위해서 성자께서 사탄에게 죽임을 당하게 되실 것을 요시야 왕을 통하여 나타내셨다는 뜻이다. 성자 하나님의 마흔 아홉 번째 말씀은 다섯 번째 하나님의 사랑 사역(#5)으로 사랑의 주께서 49대 요시야 왕을 통하여 사람을 고쳐 주셔서 하나님을 찬양하게 하는 말씀 설계도 #49(44+5)이다. 충실한 노동자가 된 사람(#48)을 여호와께서 고쳐 주시는 단계(#49)이다.

"보라 그 때에 하나님의 사람이 여호와의 말씀으로 말미암아 유다에서부터 벧엘에 이르니 마침 여로보암이 제단 곁에 서서 분향하는지라. 하나님의 사람이 제단을 향하여 여호와의 말씀으로 외쳐 이르되 제단아 제단아 여호와께서 이와 같이 말씀하시기를 다윗의 집에 요시야라 이름 하는 아들을 낳으리니 그가 네 위에 분향하는 산당 제사장을 네 위에서 제물로 바칠 것이요 또 사람의 뼈를 네 위에서 사르리라 하셨느니라"(왕상 13:1-2).

요시야 왕이 태어나기 전에 하나님께서 보내신 사람의 예언이 있었다. 이 말씀은 타락한 이스라엘을 여호와께서 치료하시기 위해 요시야 왕을 세우실 것이라는 뜻이다. 요시야 왕은 8세에 왕이 되었고 18세에 여호와의 율법 책을 발견하여 예언의 말씀이 실행된다(왕하 22-23장). 요시야 왕의 개혁으로 이스라엘 백성은 새로운 유월절을 맞이하게 되었다. 사사시대부터 다윗 왕과 솔로몬 왕들도 지키지 못했던 유월절을 요시야 왕이 지키게 되었다. 이는 히스기야 왕을 포함하여 역대 왕들이 여호와를 경외하지 않았다는 뜻이 아니라(대하 35:18) 하나님께 심판받을 사람을 대신하여 성자 예수님의 죽음을 통하여 이루어지는 유월절을 요시야 왕을 통하여 나타내려 하셨기 때문이다. 요시야 왕이 지킨 유월절은 성자 예수님의 죽음을 통하여 하나님의 심판을 받아야 할 백성을 여호와께서 고쳐 주실 수 있게 됨을 나타내심이다.

"요시야가 …신접한 자와 점쟁이와 드라빔과 우상과 모든 가증한 것을 다 제거하였으니 이는 대제사장 힐기야가 여호와의 성전에서 발견한 책에 기록된 율법의 말씀을 이루려 함이라. 요시야와 같이 마음을 다하며 뜻을 다하며 힘을 다하여 모세의 모든 율법을 따라 여호와께로 돌이킨 왕은 요시야 전에도 없었고 후에도 그와 같은 자가 없었더라. …내가 택한 이 성 예루살렘과 내 이름을 거기에 두리라 한 이 성전을 버리리라 하셨더라"(왕하 23:24-27).

유월절을 지키고 유다 땅과 예루살렘에서 가증한 것을 다 제거하였으나 할아버지 므낫세가 저지른 일로 인하여 여호와께서 자신의 이름을 두신 성전을 폐하시겠다 하셨다. 므낫세가 저지른 일은 아담의 죄를 대신 짊어지기 위한 것이며, 솔로몬의 성전을 무너뜨리는 사건은 아담의 죄를 대신 짊어지실 성자 예수님의 형상으로 여호와의 말씀을 간직한 요시야 왕을 하나님의 성전으로 보셨다는 뜻이다. 여호와께서 사람을 하나님의 성전으로 세우려 하셨으나 여호와의 말씀을 마음에 두기 싫어한 하와 때문에 사람은 하나님의 성전이 되지 못하였다. 여호와께서 여호와의 말씀을 마음에 간직한 성자 예수님을 하나님의 성전으로 삼으셨고 성자 예수님을 십자가에서 죽게 하여 하나님의 성전을 헐어 버리셨다(요 2:19).

성자 예수님처럼 여호와의 율법을 마음에 두고 실행하던 요시야 왕은 애굽의 바로 느고 왕에게 죽임을 당한다. 애굽의 바로 느고 왕은 땅의 권세를 가진 왕이며 앗수르 왕은 하늘의 권세를 가진 왕의 형상이다. 땅의 권세를 가진 바로 느고 왕에게 죽임을 당한 요시야 왕은 세상으로 오셔서 땅의 권세에 사로잡힌 자기 백성을 대신하여 죽임을 당하신 성자 예수님의 49대 형상이다. 요시야 왕을 죽인 바로 느고 왕이 앗수르 왕에게 폐하게 됨은 성자 예수님의 죽음으로 땅의 권세가 하늘의 권세를 이길 수 없게 된 것을 나타내려 하심이다.

사랑의 주께서 사람을 고쳐 주셔서 하나님을 찬양하게 하는 말씀 설계도(#49)로 창세기 49장(#49)과 49권 에베소서(#49)와 숫자 49(#49)와 모든 성경의 49장(#49)을 설계하셨다.

49권 에베소서 말씀(#49)은 사랑의 주께서 사도 바울을 통하여 사람을 고쳐 주셔서 하나님을 찬양하게 하는 에베소서 설계도(#49)이다. 에베소서는 여호와께서 타락한 사람을 그리스도 안에서 한 몸을 이루게 하심으로 사람을 고쳐 주시는 과정이다. *"그 뜻의 비밀을 우리에게 알리신 것이요 그의 기뻐하심을 따라 그리스도 안에서 때가 찬 경륜을 위하여 예정하신 것이니 하늘에 있는 것이나 땅에 있는 것이 다 그리스도 안에서 통일되게 하려 하심이라"*(엡 1:9-10).

50) 설계도 #50 - 50대 여호야김

여호와께서 고쳐 주신 49대 아담(요시야)이 낳은 4명의 50대 아담(요하난 · 여고냐(여호야김) · 시드기야(맛다니야) · 여호아하스(살룸))은 희년과 같은 개념이다(대상 3:15). 여호와께서 제정하신 희년은 땅을 원래의 주인에게 돌려주는 제도이다(레 25:10). 하나님께서 흙으로 사람을 창조하여 사람에게 세상을 다스리도록 맡겨 주셨기에 땅의 원래 주인은 사람(아담)이었다. 따라서 땅의 주인인 유다 백성들이 자신들을 다스릴 왕을 스스로 선택하여 요시야 왕의 넷째 아들 여호아하스(살룸)를 왕으로 세웠다(왕하 23:30-31). 하나님께서 자기 백성을 다스릴 왕을 직접 세우셨으나 여호아하스 왕은 이스라엘 백성이 직접 선택한 처음이자 마지막 사건이다.

여호와의 말씀에 따라 앗수르를 치러가는 애굽 왕 바로 느고는 땅의 권세를 가진 사탄의 형상이며, 바로 느고를 가로막다가 죽임을 당한 요시야 왕은 성자의 형상이라 하였다. 애굽 왕이 하늘(공중) 권세를 가진 앗수르 왕에게 패한 것은 자기의 꿈을 이루기 위해 죄가 없는 성자의 형상인 요시야 왕을 죽였기 때문이다. 애굽 왕이 하늘의 권세(앗수르 왕)에 패했지만, 땅의 권세를 쥐고 있어서 유다 백성이 세운 여호아하스 왕을 끌어내리고 자기가 원하는 여호야김을 왕으로 세운다. 엘리아김의 이름을 여호야김으로 바꾼 것은 하나님께서 일으키신 엘리아김을 애굽 왕이 주인이 되어 다스리는 권세 아래 두었다는 뜻이다. 애굽 왕이 땅의 권세를 잡은 사탄의 형상이기에 하늘에서 땅으로 내려오신 성자 하나님을 사탄이 사로잡은 모양과 같다. '엘리아김'은 '하나님께서 일으키셨다'라는 뜻이며, '여호야김'의 이름은 '여호와께서 일으키신다'라는 뜻이다. 하나님께서 일으키신 '엘리아김'은 하나님의 뜻대로 순종하는 성자 하나님의 형상이며, '여호야김'은 성자께서 사탄에게 사로잡힌 백성을 구원하기 위해 사탄의 권세 아래 놓이셨음을 나타낸 것이다. 바로 왕에게 사로잡혀 애굽으로 끌려가 죽은 여호아하스 왕은 사탄에게 사로잡힌 타락한 아담을 나타내며 바벨론 왕에게 끌려가 죽은 여호야김 왕은 자기 백성을 대신하여 공중 권세를 잡은 사탄에게 죽임을 당하신 성자 예수님을 나타낸다.

성자 하나님의 쉰 번째 말씀은 여섯 번째 하나님의 사랑 사역(#6)으로 사랑의 주께서 50대 여호야김 왕을 통하여 사람을 일으켜 주님을 계승하게 하는 말씀 설계도 #50(44+6)이다.

사랑의 주께서 사람을 일으켜 주님을 계승하게 하는 말씀 설계도(#50)로 창세기 50장(#50)과 50권 빌립보서(#50)와 숫자 50(#50)과 모든 성경의 50장(#50)을 설계하셨다.

50권 빌립보서 말씀(#50)은 사랑의 주께서 사도 바울을 통하여 사람을 일으켜 주님을 계승하게 하는 빌립보서 설계도(#50)이다. 빌립보서의 결론은 그리스도인이 여호와의 능력 안에서 모든 것을 할 수 있는 그리스도인을 일으키는 것이다(빌 4:13).

50(#50)을 나타내는 우리말 '쉼'의 기본형은 '쉬다'이다. 50년마다 땅을 쉬게 하는 희년과 같은 개념이다. 사탄에게 넘어져 쉬지 못하던 땅이 예수 그리스도 안에서 쉴 수 있게 하여 성자의 사랑으로 사람이 주님을 계승할 수 있도록 여호와께서 일으키셨다는 뜻이다.

51) 설계도 #51 - 51대 여호야긴

여호와께서 일으키신 50대 아담(여호야김)이 낳은 51대 아담은 세 개의 이름으로 부르셨다. 예레미야서에서 기록된 여호야긴의 이름을 순서대로 나열하면 고니야(렘 22:28), 여고냐(렘 24:1), 여고니야(렘 27:20), 여호야긴(렘 52:31)이다. 여호와께서 예수님의 족보 중에 3개의 이름으로 나타내신 경우는 없다. 이러한 이름의 순서는 여호와께서 51대 아담(여호야긴 왕)을 성자의 형상으로 세워 가는 과정으로 보인다. 가장 먼저 부르신 '고니야'는 '여호와께서 견고케 하신다'라는 뜻으로 하나님 나라의 백성으로 창조하셨으나 사탄에게 넘어져 사람을 성자께서 자기 백성으로 견고하게 하신다는 의미로 보인다. '여고냐'와 '여고니야'는 '여호와께서 세우신다'는 뜻으로 여호와께서 견고하게 하신 사람을 바르게 세우시는 성자 예수님이라는 뜻으로 보인다. 마지막으로 부르신 '여호야긴'은 '여호와께서 완성(성취)하신다'라는 뜻으로 여호와께서 세우신 사람을 성자의 형상으로 완성하셨다는 의미로 보인다. 성자 예수님의 51대 형상이 된 여호야긴 왕은 여호와께서 견고하게 완성(성취)하신 사람이라는 뜻이다. 성자 하나님의 쉰한 번째 말씀은 일곱 번째 하나님의 사랑 사역(#7)으로 사랑의 주께서 51대 여호야긴 왕을 통하여 사람을 견고하게 완성하여 주님께 헌신하게 하는 말씀 설계도 #51(44+7)이다. 어둠이 다스리는 바벨론 땅에 버려진 51대 여호야긴 왕을 통하여 하나님을 떠나 땅에 버려진 사람을 견고하게 완성하여 주님께 헌신할 수 있게 하는 단계이다.

여호와께서 세우기를 원하신 사람을 어둠 속에서 완성하신 모습이 51대 여호야긴 왕이라는 뜻이다. 여호와께서 완성하기를 원하신 성자의 형상은 하나님께서 어둠 속에서 빛을 창조하신 것처럼 여호야긴 왕은 어둠(사탄)을 상징하는 바벨론 감옥에 갇혔다가 풀려나 빛을 비출 수 있게 되었다. 바벨론 포로가 되어 끌려간 여호야긴 왕은 죄인을 대신하여 왕으로 오신 성자께서 사탄에게 붙잡혀 빛을 비출 수 없는 모습이다.

공중(바벨론) 권세를 잡은 사탄에게 죄인을 대신하여 성자께서 죽임을 당하심을 50대 아담(여호야김 왕)을 통하여 나타내셨고, 51대 아담(여호야긴 왕)은 죄인의 왕으로 오신 성자께서 죄인을 대신하여 바벨론에서 37년간 옥에 갇히게 되었다가 풀려난다(대하 36:9). 바벨론으로 끌려간 여호야긴 왕은 땅으로 내려오셔서 자기 백성과 한 몸이 되신 성자께서 땅에서 죽어 하늘로 올라가셔서 하늘의 권세에 사로잡힌 모습이다.

여호야긴 왕은 18세에 왕위에 올랐으나(왕하 24:6-8), 8세에 등극했다고 한다(대하 36:9). 18세(#18)는 주님의 거친 숨이 되어 조카 롯을 위해 여호와께 간구한 아브라함처럼(창 18장), 열왕기하 말씀은 사탄에 사로잡힌 자기 백성을 위해 여호야긴 왕이 거친 숨으로 하나님께 간구하셨다는 뜻

　　　　　　　　　　　　　　　　족보로 보는 성경 설계도 I

이다. 8세(#8)는 방주가 피조물과 노아의 식구를 안전하게 홍수로 세례를 받은 땅으로 대확장되게 하였던 것처럼(창 8장), 역대하 말씀은 유다 백성을 여호야긴 왕을 통하여 바벨론 땅으로 대확장되게 하였다는 뜻이다.

여호야긴 왕은 아버지(여호야김 왕)를 본받아 악을 행하다가 바벨론 느부갓네살 왕에게 잡혀갔다(왕하 24:9-16). 포로 생활 37년 만에 바벨론의 에윌므로닥 왕이 즉위한 날에 석방된다(왕하 25:27-30; 렘 52:31-34). 에윌므로닥은 매부 네르갈사레셀(렘 39:3, 13)에게 즉위 2년에 암살당한다. 매부 네르갈사레셀은 타락한 하와를 넘어뜨린 사탄과 같고 죽은 에윌므로닥은 세상으로 오실 성자 하나님을 기다리는 타락한 아담과 같다. 타락한 아담의 형상인 에윌므로닥이 성자의 형상인 유다 여호야긴 왕을 감옥에서 풀어 준 것은 어둠 속에 갇혀 있던 빛이 어둠이 다스리는 세상으로 나와서 빛을 비추게 하신 것을 의미한다.

사랑의 주께서 사람을 견고하게 완성하여 주님께 헌신하게 하는 말씀 설계도(#51)로 출애굽기 1장(51장)(#1-51)과 51권 골로새서(#51)와 모든 성경의 51장(#51)을 설계하셨다.

51권 골로새서 말씀(#51)은 사랑의 주께서 사도 바울을 통하여 사람을 견고하게 완성하여 주님께 헌신하게 하는 골로새서 설계도(#51)이다.

52) 설계도 #52 - 52대 스알디엘

여호와께서 완성하신 51대 아담(여호야긴)이 낳은 52대 아담(스알디엘)의 이름은 '내가 하나님께 간구하였다'라는 뜻이다. 성자 예수님의 52

대 형상이 된 '스알디엘'은 하나님과 사람 사이에서 자기 백성을 대신하여 하나님께 간구하는 제사장과 같다. 여호와께서 여호야긴 왕을 가나안 땅과 바벨론 땅에서 완성하셔서 하나님께 간구하는 스알디엘을 낳았다. 성자 하나님의 쉰두 번째 말씀은 여덟 번째 하나님의 사랑 사역(#8)으로 사랑의 주께서 52대 스알디엘을 통하여 사람을 하나님께 간구하여 대확장되게 하는 말씀 설계도 #52(44+8)이다. 대확장될 수 없는 사람을 스알디엘이 하나님께 간구하여 대확장되게 하는 설계도이다. 여호와께서 완성하신 사람(#51)이 하나님께 간구하는 단계(#52)이다.

바벨론으로 끌려간 스알디엘은 아들이 없어 성자 예수님의 족보가 끊기게 되었다. 이는 타락한 사람이 성자 하나님의 형상이 될 수 없게 된 것을 의미한다. 희년(50대)을 지나 새로운 땅에서 2대(52대) 만에 나타난 현상은 두 번째 사람(하와)의 타락으로 성자 하나님의 생명을 낳을 수 없게 된 것을 나타낸 것으로 보인다. 타락한 하와 때문에 생명을 낳을 수 없게 된 것을 성자께서 하나님께 간구하여 브다야의 아들 스룹바벨을 양자로 삼은 것으로 보인다(대상 3:19; 스 3:2). 성자께서 하나님께 간구하심으로 사탄이 다스리는 바벨론 땅에 버려진 스룹바벨을 성자 예수님의 족보로 대확장되게 하심을 52대 스알디엘을 통하여 나타내셨다. 성자께서 하나님께 간구하지 않으면 타락한 사람이 성자 예수님의 대를 잇는 하나님의 아들이 될 수 없는 것처럼, 스알디엘이 간구하지 않으면 스룹바벨은 성자의 53대 형상으로 세워질 수 없다.

22대 야곱의 역할은 형 에서를 위해 밧단아람으로 내려가 레아를 통하여 아들을 낳았고 30대 후에 52대 스알디엘은 형제 브다야의 아들 스룹바벨을 양자로 삼는 역할이다. 만약 스알디엘이 하나님께 간구하지 않았다면 스룹바벨이 성자 예수님의 족보로 들어올 수 없게 되어 성자 예수께서 세상으로 내려올 수 없게 된다.

사랑의 주께서 사람을 하나님께 간구하여 대확장되게 하는 말씀 설계도(#52)로 출애굽기 2장(52장)(#1-52)과 52권 데살로니가전서(#52)와 숫자 52(#52)와 모든 성경의 52장(#52)을 설계하셨다.

52권 데살로니가전서(#52)은 사랑의 주께서 사도 바울을 통하여 사람을 하나님께 간구하여 대확장되게 하는 데살로니가전서 설계도(#52)이다. 바울과 실루아노아 디모데가 하나님께 간구하여 데살로니가인을 대확장되게 한다.

53) 설계도 #53 - 53대 스룹바벨

하나님께 간구하는 52대 아담(스알디엘)이 낳은 53대 아담(스룹바벨)의 이름은 '바벨론에서 태어난'이란 뜻이다(마 1:13). 성자 예수님의 53대 형상이 된 '스룹바벨'은 아버지 스알디엘의 간구로 거듭난 사람이다. 아버지 스알디엘이 하나님께 간구하지 않았다면 바벨론에서 태어난 스룹바벨을 낳을 수 없다. 성자 하나님의 쉰세 번째 말씀은 아홉 번째 하나님의 사랑 사역(#9)으로 사랑의 주께서 53대 스룹바벨을 통하여 사람을 세상(바벨론)에서 거듭나게 하여 능력 있게 하는 말씀 설계도 #53(44+9)이다. 하나님께 간구한 사람(#52)을 바벨론에서 거듭나게 하는 단계(#53)이다.

바벨론 포로가 되어 끌려간 스룹바벨(대상 3:19)이 바벨론에서 태어났다 함은 그가 스알디엘의 아들이 되어 능력 있는 사람으로 바벨론에서 거듭났다는 의미로 보인다. 가나안 땅에서 바벨론으로 끌려간 것은 사람이 타락하여 사탄이 다스리는 세상으로 쫓겨나게 됨을 의미한다. 세상(바벨론)으로 쫓겨나서 버림받은 사람이 성자 예수님의 52대 형상인 스알디엘의 간구로 성자의 사랑으로 태어났다는 뜻이다. 바벨론에서 거듭난 스룹바벨은 목자가 없는 양과 같은 바벨론 포로들을 세상에서 거듭나게 하는 목자가 되었다.

사랑의 주께서 사람을 세상에서 거듭나게 하여 능력 있게 하는 말씀 설계도(#53)로 출애굽기 3장(53장)(#1-53)과 53권 데살로니가후서(#53)와 숫자 53(#53)과 이사야서 53장(#23-53)을 설계하셨다.

53권 데살로니가후서(#53)는 사랑의 주께서 사도 바울을 통하여 사람(데살로니가교회)을 세상에서 거듭나게 하여 능력 있게 하는 데살로니가후서 설계도(#53)이다.

54) 설계도 #54 - 54대 아비훗

세상(바벨론)에서 거듭난 53대 아담(스룹바벨)이 낳은 54대 아담(아비훗)(마 1:13)은 구약의 족보에는 나타나지 않았다. 구약의 성경에서 마지막 족보인 스룹바벨의 6대손 '호다위야'(대상 3:19-24)를 신약에서는 '아비훗'으로 기록하신 것으로 보인다. '호다위야'는 '여호와의 영광, 여호와의 위엄'이며, '아비훗'은 '아버지의 영광, 아버지의 위엄'이라는 뜻이다. 구약에서는 사람의 몸을 입지 않으신 '여호와의 영광'을 나타내던 '호다위야'이며, 신약에서는 사람의 몸을 입으신 성자 예수께서 성부 '하나님의 영광'을 나타내는 '아비훗'으로 보인다.

하나님께서 기록하신 말씀은 객관적이지 않고 하나님의 주관적인 관점이라 하였다. 하나님의 감동으로 기록된 말씀은 보혜사 성령님의 감동을 덧입어야 이해할 수 있기에 항상 기도함으로 도움을 받아야 한다(벧후 1:20-21). 성자 예수께서 아버지의 영광을 드러내심처럼, 아들은 아버지가 누구인가를 그의 형상과 모양을 통하여 다른 사람들에게 나타내는 존재이다. 성자 예수님의 54대 형상이 된 아비훗은 성부 하나님의 영광을 나타내는 성자 예수님과 같다. 아버지 스룹바벨이 세상(바벨론)에서 거듭나지 못했다면 아버지의 영광을 드러내는 아비훗을 예수 안에서 낳을 수 없었다. 성자 하나님의 쉰네 번째 말씀은 열 번째 하나님의 사랑 사역(#10)으로 사랑의 주께서 54대 아비훗을 통하여 사람을 아버지의 영광으로 어둠 속에서 안식하게 하는 말씀 설계도 #54(44+10)이다. 어둠 속에서 안식할 수 없는 사람을 안식할 수 있도록 아비훗을 통하여 아버지의 영광을 나타내게 하는 설계도이다. 세상에서 거듭난 사람(#53)이 아버지의 영광을 나타내는 단계(#54)이다. 세상에서 거듭난 사람은 자신의 영광을 나타내는 사람이 아니라 자신을 거듭나게 하신 하나님 아버지의 영광을 드러내는 사람이다. 하나님께서 아버지의 영광을 나타내는 54대 아비훗을 세우심은 하나님 아버지께서 직접 타락한 사람을 만날 수 없어 아버지의 영광을 드러내는 사람을 통하여 타락한 사람의 죄를 대신 감당하게 함이다.

볼 수 없는 성부 하나님의 영광을 성자 하나님께서 나타내심처럼 세상에서 거듭난 사람은 그의 삶을 통하여 제자들이나 자녀들에게 하나님 아버지의 영광을 드러내야 한다. 연약한 자녀를 바르게 교육하여 성자 예수님의 형상으로 세움으로 아버지의 영광을 나타내는 사명이다.

사랑의 주께서 사람을 아버지의 영광으로 어둠 속에서 안식하게 하는 말씀 설계도(#54)로 출애굽기 4장(#54-1)과 54권 디모데전서 말씀(#54)과 숫자 54(#54)와 이사야서 54장(#23-54)을 설계하셨다.

54권 디모데전서(#54)는 사랑의 주께서 디모데를 통하여 사람을 아버지의 영광으로 어둠 속에서 안식하게 하는 디모데전서 설계도(#54)이다.

55) 설계도 #55 - 55대 엘리아김

아버지의 영광을 나타내는 54대 아담(아비훗)이 낳은 55대 아담(엘리아김)은 '하나님께서 일으키셨다'라는 뜻이다(마 1:13). 50대 아담(여호야김 왕)의 원래 이름은 '엘리아김'이었으나 바로 왕이 이름을 바꾸어 버렸다. 이러한 여호야김 왕의 모습은 하나님께서 창조하신 아담이 선악과를 먹은 하와를 살리기 위해 선악과를 먹고 사탄의 다스림을 받게 된 모습이다. 엘리아김을 하나님께서 일으키셨으나 타락한 사람의 주권을 가진 사탄의 권세 아래 눌린 상태인 '여호야김'으로 개명시켰다. '엘리아김'은 어둠이 주관하는 세상에서 하나님 아버지의 영광을 나타낼 수 있는 사람을 55대 만에 하나님께서 일으키셨다는 뜻이다. 성자 예수님의 55대 형상이 된 엘리아김은 어둠 때문에 일으킬 수 없었던 사람을 하나님께서 일으키셨다는 뜻이다. 아버지 아비훗이 아버지의 영광을 나타내지 못했다면 하나님께서 일으키신 엘리아김을 낳을 수 없다. 성자 하나님의 쉰다섯 번째 말씀은 열한 번째 하나님의 사랑 사역(#11)으로 사랑의 주께서 55대 엘리아김을 통하여 사람을 하나님께서 일으켜 주님의 이르심(이름)을 받게 하는 말씀 설계도 #55(44+11)이다. 사탄에 묶여 하나님께서 일으킬 수 없었던 사람 중에 주님의 이르심을 받은 사람을 하나님께서 일으키시는 단계이다.

55대 엘리아김과 같은 이름을 가진 사람은 히스기야 왕 때에 궁내 대신 엘리아김이다. 그는 앗수르 왕 산헤립의 대표자들과 협상하는 대표단 가운데 대변인 이었고(왕하 18:17-37; 사 36:1-22), 히스기야 왕이 여호와의 말씀을 듣기 위해 이사야 선지자에게 보냈던 사람이다(왕하 19:2; 사 37:2). 엘리아김이 이사야 선지자로부터 전달된 하나님의 말씀으로 히스기야 왕을 일으켜 주님의 이르심을 받게 하였다. 이러한 그의 사명 때문에 55대 아담(엘리아김)과 같은 이름으로 부르심을 받았다.

사랑의 주께서 사람을 하나님께서 일으켜 주님의 이르심(이름)을 받게 하는 말씀 설계도(#55)로 출애굽기 5장(55장)(#1-55)과 55권 디모데후서 말씀(#55)과 숫자 55(#55)와 이사야서 55장(#23-55)을 설계하셨다.

55권 디모데후서(#55)는 사랑의 주께서 디모데를 통하여 충성스러운 사람을 하나님께서 일으켜 주님의 이르심(이름)을 받게 하는 디모데후서 설계도(#55)이다.

유다를 55년간 통치한 므낫세 왕의 삶은 55대 아담(엘리아김)의 정체성으로 사랑의 주께서 백성을 일으켜 주님의 이르심(이름)을 받게 하는 설계도(#55)이다.

56) 설계도 #56 - 56대 아소르

하나님께서 일으키신 55대 아담(엘리야김)이 낳은 56대 아담(아소르)은 '유조, 돕는 자'라는 뜻이다(마 1:13). 성자 예수님의 56대 형상이 된 '아소르'는 장성한 믿음의 분량에 이를 수 없는 연약한 사람을 유조하는 사람이다. 성자 하나님의 쉰여섯 번째 말씀은 열두 번째 하나님의 사랑 사역(#12)으로 사랑의 주께서 56대 아소르을 통하여 사람을 유조하여 주님의 영역이 되게 하는 말씀 설계도 #56(44+12)이다. 주님의 영역이 될 수 없는 사람을 주님의 영역이 되도록 아소르를 통하여 유조하게 하는 설계도이다. 하나님께서 일으키신 사람(#55)을 유조하는 단계(#56)이다.

사랑의 주께서 사람을 유조하여 주님의 영역이 되게 하는 말씀 설계도(#56)로 출애굽기 6장(56장)(#1-56)과 56권 디도서(#56)와 숫자 56(#56)과 이사야서 56장(#23-56)을 설계하셨다.

56권 디도서 말씀(#56)은 사랑의 주께서 디도를 통하여 그레데 사람을 유조하여 주님의 영역이 되게 하는 디도서 설계도(#56)이다.

57) 설계도 #57 - 57대 사독

유조하는 56대 아담(아소르)이 낳은 57대 아담(사독)은 '의로운'이란 뜻이다(마 1:14). '사독'은 의로운 대제사장이신 성자 예수님의 57대 형상이다. 다윗 왕과 솔로몬 왕 때에 대제사장이었던 '사독'과 같은 이름이다. 다윗 왕이 법궤를 오벧에돔의 집에서 예루살렘으로 옮겨올 때 사독과 아비아달은 제사장이었다(대상 15:11). 대제사장 아비아달은 다윗 왕의 아들 아도니아를 왕으로 세우려다가 폐위되었고(왕상 2:26), 사독은 다윗 왕의 뜻에 따라 솔로몬을 왕으로 세우는 유일한 대제사장이 되었다(왕상 2:35). 이처럼 '사독'이란 이름은 의로운 왕이요 대제사장이신 성자께서 의롭지 못한 사람을 의롭게 하심을 나타내는 사명이다.

성자 하나님의 쉰일곱 번째 말씀은 열세 번째 하나님의 사랑 사역(#13)으로 사랑의 주께서 57대 사독을 통하여 사람을 의롭게 하여 주님의 싹이 되게 하는 말씀 설계도 #57(44+13)이다. 주님의 싹이 될 수 없는 사람을 싹이 되도록 사독을 통하여 의롭게 하는 설계도이다. 성자께서 유조하는 사람(#56)을 의롭게 하는 단계(#57)이다.

사랑의 주께서 사람을 의롭게 하여 주님의 싹이 되게 하는 말씀 설계도(#57)로 출애굽기 7장(#57)과 57권 빌레몬서(#57)와 숫자 57(#57)과 이사야서 57장(#23-57)을 설계하셨다.

57권 빌레몬서(#57)는 사랑의 주께서 빌레몬을 통하여 오네시모를 의롭게 하여 주님의 싹이 되게 하는 빌레몬서 설계도(#57)이다.

58) 설계도 #58 - 58대 아킴

의로운 57대 아담(사독)이 낳은 58대 아담(아킴)은 '지혜'라는 뜻이다(마 1:14). 성자 예수님의 58대 형상이 된 '아킴'은 지혜가 없는 사람을 지혜롭게 하는 사명이다. 아버지 사독이 의롭지 않았다면 지혜로운 아킴을 낳을 수 없다. 성자 하나님의 쉰여덟 번째 말씀은 열네 번째 하나님의 사랑 사역(#14)으로 사랑의 주께서 58대 아킴을 통하여 사람을 지혜롭게 하여 어둠의 건너편이 되게 하는 말씀 설계도 #58(44+14)이다. 성자의 사랑으로 어둠에 사로잡혔다가 어둠의 건너편이 된 사람을 성자께서 지혜롭게 하는 단계이다. '지식'은 학습을 통하여 이루어지지만 '지혜'는 하나님의 고유한 특성으로 하나님께서 의롭게 하신 사람에게 지혜이신 성자께서 자신을 드러내신다. 지혜이신 성자께서 여호와를 경외하는 솔로몬을 지혜롭게 하신 것처럼, 의롭게 하신 사람(#57)을 지혜롭게 하는 과정(#58)이다.

사랑의 주께서 사람을 지혜롭게 하여 어둠의 건너편이 되게 하는 말씀 설계도(#58)로 출애굽기 8장(58장)(#1-58)과 58권 히브리서(#58)와 숫자 58(#58)과 이사야서 58장(#23-58)을 설계하셨다.

58권 히브리서(#58)은 사랑의 주께서 히브리인을 지혜롭게 하여 어둠의 건너편이 되게 하는 히브리서 설계도(#58)이다.

59) 설계도 #59 - 59대 엘리웃

지혜로운 58대 아담(아킴)이 낳은 59대 아담(엘리웃)은 '하나님의 영광, 하나님의 광채'라는 뜻이다(마 1:14). 59대 성자 예수님의 형상이 된 엘리웃은 하나님의 지혜로 세상에서 하나님의 영광을 드러내는 사명이다. 아버지 아킴이 위로부터 내려온 지혜를 갖지 못했다면 하나님의 영광을 드러내는 엘리웃을 낳을 수 없었을 것이다. 지혜롭게 어둠에서 나누어진 사람이 하나님의 영광을 드러내는 단계이다. 성자 하나님의 쉰아홉 번째 말씀은 열다섯 번째 하나님의 사랑 사역(#15)으로 사랑의 주께서 59대 엘리웃을 통하여 사람을 하나님의 영광으로 어둠에서 나누어지게 하는 말씀 설계도 #59(44+15)이다. 어둠에서 나누어진 사람이 하나님의 영광을 경험하지 못한 사람에게 자신을 희생하는 사랑으로 하나님의 영광을 드러냄으로 성자 하나님을 알게 하는 단계이다. 보이지 않는 성부 하나님의 영광을 성자 하나님께서 나타내는 54대 '아비훗(아버지의 영광)'이며, 59대 '엘리웃(하나님의 영광)'은 성자 하나님께서 하나님 형상으로 창조하신 사람을 통하여 하나님의 영광을 나타내는 단계이다.

사랑의 주께서 사람을 하나님의 영광으로 어둠에서 나누어지게 하는 말씀 설계도(#59)로 출애굽기 9장(59장)(#1-59)과 59권 야고보서(#59)와 숫자 59(#59)와 이사야서 59장(#23-59)을 설계하셨다.

59권 야고보서 말씀(#59)은 사랑의 주께서 야고보를 통하여 사람을 하나님의 영광으로 어둠에서 나누어지게 하는 야고보서 설계도(#59)이다.

60) 설계도 #60 - 60대 엘르아살

하나님의 영광을 나타내는 59대 아담(엘리웃)이 낳은 60대 아담(엘르아살)은 '하나님께서 도우셨다'라는 뜻이다(마 1:15). 성자 예수님의 60대 형상이 된 '엘르아살'은 왕이요 제사장이신 성자 하나님께서 사람을 도우셨다는 뜻이다. 60대 '엘르아살'의 이름은 아론의 셋째 아들과 같은 이름이다. 나답과 아비후가 여호와께서 명하지 않은 불을 담아 분향하다가 죽임을 당하여 엘르아살과 이다말이 제사장으로 세움을 입게 되었다(레 10:1-6).

하나님의 제사장이 되었다가 죽은 나답과 아비후는 에덴동산에서 하나님의 제사장으로 세워진 아담과 하와를 상징하며, 엘르아살과 이다말은 왕이요 제사장이 되신 둘째 아담(그리스도)과 그리스도의 신부로 보인다. 하나님과 피조물 사이에서 제사장의 역할을 감당하던 아담이 연약한 하와가 선악과를 먹었기 때문에 죽게 되었고, 둘째 아담(예수)을 보내어 첫째 아담을 비롯한 모든 그리스도의 신부(모든 죄인)를 하나님께서 도우셔서 친구(왕 같은 제사장)가 되게 하셨다는 뜻이다. 성자 하나님의 예순 번째 말씀은 열여섯 번째 하나님의 사랑 사역(#16)으로 사랑의 주께서 60대 엘르아살을 통하여 사람을 도우셔서 주님의 친구가 되게 하는 말씀 설계도 #60(44+16)이다. 주님의 친구가 될 수 없는 사람을 친구가 되도록 엘르아살을 통하여 사람을 하나님께서 도우시는 설계도이다. 아버지 엘리웃이 하나님의 영광을 드러내므로 그의 아들을 하나님께서 제사장이 되도록 도우셨다.

사랑의 주께서 사람을 도우셔서 주님의 친구가 되게 하는 말씀 설계도(#60)로 출애굽기 10장(60장)(#1-60)과 60권 베드로전서(#60)와 숫자 60(#60)과 이사야서 60장(#23-60)을 설계하셨다.

60권 베드로전서 말씀(#60)은 사랑의 주께서 베드로 사도를 통하여 사람을 도우셔서 주님의 친구가 되게 하는 베드로전서 설계도(#60)이다.

61) 설계도 #61 - 61대 맛단

하나님께서 도우신 60대 아담(엘르아살)이 낳은 61대 아담(맛단)은 '선물'이라는 뜻이다(마 1:15). 히브리어 '맛탄(Mattan)'은 '선물, 예물'이라는 뜻으로 히브리어 '나탄'에서 유래 되었다. '나탄'은 어떤 일을 시작하거나 준비하기 위한 행동으로 '건네주다'라는 뜻이다. 즉 맛단은 성자 예수께서 타락한 사람을 하나님의 형상으로 세우기 위해 선물이 되는 61단계이다. 성자 예수님의 61대 형상이 된 '맛단'은 장자 아담을 살리는 선물이 되어 죽어야 하는 역할이다. 야곱이 형 에서를 위해 밧단아람으로 가서 레아를 아내로 맞이하였던 것처럼, 맛단은 타락하여 사탄의 제사장이 된 첫째 아담과 같이 되어 하나님의 심판을 받는 역할이다. 아버지 엘르아살이 왕 같은 제사장이 되지 못했다면 이방의 제사장이 된 장자(아담)를 살리는 선물이 되는 맛단을 낳을 수 없다. 성자 하나님의 예순한 번째 말씀은 열일곱 번째 하나님의 사랑 사역(#17)으로 사랑의 주께서 61대 맛단을 통하여 사람을 선물이 되게 하여 주님의 가지가 되게 하는 말씀 설계도 #61(44+17)이다. 주님의 가지가 될 수 없는 사람을 가지가 되도록 맛단을 선물이 되게 하는 설계도이다.

아달랴 여왕 때 바알 제사장은 61대 성자의 형상인 '맛단'과 같은 이름이다. 바알 제사장 맛단은 대제사장 여호야다에 의해 살해당했다(왕하 11:18; 대하 23:17). 바알 제사장 맛단의 죽음으로 음녀를 상징하는 아달랴 여왕의 나라가 완전하게 무너지게 되었다, 바알 제사장 맛단의 죽음에 대하여 성경에 기록하심은 타락한 사람을 구원하기 위해 대제사장으로 오신 성자 예수님의 죽으심으로 타락한 하와(아달랴 여왕)가 다스리는 사탄의 나라가 무너지게 되었다는 뜻이다. 타락한 사람을 사로잡고 있는 사탄의 나라가 무너져 사탄에게 사로잡힌 사람이 죄에서 구원받아 주님의 가지가 되었다. 주님의 가지가 된 사람이 주님의 가지가 되지 못한 사람을 구원하기 위해 선물이 되어 죽어야 함을 61대 맛단을 통하여 나타내셨다.

사랑의 주께서 사람을 선물이 되게 하여 주님의 가지가 되게 하는 말씀 설계도(#61)로 출애굽기 11장(61장)(#1-61)과 61권 베드로후서(#61)와 숫자 61(#61)과 이사야서 61장(#23-61)을 설계하셨다.

61권 베드로후서(#61)는 사랑의 주께서 베드로 사도를 통하여 보배로운 믿음을 가진 사람을 선물이 되게 하여 주님의 가지가 되게 하는 베드로후서 설계도(#61)이다.

62) 설계도 #62 - 62대 야곱

선물이 된 61대 아담(맛단)이 낳은 62대 아담(야곱)은 '발꿈치를 잡는 자'라는 뜻이다(마 1:15). 62대 아담(야곱)은 22대 야곱(에서의 동생)과 같은 이름이다. 22대 아담(야곱)으로부터 40대가 지난 후 하나님께서 믿음으로 장자(에서)의 발꿈치를 잡았던 야곱을 다시 일으켜 사랑으로 장자(첫째 아담)의 발꿈치를 여호와께서 잡으시기 위함으로 보인다(#40). 장자 에서는 첫째 아담의 형상이며, 둘째 야곱은 둘째 아담의 형상이라 하였다. 둘째 아담이신 성자 예수께서 사랑으로 첫째 아담(에서)의 발꿈치를 잡는 62단계이다. 장자 '에서'는 예수 그리스도 밖에 있는 사람으로 예수 그리스도를 주님으로 영접하기 전 자신의 옛사람과 같다. 성자 하나님의 예순두 번째 말씀은 열여덟 번째 하나님의 사랑 사역(#18)으로 사랑의 주께서 62대 야곱을 통하여 사람(장자)의 발꿈치를 잡아서 주님의 거친 숨이 되게 하는 말씀 설계도 #62(44+18)이다. 22대 야곱을 세워 에서(장

족보로 보는성경 설계도 I

자)의 발꿈치를 잡게 하신 것처럼, 주님의 거친 숨이 된 62대 야곱을 세워 예수 그리스도 밖에 있는 타락한 사람(장자)의 발꿈치를 잡는 단계이다. 맞단이 장자를 살리는 선물이 되지 못했다면 에서(장자)의 발꿈치를 잡는 야곱을 낳을 수 없다.

사랑의 주께서 사람의 발꿈치를 잡아서 주님의 거친 숨이 되게 하는 말씀 설계도(#62)로 출애굽기 12장(62장)(#1-62)과 62권 요한1서(#62)와 숫자 62(#62)와 이사야서 62장(#23-62)을 설계하셨다.

62권 요한1서 말씀(#62)은 사랑의 주께서 사도 요한을 통하여 사람(장자)의 발꿈치를 잡아서 주님의 거친 숨이 되게 하는 요한1서 설계도(#62)이다.

63) 설계도 #63 - 63대 요셉

장자의 발꿈치를 잡는 62대 아담(야곱)이 낳은 63대 아담(요셉)은 '그가 더하실 것이다'라는 뜻이다(마 1:16). 62대 야곱이 낳은 63대 요셉은 22대 야곱이 낳은 23대 요셉과 같은 이름이다. 22대 야곱(이스라엘)은 성전 안에서 일하는 레위 지파를 빼고 23대 요셉이 애굽에서 낳은 두 아들을 열두 지파로 들어오게 하였다(창 48장). 애굽의 총리 요셉은 그의 이름대로 가나안 땅에서 내려온 형제들의 후손을 양육하여 하나님 백성으로 더하는 역할이었다. 23대 요셉처럼 63대 요셉은 아내 마리아와 하늘(하나님품)에서 세상으로 내려온 예수님을 양육하여 이스라엘 백성으로 더하는 사명이다. 세상 밖에 계신 성부 하나님 품에서 세상을 창조하신 성자께서 요셉 아들의 신분이 되었고 요셉은 아들 예수를 이스라엘 백성으로 더해지게 하였다. 아버지 야곱이 하늘나라 기업을 무르는 장자가 되지 못했다면 이스라엘 백성이 아닌 하나님의 아들 예수를 하나님 백성으로 양육하여 더하는 요셉을 낳을 수 없었다.

성자 하나님의 예순세 번째 말씀은 열아홉 번째 하나님의 사랑 사역(#19)으로 사랑의 주께서 63대 요셉을 통하여 사람을 백성으로 더하여 표백되게 하는 말씀 설계도 #63(44+19)이다.

아버지 요셉(63대)은 아들 예수를 데리고 가나안 땅에서 애굽으로 내려갔다가 다시 가나안 땅으로 돌아오는 이스라엘 백성과 같은 출애굽 여정을 아들(예수)과 함께 하였다(마2장). 이는 하늘(가나안 땅)에서 세상(애굽)으로 내려오신 예수를 이스라엘 후손과 같은 하나님 백성으로 양육하여 더하는 과정이다.

사랑의 주께서 사람을 백성으로 더하여 표백되게 하는 말씀 설계도(#63)로 출애굽기 13장(63장)(#1-63)과 63권 요한2서(#63)와 숫자 63(#63)과 이사야서 63장(#23-63)을 설계하셨다.

63권 요한2서 말씀(#63)은 사랑의 주께서 요한 사도를 통하여 적그리스도의 방문을 받은 사람을 백성으로 더하여 표백되게 하는 요한1서 설계도(#63)이다.

64) 설계도 #64 - 64대 예수

하나님 백성으로 더하는 63대 아담(요셉)이 낳은 64대 아담(예수)은 '자기 백성을 죄에서 구원할 자라는 뜻이다(마 1:16). 사람을 자신의 형상과 모양으로 창조하신 성자 하나님께서 예정하심으로 자신을 본받는 63명의 아담을 통하여 하나님의 영광을 나타내시다가 자신이 사람의 몸을 입고 마지막 아담으로 오셨다(고전 15:45).

성자 하나님의 예순네 번째 말씀은 스무 번째 하나님의 사랑 사역(#20)으로 사랑의 주께서(64대) 사람을 죄에서 구원하여 열국의 아비가 되게 하는 말씀 설계도 #64(44+20)이다.

사랑의 주께서 사람을 죄에서 구원하여 열국의 아비가 되게 하는 말씀 설계도(#64)로 출애굽기 14장(64장)(#1-64)과 64권 요한3서(#64)와 숫자 64(#64)와 이사야서 64장(#23-64)을 설계하셨다.

64권 요한3서 말씀(#64)은 사랑의 주께서 가이오를 통하여 사람을 죄에서 구원하여 열국의 아비가 되게 하는 요한3서 설계도(#64)이다.

65) 설계도 #65 - 65대 디나(사도)

자기 백성을 죄에서 구원하신 64대 예수께서 낳은 65대 사도들은 야곱의 딸 디나와 같다. 하늘나라를 상징하는 가나안 땅에서 세상을 상징하는 애굽으로 내려간 사람 중에 야곱의 딸 디나가 포함되었다(창 46:15). 그녀는 세겜에서 그 지방의 여자들을 구경하러 갔다가 족장 세겜에게 강간당하고 그에게 잡혀 있었다(창 34:2). 세겜 땅은 축복을 선포하는 그리심산과 저주를 선포하는 에발산 사이에 위치한 장소로 자유의지를 가진 하와가 여호와께서 제정하신 선악과 율법을 순종할 것인가 불순종할 수 있는 에덴동산과 같은 곳으로 보인다. 아담이 다스리던 에덴동산은 선악과를 먹은 하와를 구원하기 위해 아담이 선악과를 먹음으로 사탄이 다스리게 되었다. 에덴동산을 상징하는 세겜 땅을 다스리는 세겜은 타락한 아담과 같고 세겜의 아들 하몰은 아담을 다스리는 사탄의 형상이다. 하몰이 성부 하나님의 형상인 야곱을 찾아와 세겜 사람들과 혼인 관계를 맺고 세겜 땅에서 살기를 제안한다. 하몰의 이름은 '나귀'이며 이는 아담이 다스리던 짐승(나귀)이 아담을 넘어뜨리고 아담을 다스리는 사탄이 되었다는 뜻이다. 이러한 상황은 하와가 뱀(짐승)에게 넘어져 사탄에게 사로잡힌 상태를 하나님의 지혜로 설정하신 것이다. 사탄에게 사로잡힌 죄인(타락한 하와-그리스도의 신부)을 구원하기 위해 십자가를 짊어지신 성자 예수님을 본받은 시므온과 레위가 세겜을 죽이고 사로잡힌 디나를 구출하였다. 그러나 이 사건을 통하여 그들은 하나님의 공의로운 심판을 받게 되었다(창 49:5-7). 이러한 의미를 나타내기 위해 그녀의 이름을 '심판, 공의'라는 뜻을 가진 '디나'라 하셨다. 이는 타락한 사람을 심판하여 성자 예수께서 그리스도의 신부를 공의롭게 하심을 의미한다. 성자 하나님의 예순다섯 번째 말씀은 스물한 번째 하나님의 사랑 사역(#21)으로 사랑의 주께서 사도들을 통하여 타락한 사람을 공의로 심판하여 어둠 속에서 웃게 하는 말씀 설계도 #65(44+21)이다. 공의롭지 못한 사람을 심판하여 사탄에게 사로잡힌 사람을 구원하는 단계이다.

사랑의 주께서 사람을 공의로 심판하여 어둠 속에서 웃게 하는 말씀 설계도(#65)로 출애굽기 15장(65장)(#1-65)과 65권 유다서(#65)와 숫자 65(#65)와 이사야서 65장(#23-65)을 설계하셨다.

65권 유다서 말씀(#65)은 사랑의 주께서 예수님의 동생 유다를 통하여 사람을 공의로 심판하여 어둠 속에서 웃게 하는 유다서 설계도(#65)이다.

66) 설계도 #66 - 66대 세라(그리스도인)

공의로 심판하신 65대 사도들(디나)이 낳은 66대 그리스도인은 야곱의 손녀 세라와 같다. 가나안 땅에서 세상을 상징하는 애굽으로 내려간 사람 중에 숫자에 포함된 야곱의 유일한 손녀는 '세라'가 유일하다(창 46:17). 많은 손녀가 있었겠지만, 그중에 '세라'의 이름을 기록하심은 '세라'를 통하여 66대 그리스도인을 나타내기 위함으로 보인다. 야곱의 딸이 아닌 야곱이 낳은 아들 아셀이 낳은 손녀 세라처럼, 예수께서 낳은 딸이 아닌 예수께서 낳은 제자(사도)들이 낳은 그리스도인을 마지막 하나님의 형상으로 완성하셨다. '세라'의 이름은 '여분'이라는 뜻에서 유래하여 '풍부'라는 뜻이다. 66대 그리스도인은 하나님께서 창조하신 사람을 자신의 형상으로 완성하신 풍부한 여분의 사람이라는 뜻으로 보인다. 예수 그리스도와 함께 죽음으로 그리스도의 부활에 동참한 그리스도인은(갈 2:20) 자기의 삶이 아니라 그리스도와 함께하는 사람이며, 그리스도를 위한 사람이며, 그리스도에 의한 사람이기에 그리스도의 신부이다. 하나님께서 에덴에서 사탄에게 넘어진 하와를 자신의 형상과 모양으로 완성하기 위해 66대 족보와 66권의 말씀을 설계하셨다. 66대 그리스도인은 하나님께서 창조하여 에덴동산에 두신 1대 아담과 하와와 같다. 여호와의 말씀에 따라 아담과 하와가 하나 됨을 이루지 못하여 사람(그리스도의 신부)이 세상으로 쫓겨났다가 둘째 아담(예수)과 한 몸을 이루어 사탄과 싸움에서 승리한 것이다. 여호와께서 아담을 잠들게 하시고 갈비뼈로 그리스도의 신부 (하와)를 만드신 것처럼, 66대 그리스도인을 통하여 또 다른 그리스도인을 낳게 하셨고 더 이상 기다려도 새로운 그리스도인이 나타나지 않을 때 세상은 종말을 맞이하게 된다. 이렇게 완성된 모든 그리스도인은 66대 세라처럼 '풍부한 여분'이라는 뜻이다. 이들은 성부 하나님 품에 계시던 성자 하나님께서 자신의 형상과 모양으로 창조하신 그리스도의 신부이다.

성자 하나님의 예순여섯 번째 말씀은 스물두 번째 하나님의 사랑 사역 (#22)으로 사랑의 주께서 그리스도인을 통하여 사람을 풍부한 여분이 되게 하여 하나님과 겨루어 이기게 하는 말씀 설계도 #66(44+22)이다. 성자 예수께서 공의로 심판을 받으심으로 성자께서 창조하신 모든 사람이 하나님의 시험을 이기는 풍부한 여분이 되게 하는 결론이다. 성자 예수께서 창조하신 모든 사람은 각자의 삶을 통하여 새 하늘과 새 땅을 창조하시는 새 일을 시작하시기 위해 예비된 풍부한 여분으로 보인다.

사랑의 주께서 사람을 풍부한 여분이 되게 하여 하나님과 겨루어 이기게 하는 말씀 설계도(#66)로 출애굽기 16장(66장)(#1-66)과 66권 요한계시록(#66)과 숫자 66(#66)과 이사야서 66장(#23-66)을 설계하셨다.

66권 요한계시록 말씀(#66)은 사랑의 주께서 사람을 풍부한 여분이 되게 하여 하나님과 겨루어 이기게 하는 요한계시록 설계도(#66)이다.

여기까지 간단하게 하나님께서 타락한 사람을 다시 하나님의 형상과 모양으로 완성하는 66개 설계도를 살펴보았다. 조금씩 수정하고 보완해야 할 것도 있어 보이지만 전체적인 개념은 변함이 없다. 이제는 창세기를 통하여 하나님께서 설계하신 66개 설계도를 바탕으로 66장을 살펴볼 것이다.

2

족보로 보는 창세기 설계도

창세기 1장부터 출애굽기 16장

하나님의 믿음 사역

1) 설계도 #1 - 창세기 1장

창세기 1장은 창세기를 완성하기 위해 세우신 첫 번째 장이기에 사람을 하나님의 형상으로 완성하기 위해 세우신 첫 사람의 설계도(#1)와 같다.

창세기 1장 설계도(#1-#1)는 사람을 빛으로 붉어지게 하는 믿음의 주께서(#1) 사람(남자와 여자)을 빛으로 붉어지게 하는 말씀 설계도(#1)이다 (1대 아담-붉음).

하나님께서 천지 만물을 창조하시는 과정은 성막의 설계도처럼 성자 하나님을 통하여 그리스도의 신부를 세우는 설계도이다. 빛이 없는 지성소에 언약궤가 놓인 것은 어둠 속에 계신 성부 하나님께서 말씀이신 성자 하나님을 품고 계신 모습을 설계하신 것이다. 성부 하나님 품에 계신 말씀(성자)으로 하나님의 영 안에 천지를 창조하시고 말씀이신 성자 하나님을 빛으로 붉어지게 하셨다(1-3절). 이러한 과정은 빛이 없는 어두운 지성소에서 성소로 나오셔서 등잔불(등대)이 되어 빛을 비추시는 성자의 모습이다. 하나님의 영(성령)께서 말씀으로 창조하신 천지(天地)를 닭이 알을 품고 있듯이 품고 계셨다.

하나님께서 창조하신 땅과 물은 하나님의 영 안에서 비추는 빛으로 인하여 새로운 피조물이 나타나는 근본(根本)이 되었다. 혼돈과 공허함이 있는 무질서한 세상에 질서를 세우기 위해 가장 먼저 흑암 속에서 말씀을 드러내어 비추는 성자 하나님을 빛이 되게 하셨다. 하나님의 영 안에 있는 빛(성자)을 창조하심은 하나님의 영과 같은 하와 안에 성자 하나님께

족보로 보는 성경 설계도 I

서 들어가시기 위함이다. 하나님의 영 안에 창조하신 천지(天地)를 빛으로 밝히는 성자 하나님께서 나타나심으로 첫째 날이 완성되었다. 어둠 속에서 빛이 나타나는 것처럼 히브리인의 하루의 개념은 어둠이 주관하는 밤으로 시작하여 빛이 주관하는 낮으로 마무리된다. 빛이 없고 십계명 돌판을 담은 언약궤가 들어 있는 성전(성막)의 지성소는 말씀이신 성자께서 성부 하나님 품에 계신 모습이며, 빛(등잔)이 있는 성소는 성령 하나님 품에서 빛을 비추시는 성자 하나님의 모습이다. 즉 빛이 없는 어둠은 빛(성자)이 주관하는 영역 밖에서 빛이 자신의 영역을 침범하지 못하게 빛을 소멸시키는 성부 하나님의 영역이다. 지성소처럼 거룩한 성부 하나님의 영역인 사람의 마음을 사탄이 하와를 유혹하여 넘어뜨림으로 성부 하나님의 자리를 어둠(사탄)이 차지하여 사람을 주관하려 하였다. 아무것도 없는 상태에서 하나님께서 피조물을 창조하시는 모든 과정은 하나님의 품에 독생하신 성자 하나님이 물질 세상으로 들어와 사람(그리스도의 신부) 안에 하나님의 나라(하나님의 성전)를 세우는 설계도로 진행된다. 하나님 품에 계신 성자 하나님은 '말씀'이며 변하지 않고 거짓이 없는 '진리'이시다. 또한 여호와께서 품고 계신 '지혜'이시며(잠 8:22), 하나님의 형상으로 창조된 사람 안에 오셔서 하나님의 창조 질서를 깨닫게 하시는 '지혜'가 되신다. 이러한 성자께서 피조물을 창조하시는 날(날짜)의 개념은 하늘에 계시다가 사람이 되어 세상으로 내려오시는 과정을 나타내신 것이다. 하나님 품에 계신 성자께서 질서가 없는 혼돈한 상태로 창조된 땅에 질서를 세우시는 빛으로 나타나셨다.

하나님께서 삼위일체 하나님의 형상과 모양으로 사람을 영과 혼과 몸을 가진 존재로 창조하셨다(살전 5:23). 영과 혼과 몸을 가진 사람을 하나님의 형상과 모양으로 완성하시기 위해 말씀이신 성자께서 성부 하나님 품과 성령 하나님 품에서 일하시다가 사람의 몸을 입고 세상으로 오신 성자 예수님이 되셨다. 그러나 타락한 사람 안에 오셔서 도우시는 보혜사 성령 하나님의 관점으로 삼위일체 하나님은 성부와 성자와 성령 하나님이시다. 성자께서 성부 하나님 안에서 믿음의 주가 되어 믿음으로 사람의 영을 세우셨고 성령 하나님 안에서 소망의 주가 되어 소망으로 혼의 사람을 세우셨으며 사람의 몸을 입으시고 자기를 희생하는 사랑의 주가 되어 사랑으로 사람의 몸을 세우셨다. 성자 예수님을 인도하신 성령 하나님처럼 사람(그리스도인)을 성자 예수님의 형상으로 세우신 보혜사 성령께서 각 사람의 분량에 따라 성자 예수님처럼 십자가를 짊어지게 하신다.

세상의 빛이 되신 성자께서 사람이 되어 내려오시는 설계도에 따라 성자 하나님 안에서 예정된 모든 피조물이 창조되었다. 사람이 태어나기 전에 아버지 허리에 있다가 어머니의 품에 잉태되는 것처럼(창 35:11), 진리요 지혜이시며 말씀이신 성자께서 성부 하나님 품에 계시다가 하나님의 영(신)과 한 몸을 이루어 여호와 하나님으로 자신을 나타내셨다. 첫째 날 흑암 속에서 나타나신 빛은 하나님의 영(靈)과 한 몸을 이루신 여호와 하나님으로 장차 사람의 몸을 입고 세상으로 오실 성자 하나님이시다. 말씀이요 빛이신 성자께서(요 1:1-4) 하나님의 영(신)과 한 몸을 이루어 나타난 피조물의 주(主-Lord)가 되시는 여호와 하나님으로 일하시게 되었다. 하와가 여호와의 말씀을 거역함으로 여호와께서 사람의 주(主-Lord)가 되실 수 없어 사탄에게 넘겨진 사람을 자기 몸으로 다시 사서 사람의 주가 되시려고 세상으로 오셔서 직접 말씀하셨다(요 8:25).

성자 하나님의 형상이 아닌 하나님의 영과 같은 모양으로 창조된 연약한 하와가 타락할 것을 미리 아신 하나님께서 타락한 하와를 변함없는 하나님의 영으로 세우기 위해 처음부터 계획하신 설계도라는 의미이다. 이러한 과정을 위해 말씀의 빛이 되신 성자께서 자신의 형상과 모양을 가진 사람을 설계도에 따라 여섯째 날에 창조하셨다.

하나님께서 빛을 낮이라 칭하셨고 어둠을 밤이라 칭하셨다. 해와 달을 창조하시기 전에 낮과 밤으로 이루어진 하루는 현재의 시간 개념이 아닌 하나님의 시간 개념(벧후 3:8)으로 빛이신 여호와 하나님께서 일하시는 낮과 여호와 하나님을 대적하는 밤으로 나누어졌다. 한글에서 빛의 기본형은 '비추다, 비치다'로 말씀으로 빛을 비추어 어둠을 몰아내는 존재라는 뜻이다. 빛이 나타남으로 흑암으로 가득한 세상은 빛이 주관하는 낮과 어둠이 주관하는 밤으로 나누어지게 되었다. 여호와 하나님의 형상인 빛으로 인하여 흑암은 사라지게 되었고 빛의 반대편에 존재하는 어둠은 자신의 영향 아래 있는 밤의 영역을 주관하게 되었다. 빛이 나타나지 않았더라면 흑암 속에 있었던 어둠은 자신이 어둠이라는 사실을 알 수 없다.

하나님께서 하나님의 영 안에 창조하신 천지(天地)는 물속에 있는 땅을 말한다. 땅의 관점으로 하늘은 땅을 품고 있는 존재를 말하며, 땅을 품고 있는 물은 하나님의 영과 같은 존재이다. 이러한 상태는 어머니 배 속에서 태아가 양수(羊水) 안에 있는 모습과 같다. 하나님께서 하나님의 영(신) 안에 천지를 창조하심처럼, 하나님의 영(신)의 형상으로 창조된 하와의 품에 생명을 창조하시는 과정을 천지창조와 같은 형태로 진행하셨다. 첫 번째 성자 하나님의 말씀은 혼돈하던 땅에 성자께서 빛으로 붉어지심으로 하나님의 영 안에서 빛의 나라를 세우는 질서를 세우셨다(1대 아담-붉음).

둘째 날 창조하신 궁창(6-8절)은 두 번째 하나님 말씀의 정체성(2대 셋)으로 말씀이신 성자 하나님을 품을 수 있는 하나님의 영과 같다. 물 밖으로 나온 흙으로 사람을 창조하셨기에 땅을 덮고 있던 물은 영이신 하나님의 형상이라 할 수 있다. 하나님의 영(성령)을 상징하는 물을 윗물과 아랫물로 나누시고 사이에 궁창을 창조하여 하늘이라 칭하셨다. 궁창을 하늘이라 칭하심은 사람이 타락하기 전에 성부 하나님께서 주관하시는 첫째 하늘이라는 뜻이다. 윗물과 아랫물 사이에 존재하는 궁창(하늘)을 창조하심은 타락한 사람을 궁창 윗물로 심판하여 첫째 하늘을 무너뜨리고 성령 하나님께서 주관하시는 둘째 하늘 아래에서 노아와 그의 후손을 살게 하실 계획이다. 성자 하나님의 신부인 하와가 선악과를 먹고 타락할 것을 미리 아신 하나님께서 타락한 사람을 심판하기 위한 궁창(첫째 하늘)을 창조하신 둘째 날은 하나님 보시기에 좋으실 수 없으셨다. 궁창(첫째 하늘)은 말씀을 품는 하나님의 영처럼 말씀을 주로 여겨 주님의 영으로 대치된 역할이다(2대 셋-대치된).

셋째 날 창조하신 피조물(풀·채소·과목)은 세 번째 성자 하나님 말씀의 정체성(3대 에노스)으로 죽을 수밖에 없는 성자 하나님의 형상이다(9-13절). 하나님께서 땅 위에 풀·채소·과목을 나게 하셔서 이것들을 짐승과 사람에게 양식으로 주시기 위함이다. 짐승과 사람의 양식이 되는 이것들은 하늘에 계신 성자께서 땅으로 오셔서 짐승처럼 타락한 사람에게 자기 몸을 양식으로 주실 것임을 나타내는 빛의 형상들이다. 셋째 날 창조하신 피조물은 사람을 온전한 성자 하나님의 형상으로 세우기 위해 죽을 수밖에 없는 성자 하나님의 세 번째 형상이다(3대 에노스-죽을 수밖에 없는 존재). 첫째 날부터 셋째 날까지 족보의 설계도에 따라 성부 하나님 품에 독생하신 성자(말씀)께서 하나님의 품에서 궁창을 거쳐 땅으로 내려오시는 족보의 뼈대(1-3대)를 완성하셨다. 이러한 세 개의 영역(하나님의 품·궁창·땅)은 말씀이신 성자께서 성부와 성령 하나님 안에서 일하시다가 땅으로 내려오심을 나타내신 것이다.

넷째 날 창조하신 피조물(해·달·별)은 네 번째 성자 하나님 말씀의 정체성(4대 계난)이다(14-19절). 넷째 날부터 여섯째 날까지는 성령 하나님 품에서 말씀하시던 성자께서 하늘에서 땅으로 내려오는 두 번째 과정(4-6대)으로 설계하셨다. 넷째 날에 하나님께서 둘째 날 창조하신 궁창 안에 해·달·별들을 창조하셨다. 첫째 날 어둠 속에 빛으로 자신을 드러내신 여호와께서(사 45:7) 넷째 날 궁창 안에 있는 해를 여호와 하나님의 형상으로 나타내셨다(시 84:11). 텅 빈 궁창 안에서 큰 광명(해)과 작은 광명(달)과 별들을 세워 자신의 소유권을 가지게 하신 날이다(4대 계난-소유). 여호와 하나님은 신랑의 형상처럼 큰 광명(해)으로 낮을 주관하셨고 빛을 스스로 밝힐 수 없는 신부(사람)의 형상처럼 작은 광명(달)은 밤을 주관하게 하셨다. 여호와께서 주관하시는 낮에는 빛의 형상들을 세우는 시간이며 달이 주관하는 밤은 여호와 하나님을 떠난 사람이 빛을 차단하는 시간이다(요 13:30). 넷째 날을 통하여 주를 소유한 사람을 땅으로 내려보낼 수 있는 기초를 세우셨다. 별이 아닌 해와 달이 낮과 밤을 주관하게 되었다는 것은 하나님을 대신하여 사람을 창조하신 뜻을 찾아볼 수 있게 하셨다. 하나님께서 창조하신 해는 여호와 하나님을 나타내며(시 84:11) 지구는 사람의 몸을 입으신 성자의 형상을 의미하며 성자의 형상인 지구에 매달아 놓으신 달은 예수 그리스도 신부를 나타낸다. 해와 같은 여호와께서 흙으로 자신의 형상을 가진 아담(남자)을 지구(땅)로 세워 달과 같은 신부를 구원하실 것을 나타내셨다. 여호와께서 해를 달보다 400배 크게 만들어 달보다 400배 멀리 떨어뜨려 놓으셨다. 달보다 400배 크신 여호와 하나님께서 자기 땅(지구)으로 64대 아담(예수)이 되어 오심을 나타내기 위해 지구의 반지름을 약 6,400km로 창조하신 것으로 보인다. 달보다 400배 큰 해와 같은 여호와께서 세상으로 오셔서 땅을 다스리려면 빛을 잃은 400명의 달과 같은 사람(신부)이 함께 연합해야 여호와 하나님의 형상으로 오신 사람을 대면할 수 있다는 뜻이다. 여호와 하나님의 형상으로 세워진 야곱이 가나안 땅으로 들어오려 할 때, 에서가 400명의 사람을 데리고 마중 나왔다고 기록하신 이유를 이해할 수 있을 것이다(창 33:1). 또한 말씀으로 땅에 씨를 뿌려 한 사람을 세우는 기간을 1년으로 산정하셨기에 여호와 하나님께서 사람이 되어 나타날 수 있는 400년의 시간이 필요하였다. 해와 같은 여호와 하나님을 대신하는 모세를 일으키는 시간이 400년이기에 아브라함의 후손이 400년 동안 애굽에서 객이 되게 하셨다(창 15:13).

별들은 성자 하나님의 생명을 잉태한 사람들이 하나님의 생명을 낳아서 각자의 별나라를 창조하는 사역을 통하여 자신의 고을을 다스리게 됨을 나타내셨다(눅 19:17). 달과 같은 사람(신부)이 해와 같은 여호와 하나님을 소유하여 자신의 별나라를 세울 수 있게 하시려는 것으로 보인다(단 12:3).

다섯째 날 창조하신 피조물(새와 물고기)은 다섯 번째 하나님 말씀의 정체성(5대 마할랄렐)이다(20-23절). 하나님의 영을 상징하는 궁창 윗물과 아랫물에서 창조하신 새와 물고기는 하나님의 영 안에서 일하는 존재들이라는 뜻이다. 이들에게는 정복과 다스리는 복을 허락하지 않으시고 생육과 번성과 충만하게 하는 복을 주셨다. 성령 하나님 안에서 생육과 번성과 충만하게 하는 역할을 감당하고 정복과 다스리는 역할을 하지 못하고 죽음으로 하나님을 찬양하는 성자 하나님의 다섯 번째 단계라는 뜻이다(5대 마할랄렐-하나님을 찬양하다). 홍수 심판에서 물(성령)로 거듭난 노아의 후손들에게 정복과 다스리는 복을 허락하지 않으신 이유를 알 수 있을 것이다(창 8:17).

여섯째 날 창조하신 피조물(짐승과 사람)은 여섯 번째 하나님 말씀의 정체성(6대 야렛)이다(24-31절). 흙으로 하나님께서 창조하신 짐승은 선악과를 먹고 타락한 사람이 하나님을 계승할 수 있게 하는 성자 하나님의 형상이다(6대 야렛-계승된). 사람을 하나님의 형상과 모양으로 창조하심은 사람이 장차 여호와 하나님을 품는 빛의 영과 여호와 하나님을 대적하는 어둠의 영이 되는 신적인 존재이기 때문이다(요 10:34-35). 하나님께서 사람을 창조하시기 전에 피조물을 먼저 창조하심은 여섯째 날에 창조하신 사람을 하나님의 형상과 모양으로 세우기 위함이다. 남자보다 여자를 나중에 창조하심은 연약한 신부(하와)가 타락할 것을 미리 아시고 성자의 형상인 피조물과 남자(아담)를 통하여 신부를 세우시려는 것이다. 먼저 창조된 피조물과 함께 마지막 아담으로 오실 성자 예수님의 희생적인 사랑을 통하여 모든 사람을 그리스도의 신부가 되게 하심이다. 이러한 목적을 이루기 위해 아담이 앞에 창조된 피조물을 정복하고 다스리게 하셨고 하와는 말씀을 품는 하나님의 영처럼 한 몸이 되게 하셨다. 자신을 희생하여 신부와 한 몸을 이루는 하나님의 아들들이 나타나게 되면 하나님의 아들 안에서 피조물도 회복되게 된다(롬 8:19-22).

사람의 다스림을 받고 자신을 희생해야 하는 피조물들은 타락한 사람이 하나님의 아들들로 세워지도록 피곤한 몸으로 헌신하였고 마지막으로 성자 예수께서 헌신하셨다(요 19:30). 노아 홍수 후에 사람에게 고기를 먹도록 하심은 물(세례-침례)로 거듭난 사람들에게 성자께서 자기 몸을 양식으로 주실 것을 의미한다. 하나님께서 사람의 양식으로 허락하신 모든 것은 말씀이신 성자 하나님을 의미한다. 하나님께서 창조하신 사람이 성자 하나님의 형상인 양식을 통하여 장차 성자께서 자기 몸을 양식으로 주심으로 모든 사람을 예수 그리스도의 몸 안에서 하나가 되게 하려는 것이다(엡 1:10). 하나님께서 모든 사람을 예수 그리스도의 몸으로 통일하시려고 창조하신 모든 것이 보시기에 심히 좋으셨다.

성자께서 마지막 아담이 되어 모든 사람을 예수 그리스도의 신부로 삼아 신부(그리스도인) 안에 하나님의 나라를 세우는 설계도이다. 하나님께서 아담을 포함하여 미리 아신 모든 사람을 64대 아담으로 오실 성자 하나님을 본받게 하셨다(롬 8:29). 여호와께서 마지막 아담으로 오셔서 죄인을 대신하여 십자가에서 죽음으로 사람 안에 하나님의 나라를 세우는 창조 사역을 완성하셨다(*다 이루었다 하시고 머리를 숙이니 영혼이 떠나가시니라-요 19:30b*). 여호와께서 만물을 창조하신 목적은 예수 그리스도 안에서 예정된 자들을 성자 하나님과 같은 하나님의 아들로 세우시기 위함이다(롬 8:28-30).

2) 설계도 #2 - 창세기 2장

창세기 2장 설계도(#1-#2)는 사람을 빛으로 붉어지게 하는 믿음의 주께서(#1) 사람을 주님의 영으로 대치되게 하는 말씀 설계도(#2)이다(2대셋-대치된). 성자의 빛으로 붉어진 아담을 통하여 하와가 믿음으로 주님(아담)의 영으로 대치되게 하는 2장이다. 잠든 아담의 갈비뼈로 하와를 만드심은 장차 성자 예수께서 죽으셔야 하와(그리스도의 신부)를 세울 수 있음을 의미한다.

삼위일체 하나님은 성부 하나님 품에 계신 성자 하나님과 성부 하나님 밖에서 성부 하나님을 품고 계신 하나님의 영(성령)이 상호 간의 소통함으로 하나님의 나라를 이루고 있는 신격 체이다. 한 몸을 이루신 하나님의 형상과 모양은 핵과류인 감복숭아(아몬드, 살구)와 같다(창 43:11). 딱딱한 껍데기 속에 들어 있는 핵은 성부 하나님 품에 계신 성자 하나님과 같고 딱딱한 껍질을 감싸고 있는 맛있는 과즙은 성령 하나님과 같다. 딱딱한 껍데기 속에 있던 핵이 껍데기를 깨고 밖으로 나와서 성령 하나님의 도움을 받아 새로운 감복숭아가 되는 것처럼, 성부 하나님 품에 말씀으로 계시던 성자께서 성부 하나님 품에서 빛이 되어 성령 하나님 안에서 여호와 하나님으로 일하시다가 사람의 몸을 입고 세상으로 오신 성자 예수님이 되셨다. 하나님의 뜻이 하늘에서 이루어지는 것처럼 땅에서도 이루어질 수 있게 땅을 창조하셨다. 하늘에 계신 하나님께서 흙 속에 하나님의 씨앗(성자)을 파종하여 신의 성품을 가진 하나님의 아들을 얻으시려는 계획이다.

흙으로 하나님의 형상과 모양을 가진 사람을 창조하여 그를 하나님의 아들로 세워 성자 하나님을 대신하여 세상을 다스리게 하셨다. 하나님께서 말씀으로 성자 하나님과 같은 사람을 창조하여 신의 성품을 가진 하나님의 사람으로 세우실 전능한 능력이 있으셨기에 이러한 놀라운 계획을 실행하셨다. 소가 소를 낳는 것처럼 전능하신 하나님께서 성자 하나님과 같은 형상으로 아담을 창조하시고 아담의 갈비뼈를 통하여 하나님의 영과 같은 모양으로 하와(신부)를 창조하셨다.

아담에게 하나님께서 창조하신 피조물의 이름을 짓게 하심은 왕으로 오신 성자 하나님과 같은 역할로 세워졌다는 뜻이다. 왕이신 성자께서 하나님의 나라를 다스리기 위해 제자들을 부르시고 이름을 주신 것처럼, 아담이 부여한 이름은 피조물을 창조하신 하나님의 뜻과 목적이 무엇인가를 나타낸다.

빛이 되신 성자 하나님과 하나님의 영이 한 몸을 이루신 하나님의 형상과 모양으로 여호와께서 아담과 하와에게 한 몸을 이루라 하셨다. 아담에게 둘이 하나 되라는 말씀은 하늘에 계신 성자 하나님과 땅에 있는 사람이 하나 되는 것과 같다. 이것은 하나님의 뜻이 땅에서 이루어지는 하나님의 나라를 하와(그리스도의 신부)의 몸 안에 세우기 위함이다. 하늘에 계신 성자 예수님의 형상으로 세워진 아담을 통하여 하나님 영의 모양으로 신부(하와)가 아담이 받은 말씀을 대신하게 하셨다. 영이란 자유의지로 빛(성자)을 받아들이거나 어둠(사탄-적대자)의 말을 받아들이므로 거룩한 빛의 영이 되거나 악한 어둠의 영이 되는 존재이다. 즉 그리스도의 신부인 하와는 여호와의 말씀을 전하는 아담의 말을 믿거나 뱀의 말을 믿음으로 자신의 영원한 영의 정체성을 확립하게 된다.

　하나님께서 창조하신 피조물을 아담에게 맡기심으로 아담이 하나님의 영 안에서 일하시는 여호와 하나님을 대신하여 피조물을 다스리게 되었다. 흙으로 만들어진 사람의 형체는 코에 생기가 들어가기 전에 이미 하나님의 영이 될 모양을 갖추고 있었다. 하나님의 영이란 하나님의 말씀을 드러내어 비추는 빛과 한 몸을 이루는 존재라는 뜻이다. 여호와께서 흙으로 만들어진 사람의 코에 불어넣은 생기(生氣)가 죽었던 영의 형체에 활기(活氣)를 주어 살아 있는 생령이 되게 하였다(7절; 고전 15:45). 생령이란 '기운을 차리다, 원기를 회복하다, 숨을 쉬다'에서 유래하여 '혼, 마음, 인격, 자신, 생명'이라는 뜻이다. 숨이 멈춘 사람의 코에 숨을 불어넣어 살려 내듯이 생명이 없는 흙으로 만든 사람의 코에 여호와께서 숨을 불어넣어 여호와의 생명이 살아 있는 생령이 되게 하신 것이다. 살아 있는 영이 된 아담은 땅에서 생명을 낳는 생명나무와 같다. 여호와 하나님과 같은 신격을 가진 아담이 여호와의 말씀으로 숨을 쉬며 여호와의 말씀을 대신하여 말하는 존재가 되었다는 뜻이다. 피조물의 이름들은 여호와의 생명을 가지고 여호와의 말씀을 대신하는 아담이 지어 준 것이다. 즉 아담은 여호와 하나님을 대신하는 신적인 존재라는 뜻이다(예수께서 이르시되 너희 율법에 기록된 바 내가 너희를 신이라 하였노라 하지 아니하였느냐 성경은 폐하지 못하나니 하나님의 말씀을 받은 사람들을 신이라 하셨거든-요 10:34-35).

여호와께서 아담이 홀로 독처하는 것을 좋지 않게 여기셨다(18절). 아담이 에덴동산에서 혼자서 영원히 죽지 않고 사는 삶이 여호와 하나님의 형상과 모양이 아니라는 뜻이다. 영과 혼과 몸으로 창조된 사람(살전 5:23)이 흙으로 된 몸(體)을 벗었을 때 사람의 영혼(영과 혼)은 예수 그리스도 안에서 한 몸을 이루게 된다. 여호와께서 아담의 갈비뼈로 여자(하와)를 창조하지 않으시고 아담처럼 흙으로 창조하셨다면 하와는 아담의 아내가 될 수 없다. 하와가 아담처럼 흙으로 창조되었다면 하와는 아담 안에 있지 않고 아담과 상관없는 아담 밖에 있는 존재로 아담의 아내(안에)가 될 수 없는 것이다(아내는 아담 안에 있는 존재라는 뜻으로 보인다 한글의 특성).

흙으로 만들어진 아담은 성자 하나님의 형상이며, 아담의 갈비뼈로 만들어진 하와는 하나님의 영과 같은 모양이며 아담의 영으로 대치된 아담의 신부이다. 따라서 아담의 신부인 하와는 성자 하나님의 관점으로 성자 하나님의 신부와 같은 존재이다. 성자 하나님께서 타락한 신부(모든 사람)를 사랑하듯이 아담은 선악과를 먹은 타락한 하와를 사랑해야 하는 성자 예수님의 형상이라는 뜻이다. 자기의 몸을 희생하여 타락한 하와를 사랑해야 하나님 영의 형상인 하와가 하늘에서(아담의 품) 땅으로 내려오시는 성자 하나님의 생명을 낳을 수 있게 된다. 성자 하나님처럼 남편인 아담이 연약한 아내를 사랑했을 때(벧전 3:7) 한 몸을 이룰 수 있는 짝(배필)이다(20절).

아담의 갈비뼈로 만들어진 하와는 하나님의 말씀을 생명으로 품는 하나님의 영과 같은 존재라는 뜻이다. 성자 예수님의 첫 번째 형상인 아담

족보로 보는성경 설계도 |

이 단단한 뼈대를 통하여 하나님의 말씀을 품는 하나님의 영과 같다는 뜻이다. 성자 예수님처럼 아담은 하나님의 말씀으로 말하고 다스림으로 에덴동산은 하나님의 뜻대로 이루어진 하나님의 나라이다. 하와를 아담의 갈비뼈로 창조하심은 하와가 아담의 말을 하나님 말씀으로 품는 하나님의 영과 같은 존재라는 것이다. 성자 예수께서 신부를 위해 자신을 희생하시는 것처럼 첫 번째 성자의 형상인 아담의 희생을 통하여 하와를 세울 수 있게 하신 것이다. 신부를 세우기 위해 십자가에서 죽으신 성자 예수께서 자기 뼈로 신부(모든 사람)를 세우려 하셨기에 로마 병정이 예수님의 뼈를 꺾지 않는다(시 34:20; 요 19:31-36). 이처럼 연약한 신부 하와를 아담이 세우지 못하면 아담은 성자 예수님을 본받는 첫째 아담이 아니라는 뜻이다. 아담의 배필이 된 하와가 성자 하나님의 형상인 아담의 말에 순종하면 성자 하나님의 영이 되고 뱀의 말을 따라 행하면 어둠의 영으로 대치되는 설계도이다. 아담의 사명은 자기 몸 밖에 있는 갈비뼈를 성자 하나님처럼 사랑하여 한 몸을 이루는 것이다.

하와의 이름은 '말하다, 선언하다, 알게 하다, 보이다'에서 유래한 '생명'이라는 뜻이다. 성자 하나님 신부의 모양으로 창조된 하와의 정체성은 성자 하나님의 생명(말씀)을 품고 그 생명(말씀)으로 말하여 생명을 낳는 하나님의 영과 같은 존재라는 뜻이다.

아담의 갈비뼈로 만든 하와를 아내로 맞이한 아담처럼 사람은 자기 아내를 자신처럼 사랑하여 한 몸을 이루었을 때 에덴동산(하늘나라)을 이루게 된다. 전능하신 하나님께서 사람을 나른 피조물과 다르게 하나님의 형상과 모양으로 만들어 사람이 신성한 신의 성품을 가진 신이 되게 하셨다

(요 10:34-35). 세 분 하나님께서 하나 됨을 통하여 일하시는 것처럼 아버지(아담)와 어머니(하와)의 말씀이 자녀를 통하여 후손으로 하나님의 나라가 계승되게 하신 것이 하나님의 형상과 모양이다. 아담에게 하와가 없다면 생육하고 번성하여 충만함으로 정복하고 다스리는 삶의 목적을 이룰 수 없다. 하나님께서 삼위 하나님의 형상과 모양처럼 사람을 세 영역으로 나누어 하나님의 뜻이 이루어지게 하셨다. 하나님께서 자신의 모양을 따라 하나님 품에 계시던 성자(말씀)께서 궁창을 통하여 궁창 아래로 내려왔다가 다시 궁창 위로 올라가는 세 영역으로 나누어 놓으셨다. 하나님께서 이러한 세 영역을 바탕으로 사람을 영과 혼과 몸으로 창조하셔서 자유의지를 가진 사람이 하나님의 형상과 모양을 회복할 수 있게 하셨다.

여호와께서 아담을 깊이 잠들게 하셨다는 것은 아담이 자신의 의지를 여호와 하나님(주님)께 내려놓았다는 것을 의미한다. 사람을 인격적으로 창조하신 여호와께서 성자의 형상인 아담이 죽은 것처럼 잠들게 하셔서 그리스도의 신부인 하와가 세워짐을 보여 주신 것이다. 만약 아담이 여호와 하나님의 모든 계획을 신뢰하지 않았다면 그는 잠들 수 없었을 것이며, 강제로 잠들게 하였다면 여호와께서 아담의 인격을 짓밟는 행위를 하게 되어 하나님이 될 수 없다. 아담을 잠들게 하셨다는 것은 성자께서 성령 하나님께 자신을 내려놓았을 때 죽은 사람처럼 잠들게 하셨다가 부활하게 하심으로 모든 그리스도의 신부를 성자 예수님 안에서 거듭나게 하심과 같다. 여호와께서 성자 예수님을 본받는 첫 번째 아담의 믿음을 통하여 미리 아신 하와를 세워 하나님의 영처럼 여호와의 말씀으로 아담의 생명을 대신하여 낳게 하셨다. 하나님의 아들로 세워진 그리스도인이 아담처럼 자신의 의지를 성령 하나님께 맡길 때 또 다른 그리스도인을 낳게 되는 것과 같다.

에덴동산 중앙에 생명나무와 선악을 알게 하는 나무를 두심은 사람을 창조하여 하나님의 형상과 모양으로 자신을 변화시킨 사람을 새 하늘과 새 땅에서 성자 하나님과 주님의 영으로 대치되게 하시려는 것으로 보인다. 만약 하나님께서 에덴동산에 이 두 나무를 두지 않으셨다면 뱀이 있는 에덴에서 하나님의 형상과 모양을 가진 인격체를 창조하실 수 없다.

3) 설계도 #3 - 창세기 3장

창세기 3장 설계도(#1-#3)는 사람을 빛으로 붉어지게 하는 믿음의 주께서(#1) 사람을 죽을 수밖에 없게 하는 말씀 설계도(#3)이다(3대 에노스-죽을 수밖에 없는 존재). 빛의 형상으로 붉어진 아담을 믿음으로 죽을 수밖에 없게 하는 3장이다.

여호와께서 창조하신 에덴동산에는 여호와의 말씀으로 정복하고 다스리는 아담의 말을 순종하거나 타락한 천사(사탄)의 말을 따라 행동할 수 있는 뱀이 살고 있었다. 여호와의 말씀을 품고 있는 아담은 충성스러운 성자의 형상이며 뱀은 간교한 사탄의 형상이다. '뱀'은 '징조를 찾아서 주다, 징조를 보다'에서 유래하였다. 징조를 찾아서 사람에게 주는 뱀은 하늘에서는 타락한 천사이며, 땅에서는 사람을 물어 죽이는 독사이다. 여호와께서 기름을 부어 세운 그룹(cherub-천사)은 에덴을 지키는 사역을 받았다(겔 28:14).

천사는 하나님과 사람 사이에서 하나님께서 명하신 일을 하늘에서 수행하는 사자이다. 여호와께서 천사에게 여호와 하나님처럼 스스로 자신의 정체성을 결정하는 자유의지를 주셨다. 하나님의 자리에 앉고자 하는 헛된 마음을 품은 타락한 천사가 에덴을 지키는 자신의 위치를 벗어나 마귀(魔鬼)가 되었다(겔 28:15; 유 1:6). 하나님의 뜻을 거역하고 자신의 영광을 취하여 새로운 아침을 여는 계명성(啟明星)은 사탄(마귀)의 명칭이다(사 14:12). 징조를 볼 수 있는 뱀은 자신의 영광을 나타내려는 간교함을 가지고 있었다. 여호와의 말씀을 사람에게 전달하는 천사가 아름다운 땅 에덴(하나님의 나라)을 지키는 것은 곧 하나님의 나라와 하나님의 성전으로 세워진 하와를 지키는 것을 말한다. 흑심(黑心)을 품은 사탄(마귀)이 뱀을 이용하여 하와가 선악과를 먹도록 유혹하였다. 여호와께서 사람처럼 천사와 뱀에게도 자유의지를 주셨기에 잠잠히 지켜보실 뿐이다. 방임(放任)하는 것이 아니라 자유의지를 가진 자신의 형상으로 창조하신 사람이 저지른 죄의 문제를 자신이 사람이 되어 죽임을 당하심으로 해결하시는 책임을 다하셨다. 하와는 여호와의 말씀을 품거나 사탄(어둠)의 말을 품을 수 있는 인격적인 존재이다. 여호와께서 이렇게 하시는 이유는 하와(신부)가 하나님의 영처럼 스스로 자신의 정체성을 결정할 수 있는 존재이기 때문이다. 여호와께서 하와를 자신의 형상과 모양으로 창조하신 것은 나중에 주님(여호와 하나님)을 대신하여 하늘나라를 다스릴 수 있게 하시려는 것이다(눅 19:17-19).

뱀이 성자의 형상인 아담을 유혹하지 않고 하나님의 영의 모양으로 세워진 하와를 유혹한 것은 아담보다 더 연약한 존재이기 때문이다(벧전 3:7). 아담은 하나님 말씀이신 성자 예수님처럼 자신이 정복하고 다스리

족보로 보는성경 설계도 |

는 나라(에덴동산)에서 사탄을 물리칠 수 있는 존재이며, 하와는 여호와의 말씀을 잉태하여 사람을 낳는 성자의 신부 역할이다(딤전 2:11-15). 하와는 뱀의 유혹에 넘어가 세상에서 여호와 하나님의 자리에 앉은 여왕(女王)처럼 자신이 원하는 삶을 사는 꿈을 꾸게 되었다. 에덴동산을 다스리는 아담이 여호와의 말씀으로 뱀(사탄)을 정복하고 다스림으로 에덴동산에서 쫓아낸다면, 뱀과 하나 된 하와도 에덴동산에서 살 수 없어 어둠이 다스리는 영역으로 나가야 한다. 선악과를 먹은 하와는 여호와의 말씀으로 입은 옷을 벗어 버린 뱀처럼 되었지만, 부끄러움을 깨닫지 못하는 존재가 되어 여호와 하나님과 영원히 분리되어 어둠(사탄)의 말을 품은 어둠의 영이 되었다. 사탄(어둠)의 영이 된 하와는 사탄과 한 몸이 되어 아담을 다스리려는 흑심을 품고 선악과를 아담에게 준다. 자신을 넘어뜨리려는 하와의 의도를 알고 있는 아담은 하와를 위해 성자 예수님을 바라보는 믿음으로 선악과를 먹음으로 하와를 대신하여 하와의 죄를 짊어지실 성자 예수님을 본받는다. 여왕이 되어 남편을 다스리려는 하와의 마음을 아신 여호와께서 남편의 다스림을 받게 하셨다(16절). 이는 장차 성자께서 타락한 신부(모든 사람)의 주님이 될 수 있는 기초를 세우심이다. 신부인 하와가 남편 된 성자 하나님을 사모하게 함으로 성자께서 말씀으로 신부를 다스릴 수 있게 하셨다.

여호와께서 하와가 태어나기 전에 아담에게 선악과를 먹으면 정녕 죽는 율법(律法)을 세우셨다(창 2:17). 정녕 죽는 것은 몸과 함께 영이 죽게 되어 영원히 여호와 하나님과 분리되는 것을 말한다. 아담이 하와가 주는 선악과를 먹었던 것은 사탄과 한 몸을 이룬 하와를 둘째 아담으로 오실 성자 하나님께서 구원하실 것을 믿음으로 바라본 것이다. 영이 죽은 하와를 다시 구원하는 방법은 선악과의 율법을 세우시고 사람(아담)을 창조하신 여호와께서 사람이 지은 죄를 대신 감당해야 한다. 여호와께서 정해 놓으신 율법은 소가 다른 사람의 소를 받아 죽이면 죽은 소의 주인에게 살아 있는 소를 주어야 한다(출 21:35-36). 이것은 죽은 소(아담)를 살리려고 성자께서 자기 몸을 사탄에게 내어주실 것을 의미한다. 하나님께서 창조하신 세상의 모든 피조물의 목적을 알고 있는 아담에게 모든 피조물의 이름을 짓게 하셨다. 피조물을 창조하신 목적을 알고 있는 아담은 자신의 사명도 알고 있었다고 보는 것이 타당하다. 사탄은 모든 하나님의 뜻을 알고 있는 아담보다 연약한 하와를 유혹하여 넘어지게 하였다. 하와를 살릴 수 있는 성자 예수님을 바라보는 믿음으로 선악과를 먹는 아담을 통하여 신부를 위해 자신의 생명을 내려놓는 성자 예수님의 모습을 나타내셨다. 만약 아담이 알지 못했다면 여호와께서 성자 하나님과 같은 존재로 아담을 창조하지 않으셨다는 뜻이다.

아담을 성자 하나님과 같은 상태로 창조하지 않았다면 하나님의 형상과 모양으로 창조하셨다는 말씀은 거짓이 된다. 생령이 된 아담은 하와를 위해 선악과를 먹고 죽은 영이 되었고, 마지막 아담(성자)은 죽은 영이 된 신부(아담과 하와)를 살려 주는 영이 되셨다는 말씀(고전 15:45)은 아담과 예수님이 동등한 상태라는 의미이다. 아담이 성자 하나님과 같은 존재가 되지 못하면 같은 것으로 대속하는 여호와의 율법에 어긋난다. 그리고 능력이 없는 아담에게 만물을 정복하고 다스리라고 맡겼다는 것은 아담이 죄를 지을 수밖에 없는 상태로 창조하신 하나님께서 비난받게 된다. 백성을 정복하고 다스리는 왕은 그의 나라와 운명을 같이하여 왕이 적에게 무릎을 꿇으면 왕과 그의 나라는 세상에서 사라지게 된다. 이처럼 에덴동산을 다스리던 아담이 선악과를 먹음으로 하나님의 나라(에덴동산)는 세상에서 사라지게 되었다.

하나님의 창조 사역은 아담과 하와를 창조하심으로 완성되어 일곱째 날에 안식하셨다. 말씀이요 영이신 하나님께서 사람(아담과 하와)을 성전으로 삼으시고 사람의 품에 안식하셨다. 여호와께서 타락한 사람을 세상으로 보내어 세상에서 사람을 새롭게 창조하여 잃어버린 본향(에덴동산-하늘나라)을 찾아가게 하신다. 말씀이신 성자 하나님께서 선악과를 먹은 1대 아담을 통하여 타락한 신부를 사랑하심을 나타내셨다. 하나님께서 아담 안에 안식하고 계시다가 하와를 위해 아담을 통하여 자신을 내려놓으셨다. 선악과를 먹은 두 사람이 한 몸을 이루어 타락한 사람(예수 그리스도의 신부)이 되었고 빛이신 하나님께서 어둠 속에서 자신의 형상을 창조하시는 빛의 사역을 세상에서 다시 시작하게 되었다. 아담이 선악과를 먹는 순간 빛을 비추는 하나님의 나라는 사라졌고 하늘과 땅의 모든 권세는 어둠(사탄)이 잡게 되었다.

"네가 어디 있느냐?"(9절)

여호와께서 여호와의 말씀을 떠난 아담을 찾으셨다. 여호와께서 아담이 있는 곳을 몰라서 찾는 것이 아니라 회개할 기회를 주시려는 것이다. 또한 어둠이 주관하게 된 에덴동산은 더 이상 여호와께서 다스리는 나라가 아닌 어둠이 다스리기는 나라이기에 여호와께서 선악과를 먹기 전의 아담을 대하듯이 할 수 없었다. 아담은 여호와의 말씀으로 입었던 옷을 벗었다고 말한다. 이는 여호와께서 먹지 말라고 하신 선악과를 먹었다는 고백과 같다. 아담이 벗었다고 하자 여호와께서 선악과를 먹었느냐고 물으심은 여호와의 말씀으로 입었던 옷을 벗을 수 있는 유일한 길이 선악과이기 때문이다. 아담이 여호와께 벗었다고 말한 것은 여호와 하나님께 나아갈 수 없는 하와와 한 몸을 이룬 아담이 하와의 죄를 대신 짊어진 것으로 보아야 할 것이다. 이는 타락한 신부의 죄를 대신 짊어지고 성부 하나님께 나아가신 성자 예수님을 본받는 아담의 모습이기 때문이다. 이러한 믿음이 없이는 예수 그리스도 안에서 죽음과 부활에 아담이 동참할 수 없기 때문이다.

예수 그리스도 이전에는 하와를 대신하여 십자가를 짊어지는 성자 예수님을 바라보는 믿음을 통하여 죄에서 구원받아 예수 그리스도 안에서 부활에 이를 수 있다. 또한 여호와께서 주신 여자가 선악과를 주었기에 먹었다는 말은 여호와께서 한 몸을 이루라는 말씀에 순종하였다는 의미로 보는 것이 타당하다(창 2:24). 성자 하나님과 같은 형상으로 창조된 아담은 성자 예수께서 하나님 아버지의 말씀에 믿음으로 순종하신 것처럼 아담은 한 몸을 이루라는 말씀에 믿음으로 순종한 것이다. 사탄을 말씀으로 정복하고 다스릴 수 있는 성자께서 타락한 신부가 아니면 사탄에게 자신을 넘겨줄 수 없는 것처럼, 뱀을 말씀으로 정복하고 다스릴 수 있는 아담도 타락한 하와가 아니면 자신을 사탄에게 넘겨줄 수 없다.

여호와께서 짐승의 가죽으로 두 사람에게 가죽옷을 입혀주셨다. 사람의 죄 때문에 죽은 짐승은 죄인을 위해 죽임을 당하실 성자 예수님의 형상이다. 여호와께서 창조하신 사람을 대신하여 자신이 죽게 됨을 나타내신 것이다. 죄가 사람에게 들어오게 된 것은 아담의 죄가 아니라 하와의 죄 때문이다(딤전 2:14). 첫째 아담부터 시작된 성자 예수님을 본받는 사람들은 죄인을 위해 욕된 삶을 통하여 영광스러운 모습으로 부활하게 될 것을 믿었던 사람들이다(고전 15:43-47; 히 11:35). 여호와께서 하와와 한 몸을 이룬 사탄을 심판하시는 것을 보류하여 하와의 몸을 보호하셨다. 여호와께서 아담에게 가죽옷을 입혀 마지막 아담(성자)과 같이 되게 하셨다 (22절). 선악과를 먹고 죽을 수밖에 없는 아담과 하와에게 가죽옷을 입게 하심은 그들이 자기를 위해 죽은 짐승처럼 주를 위해 살게 하여 성자 예수님 안에서 부활할 수 있게 하심이다. 아담이 성자 하나님과 같은 형상이 되어 여호와께서 아담의 혈통을 타고 마지막 아담(64대)으로 오실 수 있는 길이 열리게 되었다. 여호와께서 짐승의 옷(가죽옷)을 입은 사람의 혈통을 타고 64대 아담(예수)으로 오셔서 사람을 대신하여 짐승처럼 죽어 주심으로 죽은 사람의 영혼을 구원하실 것임을 의미한다. 이때부터 사람들이 짐승(성자의 형상)을 잡아 제사를 지냄으로 자기 죄를 대속하실 성자 예수님을 바라보게 되었다. 여호와의 말씀을 벗어 버렸던 아담이 잠깐 짐승의 옷을 입었다가 성자 예수님의 죽음을 통해 예수님과 한 몸이 됨을 뜻한다.

성자 예수님의 이름으로 옷 입은 그리스도인은 성자 예수님처럼 자신을 희생하는 십자가를 지지 않고는 생명을 낳을 수 없다. 성자 예수께서 오시기 전 아담은 성자 하나님의 신부 된 하와를 사랑하여 자신을 희생하는 삶이며, 예수께서 오신 후 그리스도인은 자신이 성자 하나님과 같은 형상이 되어 이웃을 사랑함으로 자신을 희생하는 삶이다. 죄인을 사랑하여 십자가를 짊어지신 성자 예수님처럼 사랑하는 가족과 이웃을 위해 십자가를 지지 않는 그리스도인은 하나님의 나라에 합당하지 않다(마 10:38).

여호와께서 에덴동산에서 아담과 하와를 쫓아내신 것은 여호와의 말씀으로 입었던 옷을 벗어 버렸기 때문이다. 여호와께서 여호와의 말씀으로 옷 입은 사람을 자신의 성전으로 삼으시려고 사람을 창조하셨다. 타락한 사람 때문에 여호와께서 세상에 거하실 집(성전)이 없어져 어둠이 다스리는 세상으로 여호와께서 아담의 후손(족보)을 통하여 한 걸음씩 하늘에서 땅에 있는 그리스도 신부의 마음으로 내려오셨다. 아담의 후손들에게 말씀하신 분은 예수님이셨고(요 8:25), 자신이 거하실 집(성전)을 잃어버리신 여호와께서 머리 둘 곳이 없어(마 8:20), 세상으로 내려오셔서 무너진 하나님의 성전(하와의 몸)을 회복하셨다.

4) 설계도 #4 - 창세기 4장

창세기 4장 설계도(#1-#4)는 사람을 빛으로 붉어지게 하는 믿음의 주께서(#1) 사람이 주님을 소유하게 하는 말씀 설계도(#4)이다(4대 게난-소유). 3장에서 그리스도의 신부인 하와를 위해 선악과를 먹은 아담이 가죽옷을 입음으로 그리스도의 신부를 위해 죽을 수밖에 없는 성자 예수님의 형상이 되었다(창 3:22). 4장은 죽을 수밖에 없는 타락한 사람을 세워 주님을 신랑으로 소유할 수 있게 하는 과정이다.

인격을 가진 사람이 자신을 내려놓지 않으면 큰 광명(해)이신 여호와 하나님을 주님으로 맞이할 수 없다. 빛을 잃은 달과 같은 사람이 빛(큰 광명)이신 주님을 소유할 수 있도록 창세기 4장을 설계하셨다. 여호와께서 이러한 목적을 이루기 위하여 여호와 하나님께 가인과 아벨이 소제와 번제를 드리는 내용을 기록하셨다. 여호와께서 받으시는 제사는 성자 예수님을 상징하는 제물을 드렸을 때 여호와께서 타락한 사람의 죄를 사하셨다는 것을 의미한다. 이러한 제사를 통하여 믿음으로 성자 하나님과 한 몸이 되는 제사법을 세우셨기에 믿음의 주가 되신다.

첫째 아담의 역할을 대신하는 가인이 드린 소제(素祭-grain offering)의 제사는 아담이 하와를 위해 선악과를 먹고 그의 몸을 소제(掃除)하는 것과 같다. 둘째 아담(성자)의 역할을 대신하는 아벨이 드린 번제(燔祭 -burnt offering)의 제사는 성자께서 죄인을 대신하여 자기의 몸을 드리는 것과 같다. 목자가 이끄는 대로 코로 숨을 쉬며 살다가 죽으면서 하늘을 향하여 호소하는 양의 첫 새끼로 드리는 제사는 성자 예수님의 형상이다. 곡물을 곱게 갈아서 드리는 소제는 하와를 위해 헌신한 아담이 자기 몸을 바쳐 여호와께 드리는 제사와 같다. 피를 흘리고 죽은 몸(육체)을 불태워 드리는 화제(번제)는 영이요 말씀이신 여호와께서 죄인을 위해 육체로 오셨다가 죽음으로 다시 영으로 돌아가게 됨을 나타내는 제사이다.

아담이 하와를 위해 선악과를 먹는 헌신을 하였지만, 여호와 하나님 앞에 벌거벗고 부끄럽게 된 것처럼, 여호와께서 가인과 그의 제물(땅의 소산-곡물)로 드려진 소제를 받지 않으심으로 그를 부끄럽게 하셨다. 여호와께서 양의 첫 새끼와 기름으로 드린 아벨과 그의 제물은 받으셨다. 여호와께서 예수 그리스도를 본받는 삶이 없는 제사는 받지 않으시고 예수 그리스도를 본받는 삶으로 드려진 제사를 받으심을 가인과 아벨에게 알려 주셨다. 여호와께서 제물을 드리는 사람의 마음을 받으시기에 가인의 제사는 여호와를 경외하는 마음이 없는 제사이었음을 알려 주신 것이다. 제사를 받으신 여호와께서 아벨의 삶이 성자께서 자기 몸을 사탄에게 내어주심을 본받는 산 제사가 되도록 가인에게 죽임을 당하는 것을 허용하셨다.

아담과 달리 가인은 회개하지 않고 오히려 아벨을 죽였고 가인에게 죽임을 당한 아벨은 십자가 위에서 하나님께 호소하신 성자 예수님처럼 여호와께 호소하였다(10절). 여호와께 드린 아벨의 호소는 자신을 죽인 가인을 용서해 달라는 성자 예수님의 기도와 같다. 스데반 집사의 호소로 사울이 바울로 변화되는 것처럼(행 7:60), 아벨의 호소로 가인을 구원하는 길이 열리게 된다.

"네가 밭을 갈아도 땅이 다시는 그 효력을 네게 주지 아니할 것이요 너는 땅에서 피하며 유리하는 자가 되리라"(12절). 흙으로 만들어진 가인이 성자의 생명을 간직하지 못하고 피를 흘렸기에 땅의 저주를 받게 되어 땅에서 유리하게 되었다. 아담이 하와를 위해 선악과를 먹고 가죽옷을 입은 것은 아담의 후손으로 성자께서 내려오실 것이라는 의미이다. 즉 땅에서 유리하게 된 가인의 후손을 통하여 가인을 구원하실 성자께서 오실 수 없다는 뜻이다.

"여호와께서 그에게 이르시되 그렇지 아니하다 가인을 죽이는 자는 벌을 칠 배나 받으리라 하시고 가인에게 표를 주사 그를 만나는 모든 사람에게서 죽임을 면하게 하시니라"(15절). 가인이 여호와께서 내리신 벌이 너무 가중하다고 여호와께 호소하였을 때 여호와께서 가인을 구원하기 위해 하신 말씀이다. 가인을 죽이는 자에게 가인이 받은 벌에 7배를 더하셨다는 것은, 여호와께서 사탄에게 넘어진 가인을 다시 살리시기 위해 사람의 죄를 대신 짊어지시는 일곱 명의 성자의 형상이 필요하다는 뜻이다. 여호와께서 가인을 대신하여 성자의 형상으로 세우신 일곱 명의 사람을 세상으로 보내어 땅에서 유리하다가 하늘로 데려가심으로 땅에서 유리하는 가인을 예수 그리스도 안에서 구원하기 위함이다. 즉 죄인을 대신하여 십자가를 짊어지는 일곱 명의 사람을 성자의 형상으로 세워 가인

이 성자 예수님 안에서 구원받게 하셨다는 뜻이다. 일곱 명의 사람은 1대 아담부터 7대 에녹이며 이들은 땅에서 유리하게 된 타락한 가인을 땅에서 구원하는 성자의 형상이라는 뜻이다. 땅에서 유리하다가 죽어 하늘로 올라갈 수 없는 가인의 삶을 성자의 7대 형상인 에녹을 통하여 가인이 하늘로 올라갈 수 있음을 나타내셨다. 타락한 하와가 아담을 성자 예수님을 바라보는 믿음으로 마음을 다해 사랑함으로 예수 안에서 구원을 얻게 하심처럼, 가인은 타락한 사람의 후손을 통하여 오실 성자의 형상인 에녹 안에서 안식을 얻을 수 있게 하셨다. 가인이 아들의 이름을 7대 에녹과 같은 이름으로 짓고 성의 이름도 에녹 성이라 하여 성자의 형상인 에녹 안에서 땅에서 하늘로 올라갈 것을 소망하였다는 뜻이다.

가인의 소망이 된 7대 에녹처럼 7대 라멕(가인의 후손)은 타락한 모든 사람의 소망이 되었다. 라멕의 이름은 '강한 자, 힘센, 능력 있는 것'이라는 뜻이다. 백성을 정복하고 다스리는 능력 있는 왕과 같은 존재가 된 라멕이 두 아내를 얻은 것은 빛과 어둠의 영역을 주관하게 되었다는 뜻이다. 라멕은 하나님의 자리에 앉아 아내 '아다'를 통하여 목축하는 야발과 수금과 퉁소를 잡는 유발을 낳았고, '씰라'를 통하여 구리와 쇠를 가지고 각종 기구를 만드는 두발가인을 낳았다. 하나님의 양을 목축하고 하나님을 찬양하는 빛의 영역과 각종 무기를 만들어 세상을 정복하고 다스리는 어둠의 영역을 라멕이 쥐게 되었다는 뜻이다. 사탄에게 넘어진 가인이 성자의 형상인 동생 아벨을 죽인 것처럼, 라멕도 소년을 죽인다.

"나의 상처(창상)로 말미암아 내가 사람을 죽였고 나의 상함으로 말미암아 내가 소년을 죽였노라. 가인을 위하여는 벌이 칠 배일진대 라멕을

위하여는 벌이 칠십칠 배이리로다"(23-24절).

이는 아담의 죄로 말미암아 가인이 아벨을 죽였고 가인처럼 자신도 성자의 형상인 소년을 죽이게 되었다는 뜻이다. 아담 속에 계셔서 아담의 족보를 타고 세상으로 내려오고 계신 성자 예수님은 아직 온전한 몸을 입은 성년이 되지 못한 소년으로 나타내신 것으로 보인다. 성자의 형상인 아벨을 가인이 죽였기에 가인을 죽인 자는 7배의 벌을 받고, 자신은 성자의 형상인 소년을 죽였기에 라멕을 죽인 자는 77배의 벌을 받게 될 것이라는 뜻이다. 이 말씀은 라멕이 교만하여 자신을 죽일 수가 없다는 관점으로 볼 수 있으나, 하나님께서 기록하신 말씀이라는 관점으로 보면, 사탄에게 사로잡힌 라멕을 구원하시기 위해 77명의 사람이 성자 예수님의 형상으로 세워져야 함을 의미한다. 땅에서 유리하게 된 가인을 땅에서 하늘로 올라갈 수 있도록 7대 에녹을 바라보게 하신 것처럼, 라멕은 77대 만에 땅에서 하나님의 품으로 올라갈 수 있음을 알려 주신 것이다. 세상으로 내려오신 성자 예수님 안에서 하나님 품으로 올라가는 과정은 77대로 이루어진 거꾸로 된 하와의 족보이다(눅 3:23-38). 타락한 라멕은 하늘에서 내려오는 아담의 족보 안에 들어올 수 없어 땅에서 하늘로 올라가는 77대로 이루어진 하와의 족보를 바라보게 하셨다. 가인을 포함하여 타락한 사람을 땅에서 하늘(하나님의 품)로 올라갈 수 있도록 하나님께서 성경 말씀을 주셨다. 창세기 4장에 이러한 내용을 기록하심은 타락하여 주님을 소유할 수 없었던 사람을 세워 주님을 소유할 수 있게 하심이다.

가인의 후손에 대한 말씀 뒤에 2대 셋과 3대 에노스가 태어났다고 기록하셨다(25절). 순서로 보면 이들이 7대 라멕보다 먼저 태어났지만, 나중

족보로 보는 성경 설계도 I

에 기록하심은 여호와께서 타락한 사람이 믿음으로 주님을 소유하는 과정을 나타내기 위함이다. 3대 에노스가 태어나자 사람들이 여호와의 이름을 부르게 된다(26절). 이것은 여호와께서 죄인을 대신하여 죽을 수밖에 없는 사람(3대 에노스)으로 오실 것을 고대하고 믿었다는 뜻이다. 여호와께서 고난 가운데 부르짖는 사람들이 믿음으로 주님(여호와 하나님)을 소유할 수 있게 되었음을 보여 주셨다. 여호와께서는 아벨을 죽인 가인과 소년(성자)을 죽인 라멕과 같은 악인에게도 공평하게 은혜를 베풀어(마 5:45) 여호와의 이름을 부름으로 여호와 하나님을 주님으로 소유할 수 있게 하신다. 하나님께서 기록하신 하나님의 말씀은 의인을 위한 말씀이 아니라 사람을 죽인 가인과 라멕과 같은 죄인을 구원하기 위한 성자 하나님의 발자취를 나타내기 위함이다.

5) 설계도 #5 - 창세기 5장

창세기 5장 설계도(#1-#5)는 사람을 빛으로 붉어지게 하는 믿음의 주께서(#1) 사람이 하나님을 찬양하게 하는 말씀 설계도(#5)이다(5대 마할랄렐-하나님을 찬양). 5장은 주님을 소유한 사람들이 아들을 낳아 성자 하나님의 형상으로 세우고 죽음으로 아들들이 하나님을 찬양하는 과정이다.

5장은 1대 아담부터 10대 아담(노아)까지 자신의 형상과 모양을 가진 사람을 세우고 역사 속으로 사라지는 과정을 기록하셨다. 하나님께서 자신의 형상과 모양으로 사람을 세우신 것처럼, 아담이 자기 형상과 모양으로 셋을 낳고(창 5:3) 역사 속으로 사라지는 과정을 1대 아담부터 10대 노아까지 기록하셨다. 1대 아담부터 9대 라멕까지는 한 명의 아들을 기록하셨으나 10대 노아는 세 명의 아들을 기록하셨다. 이는 세 아들을 통하여 삼위 하나님의 역할을 나타내시기 위함이다.

여호와의 말씀으로 창조된 사람은 자신 안에 살아 계신 주님(여호와의 말씀)이 사람이 되어 나타날 수 있게 하는 것을 의미한다.

1대 아담은 그의 사명처럼 2대 셋을 낳아 빛의 형상으로 붉어지게 하고 자신은 어둠 속으로 사라지므로 2대 셋을 통하여 하나님을 찬양하게 하였고, 2대 셋은 3대 에노스를 낳아 여호와의 말씀을 대신하게 하고 자신은 어둠 속으로 사라지므로 남겨진 에노스를 통하여 하나님을 찬양하게 하였다. 10대 노아는 세 아들을 새로운 땅에 안식하게 하고 자신은 어둠 속으로 사라지므로 남겨진 세 아들을 통하여 하나님을 찬양하게 하였다. 십분의 일(1/10)은 말씀이 땅에 떨어져 나타난 성자의 첫 번째 형상(1대 아담)이며, 십(10/10)은 말씀이 결실하게 된 성자의 열 번째 형상(10대 노아)이다.

아담 안에 계신 성자(말씀)께서 하나님 영의 형상인 하와를 통하여 2대 아담(셋)을 세우셨다. 하와의 몸으로 2대 셋을 낳았으나 아담이 셋을 낳았다고 하심은(창 5:3) 아담과 하와를 한 몸으로 여기셨다는 뜻이다. 아담의 뼈로 만들어진 하와 없이는 아담이 존재할 수 없는 것처럼, 말씀이신 성자 하나님과 하나님의 영은 한 몸을 이루고 계신다는 뜻이다(창 2:24). 아담이 선악과를 먹고 타락한 하와와 한 몸을 이룸으로 셋이 나타났다고 여기시는 하나님의 관점이다. 빛이신 성자 예수님을 본받는 아담의 삶을 통하여 나타난 2대 셋은 두 번째 성자 하나님의 형상이며 아담과 하와는 성부(아버지)와 성령(어머니)의 형상이다. 아담과 하와는 성자의 형상인 셋을 통하여 삼위 하나님의 형상을 이루어 하나님을 찬양하였다.

성부 하나님 품에 계시던 성자(말씀)께서 하늘에서 땅으로 내려오시는 과정이 아담의 족보라 하였다. 하나님께서 예수님 족보에 기록된 사람들이 아들을 낳았을 때 나이와 향년을 빠짐없이 적어 놓으신 이유는 이 숫자를 통하여 하나님의 말씀을 계시하기 위함으로 보인다. 아담이 130세가 되었을 때부터는 아담의 품에 계시던 성자께서 2대 셋을 통하여 하늘에서 땅으로 내려오심을 나타내셨다. 130세가 된 아담은 하늘에 계신 성부 하나님의 형상이며 셋은 성자 하나님의 형상이다. 성자께서 셋의 품으로 들어가셔서 성부의 형상인 아담은 셋이 성자의 형상으로 자라기를 바랄 뿐이다. 이러한 모습은 성부 하나님의 형상인 야곱(이스라엘)이 130세에 가나안을 떠나 애굽으로 내려간 것과 같다(창 47:9). 아담의 품(하늘)에 계시던 여호와께서 흙으로 지어진 셋의 품으로 들어가 셋을 통하여 일하신 것처럼, 여호와께서 요셉을 통하여 일하심으로 요셉이 아버지 야곱(이스라엘)을 애굽으로 내려오게 하였다. 애굽으로 내려간 이스라엘(야곱)은 하늘에 계신 여호와께서 타락한 사람 때문에 자신의 영광을 내려놓고 세상으로 내려오신 것을 상징한다. 여호와께서 이스라엘을 통하여 세상으로 내려와 바로 왕을 축복하는 것은 430년 후에 사탄에게 빼앗긴 자기 백성을 죄에서 구원하기 위함이다.

아담의 후손들은 여호와의 말씀이 흙으로 창조된 사람을 세우는 말씀(성자)의 여정을 하나님의 주관적인 관점으로 기록하신 것이라 하였다. 아담이 자신의 형상과 모양을 가진 2대 셋을 자기 열매로 세움으로 셋을 통하여 하나님을 찬양하게 되었다. 사람은 자신의 품에 계신 성자 하나님을 다른 사람에게 드러내어 밝힘으로 말씀(성자)이 세상으로 전달되어 또다른 사람을 하나님의 형상으로 세우는 역할이다. 여호와의 말씀으로 흙에서 창조된 아담이 130세에 2대 셋을 낳았다는 것은 말씀이신 성자께서 사람이 되어 130년 동안 빛을 비추어 나타난 결과라는 뜻이다. 하나님께서 성령으로 기록해 주신 한 장(章)의 말씀은 여호와께서 말씀으로 파종하신 씨가 땅에 떨어져 열매를 거두는 1년으로 보는 관점이다(역자 주). 하나님께서 선포하신 말씀이 땅에 떨어져 열매를 맺는 것처럼, 흙으로 만들어진 사람의 형체 안에 떨어진 하나님의 말씀이 결실하여 아담과 하와를 창조하심을 창세기 1장으로 나타내셨다.

"구약 히브리어 본문의 장과 절 구분이 있기 전부터 일찍이 쿰란에서 발견된 사본에도 문단 구분이 나타납니다. 마소라 본문 사본을 보면, 시편을 제외한 구약 전체가 문단으로 구분되어 있습니다. 두 종류의 문단 구분이 있습니다. 하나는 열린 문단(프툭하 open paragraph)이고 다른 하나는 닫힌 문단(쓰투마 closed paragraph)입니다. 열린 문단이란 완전히 행(行)을 바꾸어서 쓴 새로운 문단을 일컫습니다. 현대적 의미의 새로운 문단과 같은 것입니다. 닫힌 문단이란 같은 행 안에서 몇 자를 띄어서 새로운 문단을 시작하는 것입니다. 앞 문단과 뒤 새 문단이 행으로 구분되지 않고 몇 자를 띄운 공간으로 구분이 되는 것입니다."(출처: 대한성서공회)

이처럼 하나님께서 히브리어 원문의 말씀을 열린 문단과 닫힌 문단으로 나누어 놓으신 것을 현재 우리가 사용하고 있는 성경은 장(章)으로 구

족보로 보는 성경 설계도 I

별하여 사용하게 되었다. 하나님께서 땅에 떨어진 씨앗이 발아하여 열매를 맺어 또 다른 씨앗을 남기는 과정을 1년으로 설정하신 것처럼, 한 장의 말씀은 여호와의 말씀으로 파종한 씨앗이 열매를 맺는 과정이다. 하나의 씨가 하나님께서 원하는 열매를 맺는 것처럼 성경 말씀의 한 장(章)은 하나님께서 세우기를 원하는 사람이 완성되었다는 뜻이다. 하나님께서 성자 하나님의 형상을 본받는 한 사람을 세우는 한 장의 말씀은 곧 성자 하나님의 정체성인 하나의 주제를 완성하기 위함이다. 하나님께서 원하시는 사람을 완성하기 전까지 한 장의 말씀은 끝맺을 수 없다. 하나님께서 나누어 놓으신 각 장의 말씀(성자)은 성자 하나님께서 사람을 어떻게 성장시켰는가를 나타내는 나무의 나이테와 같다.

이러한 관점으로 하나님의 말씀이 창세기 1장에서 결실하여 사람(아담과 하와)을 하나님의 형상과 모양으로 창조하셨다는 뜻이다. 아담이 130세가 되어 대신하는 셋을 낳았다는 것은 130번째 장(민수기 13장)에서 이러한 결과를 보여 준다. 여호와의 말씀이 물에서 나온 흙으로 아담을 창조하신 것처럼, 나일강에서 건져낸 모세는 성자의 형상인 아담의 형상이다. 여호와 하나님을 대신하는 아담이 2대 셋을 낳은 것처럼, 여호와 하나님을 대신하는 모세가 민수기 13장에서 성자 대신하는 여호수아를 세운다. 아담이 피조물의 사명에 따라 이름을 부여한 것처럼, 모세가 호세아를 여호수아로 고쳐 부른다(민 13:16).

하나님의 형상과 모양으로 창조하신 아담이 930세에 죽었다고 하는 것은 사람(아담) 안에 계셔서 사람의 입을 통하여 말씀하시던 성자 하나님께서 아담의 몸 밖으로 나오셨다는 의미이다. 여호와께서 아담이 자신의 사명을 다함으로 친히 사람이 되어 나타나시게 되었다. 아담의 품에서 아담을 통하여 말씀하시던 성자께서 사람을 몸을 입고 탄생하심을 마태복음 1장(25절)에 기록하셨다. 마태복음 1장은 아담의 향년 930세와 같은 930번째 장이다.

창세기 5장에 기록된 사람들의 나이는 말씀이신 성자께서 사람이 되신 것처럼 하나님 말씀과 대조하여 살펴볼 수 있도록 설계되었다. 하나님의 감동으로 기록된 말씀은 하나님께서 설계하신 하나님의 주관적인 관점으로 볼 수 있게 하셨다.

6) 설계도 #6 - 창세기 6장

창세기 6장 설계도(#1-#6)는 사람을 빛으로 붉어지게 하는 믿음의 주께서(#1) 사람이 주님을 계승하게 하는 말씀 설계도(#6)이다(6대 야렛-계승된). 5장에서 세 아들을 통하여 하나님을 찬양하는 노아가 성자 하나님의 형상인 방주를 통하여 사람이 믿음으로 주님을 계승하는 6장이다.

하나님께서 자신의 형상과 모양으로 창조하신 사람(아담)이 타락하여 하나님께서 홍수(물)로 세상을 심판하셔야 하셨다. 홍수 심판은 흙으로 창조되어 코로 숨 쉬는 피조물을 물속에 잠기게 하는 세례(침례)를 주신 것을 의미한다. 토기장이가 물속에 잠겼던 흙(땅)으로 필요한 그릇을 만드는 것처럼, 하나님께서 물속에 있던 흙으로 사람을 창조하셨다. 흙으로 창조된 사람은 하나님의 말씀을 코로 숨을 쉬면서 피조물들을 다스리는 존재이다. 하나님의 말씀이 거하는 성전으로 창조된 사람이 타락하여 다시 물속에 집어넣어 형질을 풀었다가 다시 만드는 작업이 세례(침례)이다. 흙으로 만들어진 그릇을 가마를 통하여 구워 내면 잘못 만들어진 그

룻들은 재생할 수 없는 것처럼, 하나님께서 불로 심판하시면 영원히 돌이킬 수 없으므로 먼저 성령을 상징하는 물로 심판하여 사람을 성령 안에서 거듭나게 하시려는 것이다. 홍수 심판을 대비하여 만들어진 방주는 어둠 속에 세워진 하나님의 나라를 보존하여 계승할 수 있게 하는 과정이다.

노아가 만들어야 할 방주는 타락한 사람을 구원하실 성자 예수님을 의미한다. 노아는 120년 동안 방주를 만들어 하나님의 심판으로 없어질 하나님의 나라를 몸으로 계승하게 하였다. 120년은 40년씩 세 개의 영역을 가진 성자 하나님께서 모든 사람을 하나님의 영과 혼과 몸으로 거듭나게 하실 것을 나타내신 것이다. 하나님의 형상과 모양으로 창조된 사람은 삼위 하나님께서 각각 자신의 형상과 모양으로 사람의 영과 혼과 몸을 잡으심으로 사람 안에서 하나 됨을 이루셨다(40대 아하시야-여호와께서 잡으셨다). 영과 혼과 몸으로 이루어진 사람처럼 방주를 삼 층으로 만들게 하셨고 비가 40일 동안 내리게 하심은 여호와께서 자신(방주)을 희생하여 사람을 잡으시는 말씀 설계도(#40)를 나타내심이다.

방주의 폭을 20규빗이 되게 하신 것은 20대 아브라함과 같이 되게 하심을 뜻한다. 아브라함은 '열국(무리)의 아비'라는 뜻으로 몸으로 오신 성자 하나님께서 말씀대로 따라오는 사람을 자기 백성으로 삼으신다는 뜻이다(20대 아브라함-열국의 아비). 방주의 길이를 300규빗으로 만드신 것은 사람을 영과 혼과 몸으로 100규빗의 영역을 감당하여 사람을 하나님의 형상으로 세우심을 의미한다. 성부의 형상인 아브라함이 100세에 성자의 형상인 이삭을 낳게 하셨다.

여호와께서 자신의 형상으로 사람을 창조하신 것처럼 노아를 창조하시고 노아를 통하여 성자 하나님의 형상을 가진 방주를 만들게 하셨다. 여호와께서 사람을 하나님의 형상과 모양으로 창조하심은 사람을 세워 주님을 계승하게 하려는 것이다. 노아가 하나님을 계승하기 위해서는 여호와의 말씀대로 순종하는 사람이어야 한다. 여호와께서 자신과 같은 사람을 예정하여 창조하셨고 사람을 통하여 여호와께서 사람이 되어 오심으로 아담부터 시작된 모든 사람을 예수 그리스도로 통일되게 하셨다(엡 1:10). 노아를 통하여 성자 하나님의 형상인 방주를 완성하여 주님을 계승할 수 없었던 사람이 하나님을 계승하게 되었다.

7) 설계도 #7 - 창세기 7장

창세기 7장 설계도(#1-#7)는 사람을 빛으로 붉어지게 하는 믿음의 주께서(#1) 사람을 주님께 헌신하게 하는 말씀 설계도(#7)이다(7대 에녹-헌신된). 성자의 형상인 에녹이 하늘로 올라간 것처럼, 성자 하나님의 형상인 방주가 하늘로 올라간다. 성자 하나님께 믿음으로 헌신한 사람이 성자의 형상인 방주 안에 들어가 사람이 하늘로 올라가게 됨을 나타내셨다.

하나님의 심판을 받아 죽어야 할 죄인이 성자 예수 안에서 구원받게 될 것을 방주를 통하여 나타내셨다. 첫째 하늘에 창이 열려 40일 동안 궁창 윗물이 땅으로 쏟아졌고 큰 깊음의 샘들이 터졌다. 천지창조 둘째 날에 궁창 윗물로 나뉘셨던 것을 원래의 모습으로 돌아가게 함으로 흙으로 만들어 코로 숨 쉬던 피조물이 둘째 하늘 아래에서 세례(침례)를 받게 되었다. 하나님의 영(신)이 수면을 운행하신 것(창 1:2)과 같이 땅이 다시 천지창조 첫째 날처럼 되어 방주가 수면 위로 올랐다. '운행'이란 닭이 알을 품고 있는 것과 같이 성령 하나님께서 물로 세상을 품는 것을 말한다. 성령 하나님께서 물로 땅을 품고 계셨고 성자 하나님께서 방주를 통하여 코로 숨 쉬는 피조물을 구원하여 거듭나게 하신 모습이다. 궁창 윗물과 아랫물 사이에 있는 에덴동산이 무너졌기에 여호와께서 가나안 땅을 에덴동산으로 애굽과 바벨론을 땅의 권세와 공중 권세를 잡은 존재로 설정하신 것으로 보인다. 그러나 하나님께서 다스리는 하나님의 나라는 하나님의 말씀에 따라 순종하는 사람의 마음에 세우시려는 것이다. 여호와의 말씀에 순종하지 않는 사람들과 코로 숨을 쉬는 짐승이 홍수로 수장되어 다시 흙으로 돌아갔다. 방주가 물 위로 오른 것은 성자의 7대 형상인 에녹이 땅에서 하늘(궁창)로 올라감과 같다. 성자 하나님을 상징하는 방주 안에 들어간 사람들이 하늘로 올라가신 성자 하나님을 따라 하늘로 올라가게 될 것임을 보여 준다. 보혜사 성령님 안에서 사는 그리스도인이 장차 하나님께서 세상을 심판하실 때 어떻게 구원받게 될 것인가를 계시하신 것으로 보인다. 방주 안에 있던 사람들이 하늘로 올라간 것처럼 예수 그리스도의 말씀에 헌신한 그리스도인이 그리스도의 영이 되어 하늘로 올라가게 된다.

물이 150일 동안 땅 위에 넘쳐 방주가 150일 동안 물 위에 떠다녔다. 150일은 세 번의 오순절을 맞이하여 흙(땅)으로 창조된 사람의 영과 혼과 몸이 거듭나게 되었음을 의미한다.

8) 설계도 #8 - 창세기 8장

창세기 8장 설계도(#1-#8)는 사람을 빛으로 붉어지게 하는 믿음의 주께서(#1) 사람을 대확장되게 하는 말씀 설계도(#8)이다(8대 므두셀라-대확장). 성부 하나님께 헌신하지 않은 사람을 홍수로 수장시키시고, 성령 하나님께 헌신하는 사람을 대확장되게 하셨다. 하나님께서 창조하신 세상을 다스리는 아담처럼, 모든 땅을 다스리게 된 노아를 대확장되게 하셨다. 방주 안에 들어가 홍수 심판에서 구원받은 사람은 그들이 의롭기 때문이 아니라 성자 하나님의 형상인 방주가 성령 하나님을 상징하는 물(홍수)로 세례를 받음으로 이루어진 것이다.

여호와의 말씀에 헌신하는 사람을 성령 하나님께서 주관하시는 두 번째 땅으로 대확장되게 하셨다. 홍수로 덮인 세상은 천지창조 첫째 날을 재현하신 모습이며, 이는 물(성령)로 세례받은 땅이 되었다는 뜻이다. 땅에서 떠올라 하늘로 올라갔던 방주가 땅으로 내려오는 모습은 둘째 하늘에 계신 하나님의 아들들이 땅으로 내려오는 모습을 나타낸다(욥 1:6). 방주 안에 있다가 밖으로 나온 사람들은 성자 하나님 품에 있다가 세상으로 나온 아담과 하와의 형상이다. 하나님께서 천지창조 둘째 날 하늘과 땅사이에 만드신 궁창 윗물이 땅으로 내려오게 하여 타락한 사람을 성령 하나님께서 주관하시는 둘째 하늘에서 살게 하셨다는 뜻이다. 물로 세례를 받아 성령 하나님 안에서 거듭난 사람은 성령 하나님의 도움을 받아 첫째 하늘에서 살던 사람들처럼 오랫동안 수고하지 않게 수명을 단축하셨다.

하나님께서 땅 위에 바람을 일으켜 물이 줄어들게 하셨다(1절). 자연 현상처럼 보이는 바람을 여호와께서 일으키셨다고 하심은 물과 바람이 성령 하나님의 형상이심을 뜻한다(요 3:6). 노아가 창문을 열고 까마귀와 비둘기를 밖으로 보냈다. 노아는 여호와 하나님을 대신하는 역할이며, 까마귀와 비둘기는 어둠과 빛의 영을 대신하는 역할이다. 어둠의 영을 상징하

족보로 보는성경 설계도 ㅣ

는 까마귀는 노아가 특별한 사명을 부여하지 않았고, 비둘기를 보낸 것은 땅 위에 물이 어떻게 되었는지를 알고자 하였다. 비둘기가 발붙일 곳을 찾지 못하여 노아에게 돌아왔으나, 먼저 보낸 까마귀는 발붙일 곳을 찾지 못하였으나 노아에게 돌아오지 않음은 빛이 나타나기 전의 상태를 보여 준다. 7일 후에 비둘기를 다시 보냈을 때 감람나무 새 잎사귀를 물고 돌아온다. 물로 세례를 받은 땅으로 내려온 사람은 성령님께 이끌려 하늘로 올라가는 존재임을 나타내신 것이다. 다시 보낸 비둘기가 까마귀처럼 노아에게 돌아오지 않음은 어둠 속에서 성령 하나님께서 세상으로 오실 성자 하나님을 기다리고 계심을 뜻한다(마 3:16).

방주로 인하여 타락한 사람이 홍수 심판으로 죽지 않고 다시 땅을 밟게 되었다. 여호와께서 노아에게 생육하고 번성하여 땅 위에 충만한 복을 허락하셨으나 아담에게 주신 정복과 다스리는 복은 허락되지 않았다(17절). 아담은 성부 하나님께서 주관하시는 에덴동산에서 사는 사람이기에 정복과 다스림을 허락하셨으나 방주 안에서 나온 사람들은 성령 하나님 안에서 물로 거듭난 사람들이기에 스스로 정복하고 다스리는 복을 주지 않았다. 그들을 둘째 하늘을 주관하시는 성령 하나님의 말씀을 받아 하나님의 생명을 낳고 번성하여 충만하게 하는 사명이다. 성령을 상징하는 물로 거듭난 사람은 여호와께서 명하신 명령에 따라 순종하는 정복과 다스림이 있을 뿐이다.

9) 설계도 #9 - 창세기 9장

창세기 9장 설계도(#1-#9)는 사람을 빛으로 붉어지게 하는 믿음의 주께서(#1) 사람을 능력 있게 하는 말씀 설계도(#9)이다(9대 라멕-힘센·능력 있는 것). 함을 대신하여 노아의 저주를 받은 가나안을 믿음으로 능력 있게 하는 9장이다. 성자 예수께서 죽을 수밖에 없는 죄인을 대신하여 하나님의 저주를 받아 죄인을 능력 있게 하는 모습을 함과 가나안을 통하여 나타내셨다.

홍수로 세례를 받은 사람에게 다섯째 날에 물에서 창조된 생물들과 같이 생육하고 번성하여 충만하게 하는 복을 주심은(1절) 그들이 성령 하나님 안에서 살게 되었기 때문이다(창 1:22). 성자의 형상인 방주로 인하여 하나님의 심판에서 살아난 사람은 물과 성령(보혜사 성령)으로 거듭난 그리스도인과 같다. 여호와께서 성령 하나님 안에서 주신 세 가지 은혜를 통하여 함을 능력 있게 하셨다.

첫 번째 은혜는 여호와께서 성자의 형상인 고기를 먹게 하셨다(1-10절). 채식을 하던 사람에게 성자의 형상인 고기를 먹을 수 있게 하심은 고기를 먹지 않으면 죄에 사로잡힌 사람은 성령 하나님께서 도우실 수 없기 때문이다. 여호와께서 주신 풀과 채소와 과일은 여호와의 말씀을 땅에 파종하여 나타난 말씀을 상징하며, 고기는 사람의 몸을 입고 오신 성자께서 자기 백성들에게 자기 몸을 양식으로 주실 것을 상징한다. 이는 타락한 사람을 성자 하나님께서 거하실 수 있는 성전으로 삼으시려는 것이다. 피가 없는 채식은 성자께서 몸으로 죽지 않아도 되는 말씀을 상징하며, 피가 있는 육식은 성자께서 사람의 몸을 입고 사람의 양식이 되어 죽으셔야 함을 의미한다. 타락한 사람에게 짐승을 잡아서 가죽옷을 입힘으로 피를 흘리지 않으면 죄를 씻을 수 없는 것이 여호와의 율법임을 보여 주셨다(히 9:22). 물

(홍수)로 세례(침례)를 받은 사람을 여호와께서 성자 예수님의 몸으로 거듭날 수 있도록 성자 예수님의 형상인 고기를 먹게 하셨다. 땅에서 나는 식물로 사람을 구원할 수 없어 성자께서 친히 사람이 되어 자기 살을 양식으로 주셔서 성자께서 사람에게 들어갈 수 있게 하려는 것이다.

고기를 먹는 것을 허락하셨지만 피체 먹지 말라 하셨다. 고기를 먹을 수 있게 하신 것은 단순히 사람이 먹는 음식을 말하는 것이 아니다. *"다른 사람의 피를 흘리면 그 사람의 피도 흘릴 것이니"(6절).* 피를 가진 생명체는 하나님께서 피로 맺은 언약이기에 성자 하나님의 형상으로 창조된 다른 사람의 피를 흘리는 것은 하나님의 성전으로 지어진 사람을 죽이는 것이다. 따라서 피를 먹었다고 하는 것은 다른 사람의 피를 흘린 것이며 그는 하나님의 심판을 받게 된다. 말씀(성자)으로 창조되어 땅에서 난 식물도 성자의 형상이며, 흙으로 창조하신 정한 짐승도 성자의 형상이다. 타락한 사람을 물로 정결하게 하시는 세례를 주신 후에 성자께서 성령 안에서 자기 몸을 통하여 죄를 사하시려는 것이다. 여호와께서 자신의 형상으로 창조하신 아담에게 에덴동산을 맡기셨던 것처럼, 궁창 윗물로 세례받은 땅을 노아와 그의 아들들에게 맡기셨다. 성자께서 세례를 받으심으로 타락한 사람이 예수님의 살을 양식으로 삼을 수 있게 하여 모든 사람을 그리스도의 몸으로 통일하신 것이다(요 6:55). 여호와께서 선악과를 먹지 말라 하셨지만, 말씀을 지키지 못한 사람을 구원하시려고 성자의 형상(고기)을 양식으로 주신 것이다. 이 말씀은 장차 어린 양으로 오실 성자 예수님을 양식으로 먹되 죽이지 말라는 뜻이다. 이 말씀을 거역한 사탄을 여호와께서 심판하실 수 있는 근거가 되는 말씀이다.

두 번째 은혜는 여호와께서 홍수(물)로 심판하지 않겠다는 무지개 언약이다(11-20절). 성자를 상징하는 고기를 먹게 된 사람을 성령 하나님께서 성자 하나님의 형상으로 세우시겠다는 뜻이다. 홍수 심판을 피하여 방주 안에 들어간 피조물은 성령 하나님 안에서 다시 육체를 가지고 땅에서 살 기회를 얻게 되었고, 방주 밖에 있던 사람은 육체와 분리되어 영이 되었다. 육체와 나누어져 영이 된 사람은 옥에 갇혀서 다시 오실 성자 하나님을 기다리게 되었다. 십자가에서 돌아가신 예수께서 옥에 갇힌 사람들에게 찾아가셨을 때 단순히 홍수 심판으로 죽었던 사람들만 있는 것이 아니라 아담부터 지금까지 살다가 죽은 모든 사람을 말한다(벧전 3:18-21). 노아 이전에 살다가 죽은 사람은 흙이 되어 흙 속에서 홍수로 세례를 받았고, 노아의 후손으로 태어난 사람들은 노아의 아들들의 품에서 세례를 받았다. 성자의 형상인 방주가 받은 세례(홍수 심판)는 예수께서 요단강에서 요한에게 받으신 세례와 같다. 노아의 식구들이 방주 안에서 세례를 받고 구원을 얻은 것처럼, 그리스도인은 예수 안에서 물과 피로 세례를 받음으로 죄에서 구원받게 되었다. 홍수 심판이 다시 일어나지 않음은 예수님의 형상인 방주가 죄인을 대신하여 대표적으로 세례를 받았기 때문이다. 물로 세례를 받은 사람은 성령 안에서 거듭났기에 스스로 정복하고 다스리는 삶이 허락되지 않았다고 하였다. 성령 하나님 안에서 정복과 다스림이 있을 수 있으나 아담과 하와에게 주신 자유의지 안에서 정복과 다스림은 허락되지 않았다. 무지개 언약을 통하여 여호와께서 사람의 호흡을 거두실 때까지 세상에 남아 있게 하셨다. 성령 안에서 거듭나서 성령 하나님의 인도하심에 따라 순종하는 사람은 성자 하나님과 성자의 신부 형상이 되었고, 순종하지 않은 사람은 성자 하나님 밖에 존재하게 되었다. 노아의 후손으로 태어난 사람은 코로 숨을 쉬며 사는 삶의 결과를 통하여 자신의 영원한 영의 정체성을 결정하게 된다.

　세 번째 은혜는 성부 하나님의 형상인 노아가 함을 저주하지 않고 함의 아들 가나안을 저주한 것이다(21-29절). 포도나무를 심은 노아가 포도주를 마시고 취하여 장막 안에서 벌거벗은 상태로 자고 있었고, 야벳과 셈이 뒷걸음으로 들어가 벌거벗은 노아를 부끄럽지 않게 하였다. 이러한 설정은 하나님께서 포도나무와 같은 사람을 땅에 파종하였으나, 하나님의 말씀을 벗어 버린 사람 때문에 성부 하나님께서 벌거벗은 상태가 되었고, 참 포도나무가 되신 성자 예수님을 통하여 성부 하나님을 부끄럽지 않게 하심을 의미한다. 포도나무를 심은 노아는 포도원 농부이신 성부 하나님 형상이며(요 15:1), 셈은 선악과를 먹은 첫째 아담과 같고 함은 사탄에게 넘어진 타락한 하와와 같고 야벳은 마지막 아담(성자)과 같다. 하나님 형상으로 창조된 아담은 옷을 벗고 있었으나 여호와의 말씀으로 옷을 입고 있어서 여호와 하나님 앞에서 부끄럽지 않았다.

　여호와의 말씀을 벗어 버린 후에 사람(아담)이 부끄러움을 알게 된 것은 사탄이 사람을 정죄하기 때문이다(창 3:11). 아담이 여호와의 말씀을 벗어 버림으로 죄가 들어와 아담을 창조하신 여호와 하나님을 부끄럽게 되셨다. 하나님 아버지는 아들(첫째 아담과 둘째 아담)의 됨됨이를 통하여 자신의 영광을 나타내시는 분이시다. 아들이 세상에서 부끄러운 일을 저질렀을 때 부끄러움을 느끼는 아버지와 같은 성부 하나님의 모습을 노아를 통하여 나타내셨다. 벌거벗은 아담에게 여호와께서 짐승을 잡아 가죽옷을 입히심은 자신이 사람이 되어 자기의 옷으로 벌거벗은 아담을 덧

입게 하시겠다는 의미이다. 성자께서 사탄에게 부끄러움을 당하신 하나님 아버지를 부끄럽지 않게 하실 것을 셈과 야벳을 통하여 나타내셨다. 벌거벗은 노아를 옷으로 가려 주지 않고 형제들에게 알리는 함은 사탄에게 넘어진 사람(하와)의 모습이다. 여호와의 말씀(성자)을 하와가 벗어버림으로 어둠의 영이 된 것처럼 함은 어둠의 영이 되었다. 아버지의 벌거벗은 것을 알리는 함은 뱀이 아담에게 벌거벗은 것을 알리는 역할과 같다(창 3:11). 노아에게 옷을 덮어 주는 일을 두 사람이 함께함은 첫째 아담(셈)이 마지막 아담(야벳)과 한 몸을 이루어 성자의 형상인 야벳이 셈의 장막 안에 거하게 될 것을 나타내심이다(27절).

성부 하나님의 형상인 노아가 함의 아들(가나안)을 저주하였고 셈과 야벳은 충만하게 되는 복을 받았다. 노아가 함을 저주하지 않고 함의 아들(가나안)을 저주함은 첫째 아담을 대신하여 마지막 아담(성자)이 살려 주는 영이 되기 때문이다(고전 15:45). 성부 하나님 형상인 노아가 함을 저주하면 함의 영혼은 영원히 구원받을 수 없어, 함이 받아야 할 저주를 성자 예수님의 형상인 가나안이 받음으로 함을 구원하시려는 여호와 하나님의 뜻을 볼 수 있다. 함의 저주를 대신 받은 가나안의 이름은 '낮은 땅'이라는 뜻으로 하늘에 계신 성자께서 자신을 낮추어 타락한 사람이 받을 저주를 대신 받으심을 나타내는 이름이다. 죄인을 대신하여 저주받으신 성자 예수님처럼, 함을 대신하여 저주받은 가나안을 통하여 아버지 함을 능력 있게 하는 9장이다.

10) 설계도 #10 – 창세기 10장

창세기 10장 설계도(#1-#10)는 사람을 빛으로 붉어지게 하는 믿음의 주께서(#1) 사람을 어둠 속에서 안식하게 하는 말씀 설계도(#10)이다(10대 노아-안식). 성자의 형상인 고기를 먹은 노아의 후손을 안식하게 하는 10장이다.

성부 하나님의 형상인 노아에게 복을 받은 셋째 아들 야벳의 후손은 바닷가의 땅에 정착하였다(5절). 이러한 모습은 방주를 타고 하늘에서 땅으로 내려온 사람은 하늘에 계신 하나님 품에 있다가 흙으로 창조하신 아담과 같다. 물에서 나온 흙으로 만들어진 아담의 몸에 여호와의 생기가 들어가 안식하게 되셨다(창 1:9, 2:7). 물에서 나온 흙으로 창조된 아담처럼 빛의 형상으로 붉어지게 하신 야벳의 후손을 바닷가의 땅에 안식하게 하셨다.

노아에게 복을 받지 못한 함의 후손(6-20절)은 성자의 형상인 가나안이 대신 저주를 받음으로 성자 하나님의 형상을 기다리는 장소에서 안식하게 되었다. 즉 그들은 여호와께서 다스리는 나라가 아니라 사람이 다스리는 세상 나라를 세운다.

함의 첫째 아들 구스가 낳은 니므롯은 시날 땅에 나라를 세워서 20대 성자의 형상인 아브라함이 이곳에서 태어나 가나안으로 오게 된다. 아브라함은 이삭의 아내(리브가)를 얻기 위해 밧단아람으로 율법을 상징하는 늙은 종을 보내어 데려온다(창 24장). 이삭은 가나안 땅에서 낳은 야곱을 이곳으로 보내어 손자들과 손녀(디나)를 데려온다(창 28-31장). 야곱은 율법을 자기의 몸으로 완성하신 성자 예수님의 형상이다. 어둠 속에서 빛이 나타나듯이 하나님께서 아브라함의 후손을 이곳에서 데려오셨다.

함의 둘째 아들 미스라임(애굽-이집트)은 야곱의 후손(이스라엘)을 430년 동안 품고 있었던 장소이다. 애굽(미스라임)에서 나온 이스라엘 백성은 함의 셋째 아들(가나안)이 머문 가나안 땅에 정착하게 된다. 함 때문에 저주받게 된 셋째 아들 가나안은 아담을 대신하여 저주받으신 성자 예수님의 형상이라 하였다. 성자 예수께서 아담이 받은 저주를 자신이 받아 모든 사람을 신부로 세워 하나님이 거하시는 성전으로 삼으실 것을 가나안 땅을 통하여 나타내셨다. 해수면보다 낮은 사해 바다가 있는 가나안 땅은 영적으로 낮아진 땅이 되었기에 어둠을 상징하는 가나안 일곱 족속이 자연스럽게 들어와 자리를 잡는 어둠의 영역이다. 이스라엘 후손이 가나안 땅에 들어와 솔로몬 성전을 세운다. 말씀이 사람이 되어 오신 성자 예수께서 가나안 땅처럼 계집종으로 자신을 낮춘 마리아의 몸을 성전으로 삼고 땅으로 내려오실 것을 의미한다. 땅을 상징하는 애굽에서 올라온 이스라엘 백성은 에덴동산을 상징하는 가나안 땅에서 뱀에게 넘어진 하와처럼 넘어진다. 이스라엘과 유다로 쪼개져 이스라엘은 셈의 후손 앗수르에 정복당했고 유다는 바벨론 포로가 되었다. 이곳에서 아브라함을 가나안 땅으로 부르신 것처럼 유다 백성들은 고레스 왕을 통하여 가나안 땅으로 돌아온다. 이스라엘 백성이 세 번에 걸쳐 가나안 땅으로 돌아올 수 있게 됨은 영(믿음-성부 하나님의 영역)과 혼(소망-성령 하나님의 영역)과 몸(사랑-성자 하나님의 영역)으로 이루어진 사람을 성자 하나님께서

　　　　　　　　　　　족보로 보는 성경 설계도 I

구원하심을 의미한다.

장자 셈은 14대 에벨의 온 자손의 조상이며 야벳의 형으로 요약하셨다 (21절). 셈을 함의 형이 아니라 야벳의 형으로 기록하심은 함을 타락한 하와와 같은 정체성으로 보셨다는 뜻이다. 14대 에벨(건너편)은 '히브리인'을 나타내는 어원으로 바벨론에서 유브라데강 건너편에 있는 가나안 땅으로 건너온 백성이라는 뜻이다. 최초의 히브리인(창 14:13) 아브라함은 11대 셈의 후손이다.

11) 설계도 #11 - 창세기 11장

창세기 11장 설계도(#1-#11)는 사람을 빛으로 붉어지게 하는 믿음의 주께서(#1) 사람을 주님의 이르심(이름)을 받게 하는 말씀 설계도(#11)이다 (11대 셈-이름). 바벨론 땅에 주님처럼 안식하지 않고 바벨탑을 쌓던 사람 중에 셈의 후손을 세워 주님의 이르심(이름)을 받게 하는 11장이다.

여호와의 말씀을 벗어 버린 사람들을 여호와께서 해가 떠오르는 동방으로 가게 하셨다. 여호와의 말씀을 벗어 버린 아담과 하와가 에덴의 동편으로 보내진 것처럼 흩어진 노아의 후손이 동방으로 옮기다가 시날 평지에 이르렀다. 이는 동쪽에서 떠오르는 해와 같은 여호와께서(시 84:11) 사람이 되어 오시는 길을 예비하기 위함이다. 흑암 중에 계신 여호와께서 어둠 속에서 빛의 형상으로 붉어지게 하신 것처럼 빛의 나라가 세워지기 전에 어둠의 나라가 세워진다. 동쪽 바다와 맞닿는 동쪽 끝까지 가야 할 사람들이 시날 평지에서 멈추게 되었다. 니므롯을 중심으로 여호와의 말씀에 따라 사는 삶을 접어두고 자신의 이름을 내기 위해 사는 사람들이 바벨탑을 쌓기 시작하였다. 여호와의 이르심을 받아 여호와의 이름으로 사는 삶이란 여호와의 부르심에 순종하여 여호와 하나님의 영광을 나타내는 삶이며, 자신의 이름으로 사는 삶은 자신이 목표로 하는 것을 추구하여 자신의 영광을 드러내는 삶이다. 여호와의 이름을 드러내는 삶은 여호와께서 각자에게 부여하신 고유한 사명을 이룸으로 하늘에서 이루어진 하나님의 나라를 땅에서 이루어지게 하는 역할이다. 자신의 이름을 드러내는 삶은 하늘에서 이루어진 하나님의 나라가 아니라 하나님의 나라 밖에 존재하는 어둠의 나라를 이루어지게 하는 역할이다. 자신의 이름을 드러내기 위해 사는 삶을 선택한 니므롯은 성읍과 탑을 건설하여 하나님 중심이 아닌 인간 중심의 세상을 꿈꾸었다. 탑 꼭대기를 하늘에 닿게 하려는 사람들은 땅의 뜻이 하늘에서 이루어지게 하는 사탄의 다스림을 받는 사람이다. 바벨탑은 사람 안에 하나님의 나라(하늘나라-빛의 나라)를 세우는 것이 아니라 사탄의 나라(땅의 나라-어둠의 나라)를 세우는 상징이다.

"온 땅의 언어가 하나요 말이 하나였더라"(1절).

여호와께서 같은 말을 하는 사람을 다스릴 수 없어 바벨탑을 쌓는 사람들의 계획을 늦추기 위하여 언어를 혼잡하게 하셨다. 하나의 나라를 형성하였던 사람들이 족속과 방언으로 나누어져 바벨탑 공사는 중단되었고 여호와의 이르심을 받은 사람들이 여호와의 이르심을 받지 않고 자기가 원하는 삶을 사는 사람과 여호와의 이르심을 받은 사람들로 나누어지게 되었다(7절).

족보로 보는성경 설계도 ㅣ

창세기 5장의 족보는 1대부터 10대 아담(노아)까지 성자 하나님의 형상인 아들을 낳고 죽음으로 하나님을 찬양하는 사람들이며, 창세기 11장 족보는 11대 아담(셈)부터 20대 아담(아브람)까지 여호와의 이르심을 받은 사람들이다(10-32절). 족속과 방언으로 나누어진 사람 중에 하나님께서 흙으로 1대 아담을 창조하심처럼 방주에서 나온 셈이 홍수로 세례를 받은 새로운 땅에서 12대 아르박삿을 낳았다.

10대 아담(노아)의 아들을 세 명으로 기록하신 것처럼 19대 아담(데라)의 아들을 세 명으로 기록하셨다. 삼위 하나님을 나타내신 노아의 세 아들처럼 데라의 세 아들을 세우셨다. 아브람은 성자의 첫 번째 형상인 아담으로 세우셨다가 성자의 형상을 낳은 성부 하나님과 같은 아브라함이 되었고, 나홀은 그리스도의 신부와 같은 하란의 딸 밀가와 한 몸을 이루는 성령 하나님의 형상이다. 하란은 아담과 하와를 창조하신 성자 하나님의 형상으로 아담의 형상인 아들 롯과 하와의 형상인 딸 밀가를 낳고 일찍 죽었다. 그리스도의 신부와 한 몸을 이루는 하나님의 영과 같은 역할로 부름을 받은 나홀은 동생 하란이 낳은 밀가와 결혼하여 어둠 속에 있는 밀가에게 소망을 갖게 하였다. 그래서 밀가는 '하나님의 사람'이란 뜻을 가진 브두엘을 낳았고 브두엘은 성자의 형상인 이삭의 아내가 된 리브가를 낳았다. 아담처럼 성자의 첫 번째 형상으로 부름을 받은 아브람은 아버지가 낳은 이복누이 사래와 결혼하였다. 이는 아담과 하와가 한 몸에서 나왔다가 둘이 하나가 되어 성자의 형상인 2대 셋을 낳고 성부와 성령의 형상이 된 것처럼 아브라함과 사라가 성자의 형상인 이삭을 낳고 성부와 성령의 형상이 된다.

갈데아 우르에서 우상을 섬기던 데라가 가나안 땅으로 가려 한다. 데라는 아들 부부(아브람과 사래)와 손자(롯)를 하늘나라(에덴동산)를 상징하는 가나안 땅으로 가게하고 자신은 하란에 남는다. 데라가 가나안 땅으로 아브람과 사래와 롯을 보내고 자신은 하란에 남는 이유는 표백할 수 없는 사람을 표백되게 하는 표백제 역할이기 때문이다(설계도 #19 참조).

12) 설계도 #12 - 창세기 12장

창세기 12장 설계도(#1-#12)는 사람을 빛으로 붉어지게 하는 믿음의 주께서(#1) 사람을 주님의 영역이 되게 하는 말씀 설계도(#12)이다(12대 아르박삿-영역). 아브람이 사래를 믿음으로 주님의 영역이 되게 하는 12장이다.

아브람과 사래는 여호와의 말씀을 따라 갈대아인의 우르(불꽃)에서 하늘을 상징하는 가나안 땅으로 올라온다. 이 두 사람은 여호와께서 에덴동산에 세우신 아담과 하와를 상징한다. 여호와께서 아담에게 선악과를 먹지 말라고 이르셨고 하와는 여호와의 이르심을 받지 않은 것처럼 아브람과 사래를 에덴동산과 같은 가나안 땅으로 들어가게 하셨다. 이러한 관점은 모든 사람을 예수 그리스도로 통일하는 시각이다(엡 1:10). 아브람과 사래가 가나안 땅에서 거주하다가 애굽으로 내려간 것은 에덴동산에서 사탄에게 넘어져 사탄의 영역이 된 하와를 성자의 형상인 아브람을 통하여 거듭나게 하시려는 것이다. 여호와께서 흙으로 창조하신 아담과 아담의 갈비뼈로 창조하신 하와처럼 아브람과 사래를 사탄이 다스리는 땅에서 다시 일으키시려는 것이다. 말씀이요 빛이신 성자께서 하와(신부) 때문에 하늘(가나안)에서 세상(애굽-땅)으로 내려오신 모습을 아브람과 사래를 통하여 나타내셨다. 애굽 왕 바로는 세상(땅)을 주관하는 사탄(뱀)의 형상이며 사래는 사탄에게 넘어진 타락한 하와의 형상이다. 에덴동산에서 사탄(뱀)에게 넘어진 하와를 위해 아담이 선악과를 먹었던 사건은 사탄(뱀)과의 1차 대결이었다. 사탄에 사로잡힌 신부를 구원하기 위해 20대 만에 사탄(뱀)과의 2차 대결이 바로 왕과 아브람 사이에 이루어졌다. 아담의 말을 따르지 않음으로 아담과 한 몸이 되지 못한 하와와 달리 사래는 아브람의 말을 따름으로 아브람과 한 몸이 되었다. 하와는 자신이 여왕이 되는 야망을 내려놓지 않음으로 사탄의 말을 잉태하여 사탄과 한 몸이 되었고 사래는 여왕이 되는 야망을 내려놓음으로 아브람의 말을 잉태하여 아브람과 한 몸이 되어 사탄(뱀)과의 2차전에서 승리하였다. 하와가 아담의 말에 순종하지 않음은 말씀이신 성자께서 하와의 주가 되지 못하여 하와 안에 거할 수 없다는 의미이다. 사래가 아브람의 말을 따랐다는 것은 사래가 아브람을 성자 예수님으로 여겼다는 뜻이다. 그리스도인이 사탄과의 싸움에서 승리하려면 자신이 왕이 되어 자기의 뜻대로 사는 야망을 버리고 주님(예수)을 신랑이요 왕으로 여겨야 한다.

아브람이 사래를 누이라고 하여 바로 왕이 사래를 취하였다가 여호와께서 바로 왕을 판단하여 사래를 데려오기 위함이다. 만약 아브람이 바로 왕에게 사래의 남편이라 하였다면 바로 왕이 아브람을 죽이고 사래를 취했을 때 그녀의 소망은 사라지게 된다. 사래는 아브람을 주로 여김으로 여호와께서 사래를 어둠(사탄)의 영역에서 주님의 영역이 되게 하셨다. 어둠의 영역으로 들어간 아브람과 사래가 애굽에서 해방되어 하늘을 상징하는 가나안 땅으로 올라온다. 하나님의 말씀은 항상 아담과 하와로부터 시작된 문제를 성자 하나님께서 해결하심을 보여 주는 과정으로 진행된다. 하와를 위해 선악과를 먹은 아담이 사탄의 영역이 된 하와와 한 몸을 이루었고, 사탄의 영역이 된 사래가 성자의 형상인 아브람과 한 몸을 이루어 주(빛)의 영역이 되었다. 선악과를 먹은 하와가 아니면 아담이 선악과를 먹지 않았을 것이며 사래가 아니면 아브람이 애굽으로 내려갈 필요가 없다. 아브람의 말을 여호와의 말씀으로 받아들인 사래는 사탄이 잡을 수 없는 주님의 영역이 되었다.

여호와의 말씀에 순종하여 사래를 아브람에게 돌려준 바로 왕을 통하여 사탄이 빛으로 붉어진 사람을 주관할 수 없음을 보여 준다. 여호와께서 어둠 속에 빛의 나라를 세우시고 어둠이 빛의 나라를 넘보지 못하게 가나안 땅과 애굽을 하늘나라와 땅의 나라로 구별하셨다.

13) 설계도 #13 - 창세기 13장

창세기 13장 설계도(#1-#13)는 사람을 빛으로 붉어지게 하는 믿음의 주께서(#1) 사람을 주님의 싹이 되게 하는 말씀 설계도(#13)이다(13대 셀라-싹·무기). 주님의 싹이 된 13대 셀라처럼, 어둠의 영역(소돔과 고모라)으로 롯을 보내어 주님의 싹이 되게 하는 13장이다.

어둠이 다스리는 땅을 상징하는 애굽에서 가나안 땅으로 올라온 아브람과 사래와 조카 롯은 여호와께서 흙으로 하나님 형상과 모양을 가진 사람을 창조하여 에덴동산으로 이끄심과 같다. 아브람과 사래는 성부와 성령의 형상이며 조카 롯은 하나님 품에 독생하신 성자 예수님을 본받아 여호와께서 가죽옷을 입혀 준 아담의 형상이다. 아브람과 롯의 목자들이 가나안 땅에서 함께 동거하는 것은 아담이 에덴동산에서 여호와의 말씀 안에 거하는 것을 의미한다. 목초지가 부족하여 아브람과 롯의 목자들이 다투게 되었다는 것은, 자기에게 맡겨 주신 양을 먹일 목양지가 부족하다는 것을 의미한다. 아브람은 자신이 먼저 목양지를 선택하지 않고 롯에게 선택할 수 있게 하였다. 이는 가죽옷을 입은 아담에게 성자 예수님을 본받을 기회를 주시는 성자 하나님의 성품이다. 압살롬 때문에 요단 동편으로 내려갔던 다윗 왕처럼(삼하 15장) 롯이 자신을 희생하는 가나안 동편을 택하지 않았더라면, 성자의 형상인 아브람이 그곳으로 가야 한다. 성자 예수님을 본받는 아담처럼 타락한 신부를 목양하기 위해 롯은 가나안 동편을 택한다. 해가 뜨는 동쪽은 여호와께서 가죽옷을 입은 아담을 보내셨던 장소이다(창 3:24).

롯이 가나안 땅에서 바라본 소돔과 고모라는 아담의 관점으로 '여호와의 동산(에덴) 같고 애굽'과 같았다(창 13:10). 롯이 믿음으로 바라본 것은 여호와의 동산에서 애굽으로 내려간 타락한 사람을 구원하려는 여호와 하나님의 꿈을 의미한다. 롯은 어둠의 영역에 있는 사람을 구원하는 주님의 싹이 되어 하늘(가나안 땅)에서 세상(소돔과 고모라)으로 내려오신 성자 예수님을 본받는 아담과 같은 사명이다. 롯을 보낸 아브람은 여호와 하나님처럼 헤브론에 머무른다. 성자의 형상인 아브람은 하늘나라를 상징하는 가나안 땅에 남았고 아담의 형상인 롯은 세상을 상징하는 소돔과 고모라를 선택한다.

14) 설계도 #14 - 창세기 14장

창세기 14장 설계도(#1-#14)는 사람을 빛으로 붉어지게 하는 믿음의 주께서(#1) 사람을 어둠의 건너편이 되게 하는 말씀 설계도(#14)이다(14대 에벨-건너편). 14대 에벨처럼 아브람과 동맹한 사람들이 다메섹으로 끌려간 롯과 부녀들을 믿음으로 어둠의 건너편이 되게 하는 14장이다.

타락한 하와를 위해 믿음으로 선악과를 먹고 어둠이 주관하는 세상으로 건너온 아담처럼 의로운 롯이 사탄이 다스리는 소돔성으로 내려갔다. 사탄을 상징하는 그돌라오멜 왕에게 사로잡혔던 소돔과 고모라가 롯이 내려간 후 독립하게 된다. 이는 아담과 하와가 하나 되어 사탄의 다스림에서 나누어지게 되었음을 의미한다. 아담과 하와가 사탄에게 넘어진 것처럼 롯이 그돌라오멜 왕과 동맹한 세력들에게 붙잡혀 다메섹으로 끌려갔다. 그돌라오멜 왕의 이름은 '여신의 종'이라는 뜻으로 사탄의 종을 상징한다. 헤브론에 거주하던 아브람이 세상을 상징하는 다메섹으로 건너간 것은 말씀이 사람이 되어 오신 성자 예수님의 형상임을 의미한다. 그돌라오멜 왕에게 끌려간 롯과 부녀를 구출하고 돌아온 아브람에게 소돔왕과 살렘 왕(멜기세덱)이 마중을 나온다. 소돔 왕은 세상에서 사람을 주관하는 어둠의 왕이며 살렘 왕 멜기세덱은 지극히 높은 하나님의 제사장이다. 제사장 멜기세덱이 아브람을 마중 나옴은 사탄에게 사로잡힌 백성을 구원하는 제사장의 역할을 아브람이 처음으로 하였기 때문이다. 아브람이 사로잡혔던 사람들과 물품을 찾아옴은 사탄에게 빼앗긴 사람들과 피조물을 어둠의 건너편으로 건너오게 하였음을 뜻한다.

멜기세덱은 소돔 백성을 구원할 수 있게 하신 분이 하나님이심을 아브람에게 알려 주었다. 자신과 동맹한 사람들이 구원한 것이 아니라 하나님께서 구원하셨음을 알게 된 아브람이 갑자기 십분의 일(1/10)을 멜기세덱에게 준다. 전체를 의미하는 십(10)은 성자 하나님께서 일하심으로 어둠 속에서 사람이 안식하게 된 결과를 나타내는 10대 노아(안식)의 설계도(#10)를 말한다. 하나님의 심판에서 구원하신 10대 노아는 하나님 품에 안식한 사람이며, 1/10(십분의 일)은 성자 하나님의 형상으로 창조된 1대 아담이다. 1대 아담은 성자 하나님의 형상이기에 아브람이 드린 십일조(1/10)는 하나님 품에서 죄인을 구원하시기 위해 세상으로 건너오신 성자 하나님을 다시 어둠의 건너편이 되게 하는 것이다. 하나님께 십일조를 바치지 않는 것은 성자 하나님을 건너편이 되지 못하게 함으로 자신이 하나님의 제사장이 아님을 나타낸다. 반대로 십일조를 바친 아브람은 여호와께서 자신을 하나님의 제사장으로 삼으신 것을 인정한 것이다. 아브람은 아무것도 가지지 않았으나 성자 하나님을 상징하는 십일조를 드림으로 아브람이 드린 십일조를 통하여 창세기 15장에서 여호와께서 아브람을 제사장으로 일하게 하심을 나타낸다.

아브람이 롯과 부녀를 구출함으로 아브람은 성부 하나님의 형상이 되었고 사탄의 소굴에서 구원받은 롯은 하나님 아들의 형상이 되었다. 성자께서 타락한 사람을 구원하여 하나님 우편에 앉으심으로 성부 하나님과 같이 되셨고 구원받은 사람은 하나님의 아들이 되게 하셨다.

15) 설계도 #15 - 창세기 15장

창세기 15장 설계도(#1-#15)는 사람을 빛으로 붉어지게 하는 믿음의 주께서(#1) 사람을 어둠에서 나누어지게 하는 말씀 설계도(#15)이다(15대 벨렉-나눔). 어둠이 주관하는 땅에서 나누어질 수 없는 믿음의 사람을 어둠에서 나누어질 수 있게 하는 15장이다.

흙으로 만들어진 사람은 하늘에 계신 하나님께서 사람을 자신의 성전으로 삼으려 하셨다. 질그릇으로 만들어진 사람 안에 들어오신 하나님의 말씀은 사람과 하나 되어 사람을 새로운 신격으로 거듭나게 하셨다(요 10:34-35). 여호와 하나님과 같은 신격으로 거듭나려면 사람이 땅(육신-몸)의 권세에서 벗어나야 한다. 세상에서 어둠(땅)의 권세로부터 해방되지 못하면 장차 천년 왕국에 들어갔었을 때 하늘(에덴-낙원)에 있는 간교한 뱀과 같은 존재가 되기 때문이다. 타락한 사람을 다시 창조하시기 위해서 어둠이 다스리는 땅을 상징하는 이방(애굽)으로 보내어 사람을 흙으로 창조하신 것처럼 재현하신 모습이다.

여호와께서 아브람의 자손이 400년 동안 이방의 객이 되어 이방이 그들을 괴롭게 할 것이라 하셨다(13절). 히브리어로 '이방'이란 '땅(흙)이 아니다'는 뜻으로 하나님의 나라(영토)에서 떨어져 나간 땅을 말한다. 또한 '이방인'은 '임시 거주자, 타국인'이라는 뜻으로 하나님 나라의 백성으로 정착하지 못한 사람을 말한다. 가나안 땅은 에덴동산을 상징하는 하늘나라를 상징하며, 이방 나라는 하나님 나라 밖에 존재하는 어둠을 상징한다. 이방 땅 애굽에서 객이 되도록 하는 것은 흙(애굽)에서 타락한 사람을 다시 창조하여 하늘(가나안)로 데려와 어둠이 다스리는 땅에서 나누어지게 함을 의미한다. 여호와의 말씀을 벗어 버린 타락한 사람을 애굽에서 하나님의 백성으로 일으키기 위함이다. 여호와께서 유대인(이스라엘 백성)을 택하신 것은 타락한 모든 사람을 구원하시려는 계획이다. 한 사람(아담)을 통하여 인류가 나타나게 된 것처럼 한 사람(유대인 예수)을 통하여 모든 사람을 구원하시려는 것이다(고전 15:45; 엡 1:10).

아브람의 손에 의하여 삼 년 된 짐승이 쪼개진 것(9-10절)은 예수님의 공생애 3년을 말하며 예수님의 죽음을 통하여 땅의 권세에 사로잡힌 아브람의 후손이 땅의 권세에서 나누어지게 될 것을 의미한다. 사람(신부)의 타락으로 인하여 사람이 어둠의 권세에서 400년 동안 갇혀 있게 되었다. 천지창조 첫째 날에 낮과 밤을 나눈 것처럼 400년은 어둠의 영역에서 성자의 형상인 빛이 나타나는 기간이다. 여호와께서 해와 달의 비율을 400 대 1로 설계하여 빛이 없는 400년 기간을 어둠이 주관하는 시간으로 설정하셨다. 실제로 430년 만에 애굽에서 나온 이유는 빛으로 오신 성자께서 30세에 공생애를 시작하셨기 때문이다(눅 3:23). 성령의 형상인 비둘기를 쪼개지 않은 것은 성자께서 죽은 후 부활하셔서 보혜사 성령으로 일하실 것임을 의미한다. 쪼개진 짐승의 사체 위에 솔개가 앉지 못하게 함은 사탄이 성자의 몸을 양식으로 먹게 되면 성자의 죽음이 헛되기 때문이다.

16) 설계도 #16 - 창세기 16장

창세기 16장 설계도(#1-#16)는 사람을 빛으로 붉어지게 하는 믿음의 주께서(#1) 사람을 주님의 친구가 되게 하는 말씀 설계도(#16)이다(16대 르우-친구). 바로의 소유가 되었다가 구원받은 사래는 여종 하갈을 아브람의 첩으로 주어 하갈을 믿음으로 사래의 친구가 되게 하는 16장이다.

땅을 상징하는 애굽으로 내려갔다가 하늘을 상징하는 가나안으로 올라온 아브람과 사래는 성자의 형상인 아담과 하나님 영의 형상인 하와를 대신하는 사명이다. 사탄의 형상인 바로 왕에게 사로잡혔던 사래를 하나님께서 구원하여 성자의 형상인 아브람의 신부가 되게 하였다. 이는 성자께서 죄인을 그리스도의 신부가 되게 하여 친구로 삼으신 것과 같다. 아브람이 애굽에서 데리고 나온 사래와 여종 하갈은 아담의 갈빗대로 만들어진 하와(신부)의 형상이다. 여호와의 은혜로 어둠이 다스리는 땅(애굽)에서 나누어진 사래는 여종 하갈을 아브람의 첩으로 주어 그녀를 아브람의 친구가 되게 하였다. 애굽에서 올라온 사래는 율법에 얽매이지 않는 자유의 여자이고 여종 하갈은 율법에 묶인 상태이다(갈 4:22-24).

사래는 성자의 형상인 아브람의 말에 순종하거나 불순종할 자유를 가진 하와이고 남편이 없는 하갈은 율법에 묶인 하와이다. 자유의 율법을 가진 사래가 율법에 묶인 여종 하갈을 통하여 율법에 매인 아브람의 아들을 얻고자 하였다. 성령의 형상인 사래가 하갈을 아브람의 첩으로 줌으로 아브람이 하갈을 통하여 율법에 묶인 자손을 낳을 수 있게 되었다. 자유의 율법을 가진 사래는 하갈을 아브람의 첩으로 주거나 자신의 여종으로 남게 할 수 있는 자유의지를 가졌다. 성부 하나님의 성품은 악을 용납하지 않으시는 선하신 분이며, 성령 하나님은 선악을 아시는 성자 하나님을 통하여 죄인을 의롭게 하시는 분이다. 성부의 형상인 아브람은 하갈을 취하여 아들을 낳을 수 없으나 성령의 형상인 사래는 하갈을 통하여 아브람의 아들을 얻을 수 있다. 여호와께서 사래가 하갈을 아브람의 첩으로 준

것에 대하여 사래에게 말씀하지 않으신 것은 사래가 자유로운 성령의 형상이기 때문이다.

성령 하나님은 사래처럼 율법 아래 놓인 사람을 자유롭게 하시려고 성자 하나님을 세상으로 보내시는 분이다. 사래가 자신의 율법 안에 갇힌 여종 하갈을 아브람의 첩으로 주지 않았다면 사라가 될 수 없고 이삭도 낳을 수 없다. 어둠과 빛을 창조하신 하나님께서 첫째 아담과 마지막 아담(성자 예수)을 세우셨고, 아브람을 세워 타락한 첫째 아담(이스마엘)과 마지막 아담(이삭)을 세우셨다. 성령 하나님처럼 사래가 율법에 매여 아브람의 아들을 낳을 수 없는 여종 하갈을 아브람의 첩으로 주어 아들을 낳게 하였다. 하갈을 세워 율법에 묶인 첩이 되게 하여 아들을 낳게 함으로 율법에 묶인 하갈과 그녀의 아들을 율법에서 구원할 성자의 형상인 이삭을 낳을 수 있게 되었다.

사래의 여종이었던 하갈이 아브람의 생명을 잉태함으로 교만하게 되어 여주인 사래를 무시하였다. 여종 하갈이 여주인 사래를 무시한 것은 선악과를 먹은 하와가 여호와의 말씀(생명)을 가졌다고 여호와 하나님을 무시하는 것과 같다. 즉 사탄의 다스림을 받는 하갈을 구원하려면 성령 하나님께서 사탄에게 넘어진 사람에게 시련을 주어 돌아오게 하심처럼 사래가 하갈을 학대하여 하갈이 아브람의 집에서 도망친다. 성부 하나님의 뜻에 따라 순종하는 성령 하나님처럼 사래가 스스로 결정하지 않고 성부의 형상인 아브람에게 요청하여 하갈을 학대하였다.

하갈의 이름은 '이주, 도망'이라는 뜻을 가진 '도망자'로 성령의 성품을 가진 여주인 사래를 떠나 자신이 원하는 삶을 살게 되었다. 만약 사래가 아브람으로부터 권한을 위임받지 않은 상태에서 하갈을 학대하였다면 사래는 하와가 자신의 소망에 따라 선악과를 먹은 죄를 짓는 것과 같다. 하와는 자신의 소망으로 선악과를 먹었지만, 사래는 남편의 지시를 따름으로 자신의 소망을 따라 행하도록 유혹하는 뱀(사탄)을 따르지 않았다.

여호와의 사자가 하갈을 찾아가서 사래의 수하에 복종하라 하였다. 이것은 율법 아래 놓인 사람이 은혜를 베풀어 주시는 성령 하나님의 뜻에 복종해야 함을 의미한다. 성령 하나님께 믿음으로 복종하지 않을 때 율법에 묶인 죄에서 구원받지 못한다. 여호와의 사자가 하갈이 잉태한 아들에게 '이스마엘(하나님께서 들으심)'이라는 이름을 주었다. 율법 아래 놓인 이스마엘이 하나님께 간구할 때 들어주심을 의미한다. 하갈이 믿음으로 아브람의 집으로 돌아와서 사래에게 복종하여 이스마엘을 낳았다.

여호와께서 사람을 삼위 하나님 형상으로 창조하시고 사람을 통하여 하나님의 나라를 세우시는 과정이다. 아담과 하와로부터 시작된 창조 사역은 20대 아브람과 사래를 통하여 성부와 성령 하나님의 형상을 나타내셨다. 하갈과 이스마엘이 하나님께서 선택하신 백성이 아닌 이방인이라고 무시해서는 안 된다. 구약시대에는 하갈과 이스마엘뿐만 아니라 아브람과 사래와 이삭까지 모든 사람이 메시아(예수)가 오시길 바랄 뿐이다. 모든 사람을 구원하시기 위해 이스라엘 후손을 먼저 선택하셨을 뿐이다. 아브람과 사래와 하갈과 이스마엘은 아브람의 허리에 있는 구원자(예수)가 세상으로 오지 않음으로 모든 사람은 소망 중에 믿음으로 바라볼 뿐이다.

이스라엘은 아담의 씨를 통하여 예정하신 성자의 형상을 여호와께서 일으키셨고 이방인은 하와의 씨를 통하여 예정하신 성자께서 여자의 후손으로 오셨다. 이스라엘 백성과 이방인까지 모든 사람은 예수 그리스도 안에서 스스로 자신의 정체성을 세우는 존재이다. 아브라함을 포함하여 유대인이나 이방인이나 모든 사람은 죄인이며 의인은 한 사람도 없다(롬 3:9-10). 예수 그리스도의 신부는 사래처럼 예수 그리스도 안에서 또 다른 생명을 낳으므로 세상에서 구원받게 된다(딤전 2:15).

17) 설계도 #17 - 창세기 17장

창세기 17장 설계도(#1-#17)는 사람을 빛으로 붉어지게 하는 믿음의 주께서(#1) 사람을 주님의 가지가 되게 하는 말씀 설계도(#17)이다(17대 스룩-가지·덩굴손·활). 주님의 가지가 될 수 없는 이방인을 위해 이방인의 친구가 된 아브람을 세워 할례를 행하게 하셨고 이는 이방인을 아브라함과 나누어질 수 없는 주님의 가지가 되게 하는 과정이다.

여호와께서 사라의 여종 하갈을 통하여 이스마엘을 낳은 아브람의 이름을 아브라함으로 고쳐 주셨다. 아브람의 몸 밖에 있었던 이방인을 여호와께서 아브라함 안에 들어오게 하여 주님의 가지가 되게 하신 것이다. 여호와께서 그리스도의 신부(하와)를 바로 세우시려고 17대 아담(스룩)의 정체성으로 아브라함을 부르셨다. 아브람 밖에 있었던 이방인(하갈과 이스마엘)까지 구원하는 성자의 형상으로 세우기 위해 여호와께서 아브라함에게 할례를 명하셨다. 할례의 언약(율법)은 죽을 수밖에 없는 사람을 대신하여 성자께서 죽어야 함을 나타내는 율법이다. 할례의 율법은 빛이 드러나지 못하게 덮고 있던 어둠의 영역을 잘라내므로 감추어진 빛을 드러나게 하는 법이다. 이스마엘이 태어난 후 13년 만에 세워진 할례의 율법은 아브라함이 주님의 싹이라는 뜻이다(13대 셀라-싹). 할례받은 아브라함의 몸에서 21대 성자의 형상인 이삭을 세워 할례의 율법 아래 있는 백성과 할례받지 않는 사람을 구원할 계획이다. 여호와께서 나중에 이삭을 번제로 드리는 시험을 아브라함에게 하심은 성자의 죽음을 통하여 첫째 아담을 상징하는 이스마엘을 구원하심을 나타내신 것이다. 아브라함이 할례를 받음으로 하나님 영의 형상인 사라가 21대 이삭을 잉태하게 된다.

아브람이 할례를 받고 아브라함(열국의 아비)이 되어 사래는 사라가 되었다. 하나님의 믿음 사역(1대-22대)은 신부를 사랑하는 남편(신랑)의 희생이 없이는 아내(신부)를 세울 수 없는 사역이다. 아브람(고귀한 아버지·큰아버지)은 하나님께서 타락한 하와로 인하여 말씀으로 생명을 낳는 아버지가 될 수 없었다. 아브라함의 집에 있는 모든 사람이 할례를 받게 된 것은 성부와 성령 하나님 품에서 죄인을 위해 할례를 받으신 성자 하나님(이삭) 안에서 모든 사람이 믿음으로 할례를 받게 되었다는 뜻이다. 죄인의 친구가 된 아브라함의 할례를 통하여 모든 이방인과 유대인을 세워 주님의 가지가 되게 하였다.

18) 설계도 #18 - 창세기 18장

창세기 18장 설계도(#1-#18)는 사람을 빛으로 붉어지게 하는 믿음의 주께서(#1) 사람을 주님의 거친 숨이 되게 하는 말씀 설계도(#18)이다(18대 나홀-거친 숨). 18대 나홀처럼 빛으로 붉어진 아브라함을 주님의 거친 숨이 되게 하는 18장이다.

할례를 받아 고통스러운 아브라함에게 세 분 하나님께서 찾아오셨다. 할례를 받은 아브라함이 하나님과 거친 숨으로 대화할 수 있게 되어 하나님께서 찾아오셨다. 에덴동산에서 거니셨던 여호와께서(창 3:8) 아브라함을 찾아오신 것은 아브라함의 가정이 에덴동산과 같은 장소라는 의미이다. 에덴동산에서는 여호와께서 아담에게 성자의 형상인 짐승을 잡아 아담에게 옷을 입혀주셨으나 아브라함의 집에서는 아브라함이 성자의 형상인 송아지를 잡아 세 분 하나님을 대접한다. 아브라함이 하나님께 드린 송아지는 성자께서 아담(아브라함)과 하와(사라)를 위해 죽게 되실 것을 상징한다. 하나님께서 성자의 형상인 송아지를 양식으로 삼으신 것은 이삭을 성자의 형상으로 세워 아브라함의 아들로 보내실 수 있게 되었다는 뜻이다.

하나님의 형상과 모양으로 창조된 사람이 성자의 형상인 송아지를 하나님의 양식으로 대접함으로 세 사람이 다시 여호와 하나님이 되셨다. 타락한 사람 때문에 집을 잃고 머리 둘 곳이 없으신 하나님은 자기 몸을 하나님의 양식으로 대접하는 사람을 자신의 처소로 삼으신다. 사람이 마음(혼)을 담은 예물을 하나님께 드릴 때 하나님께서 그를 자신의 성전(집)으로 삼으신다. 하나님께서 아브라함이 주는 음식을 먹었다는 것은 말씀이요 영이신 하나님께서 아브라함과 사라의 몸을 성전으로 삼으셨다는 뜻이다. 9절까지는 세 사람이 아브라함과 대화를 나누고 음식을 잡수신 후 10절부터는 세 사람이 한 몸이 되어 여호와 하나님께서 아브라함에게 말씀하신다. 여호와께서 내년 이맘때 아브라함에게 돌아오심으로 사라가 아들을 낳을 것이라 하셨다. '내가 반드시 네게로 돌아오리니'(10절)라고 하심은 여호와의 말씀이 사라의 품에 들어오셔서 일 년 후에 사람이 되어 나타나시겠다는 뜻이다. 그러나 사라는 여호와의 말씀을 믿을 수 없어 웃어 버렸다. 사라는 왕의 생명을 품는 '왕비'를 뜻하는 이름이 되었으나 왕이신 여호와의 말씀을 믿지 못함으로 아들이 되어 돌아오겠다는 말씀이 사라의 품에서 생명으로 잉태되지 못할 위기에 처하게 되었다. 여호와의 말씀을 비웃어 버린 사라는 에덴동산에서 여호와의 말씀을 비웃고 선악과를 먹어 버린 하와와 같다. 하와가 주는 선악과를 먹었던 아담처럼 아브라함도 사라처럼 웃어 버렸다면 인류의 소망은 사라지게 된다.

갑자기 하나님께서 소돔과 고모라성으로 가신다는 말씀을 아브라함에게 하신다. 이 말씀은 하나님의 심판을 받게 된 롯을 위하여 아브라함의 몸에 잉태된 여호와의 말씀이 주님의 거친 숨이 되어 하나님께 간구할 수 있게 하심이다. 사람의 몸을 하나님의 성전으로 세우시는 성자께서 아브라함을 성전으로 삼고 하나님과 소통하게 하여 여호와 하나님의 거친 숨으로 조카 롯을 위해 기도하게 하셨다. 하나님께서 말씀(성자)으로 사람을 창조하시고 남자(아담)와 여자(하와)로 나누신 것은 자신이 마지막 아담으로 오셔서 모든 사람을 신부로 삼아 한 몸을 이루시려는 것이다.

장차 사람의 몸을 입고 오실 성자 하나님께서 잃어버린 자기 백성을 위해 거친 숨을 내쉬며 기도하실 것임을 아브라함을 통하여 나타내셨다. 아브라함은 여호와 하나님을 붙들고 롯을 위하여 여호와 하나님의 거친 숨(말씀)으로 여섯 차례 간구한다. 주님의 거친 숨이 된 아브라함의 간구로 소돔성에서 롯을 구원하게 하였다(창 19:29). 아브라함의 기도로 구원받은 롯은 여호와의 말씀을 전하는 주님의 거친 숨이 되었다.

"여호와께서 아브라함과 말씀을 마치시고 가시니 아브라함도 자기 곳으로 돌아갔더라"(33절). 사람으로 나타나셨던 여호와께서 다시 사람이 볼 수 없는 영이 되어 아브라함의 품에 있는 하나님의 나라로 돌아가셨다가 이삭이 되어 돌아오실 것이다(14절).

19) 설계도 #19 - 창세기 19장

창세기 19장 설계도(#1-#19)는 사람을 빛으로 붉어지게 하는 믿음의 주께서(#1) 사람을 표백되게 하는 말씀 설계도(#19)이다(19대 데라-표백). 여호와께서 표백제가 된 데라를 통하여 아들 아브람과 사래와 손자 롯을 예수 그리스도 안에서 소망을 갖도록 표백된 것처럼, 표백제가 된 롯을 통하여 롯의 두 딸을 예수 그리스도 안에서 소망을 갖도록 표백되게 하는 19장이다. 소돔과 고모라처럼 불태워져야 할 롯과 롯의 두 딸을 성자 하나님의 형상으로 창조된 아담(롯)과 하와(두 딸)의 형상으로 표백되게 하셨다.

노아가 만든 방주를 통하여 죄악이 관영(貫盈)한 세상에서 코로 숨 쉬던 사람을 홍수로 심판하여 첫째 하늘을 무너뜨리고 둘째 하늘로 대확장하셨다. 이는 코로 숨 쉬던 사람을 하나님의 말씀에 따라 살도록 세례를 받게 하심이다. 여호와께서 노아와 그의 후손들에게 둘째 하늘에서 생육하고 번성하여 충만하게 하는 사명을 주셨다(창 8:17). 둘째 하늘 아래에서 하나님의 생명을 낳아서 성자 하나님을 본받는 사람과 성자 하나님의 신부가 될 사람으로 기르는 부모가 되기를 싫어하는 사람들로 관영한 소돔과 고모라를 유황불로 심판하셨다.

창세기 18장에서 아브라함에게 세 사람의 모습으로 오셨던 하나님께서 롯이 사는 소돔성으로 가신다더니 두 천사를 보내셨다. 여호와께서 하늘을 상징하는 가나안 땅에서 아브라함에게는 직접 세 사람의 모습으로 오셨으나 소돔성의 롯에게는 사람의 모습으로 가실 수 없으셨다. 가나안 땅에 있는 아브라함은 에덴동산에 있는 아담의 형상이며 소돔성에 있는 롯은 가죽 옷을 입고 세상으로 쫓겨난 아담의 형상이다. 에덴동산은 하나님께서 창조하신 하나님의 나라이고, 소돔과 고모라는 사탄의 나라가 되어 하나님께서 들어가실 수 없어 천사를 보내셨다. 하나님께서 바람이 불 때 에덴동산을 거니셨던 것처럼(창 3:8), 아브라함에게 찾아오실 수 있으셨으나 죄악이 관영한 소돔성으로 오시면 시내산 꼭대기처럼 소돔성이 불태워지기 전에 먼저 두 천사를 보내셔서 롯과 두 딸을 구원하신 후에 여호와께서 찾아가심으로 불태워진다.

두 천사의 방문을 받은 롯은 가죽옷을 입은 아담을 대신하여 변화산에 오르신 성자 예수께서 모세와 엘리야를 만났던 모습과 같다. 베드로는 이러한 모습을 보고 세 사람을 위해 초막 셋을 짓겠다고 하였다(마 17:4). 베드로의 고백은 자신이 삼위 하나님께서 거하실 성전을 짓는 반석(게바)이 되겠다는 뜻이다. 베드로는 하늘에서 내려온 예수님의 집(성전)을 짓는 사람이 되었으나, 두 천사와 롯을 본 소돔 사람들은 두 천사를 성적 대상으로 여겼다. 이러한 모습은 하나님의 형상으로 창조하신 사람이 하나님의 성전이 되지 못하여 하나님의 영광을 벗어 버리고 사탄의 형상이 된 것을 나타낸다.

에덴동산에서 하와가 뱀에게 넘어짐으로 가죽옷을 입은 아담처럼 롯을 제외한 모든 소돔과 고모라 사람이 어둠의 다스림을 받게 되었다. 타락한 소돔과 고모라 사람들에게 보냄을 받은 롯의 사명은 성문에 앉아 여호와의 말씀으로 재판하여 어둠의 생각을 표백시키는 표백제 역할이다. 롯이 소돔과 고모라 백성을 구원하려고 내려갔다가 타락한 아내(하와)와 결혼하여 두 딸을 낳았다. 21대 성자의 형상인 롯이 아들을 낳지 못하고 딸을 낳음은 아담이 전해 준 여호와의 말씀을 하와가 거절하고 선악과를 먹은 결과를 의미한다. 롯이 낳은 두 딸이 결혼할 때가 되어 사위 될 사람이 있는 상태에서 천사가 방문하였다. 여호와께서 말씀을 파종할 밭으로 두 딸을 세웠으나 롯처럼 성자 하나님을 본받는 남자가 없었다.

소돔성에 들어간 두 천사를 성적 대상으로 여긴 소돔의 남자들이 노소를 막론하고 롯의 집 앞에서 소란을 피웠다. 롯이 두 딸을 그들에게 주겠다는 황당한 제안을 하여 그들의 마음을 돌이키려 하였으나 거절당했다. 이는 여호와께서 창조하신 땅에 아담을 세워 말씀의 씨를 파종하게 하심처럼, 소돔 사람들을 아담으로 여겨 롯의 딸들을 맡기겠다는 여호와 하나님의 관점으로 롯을 의롭다고 하신다(벧후 2:7). 만약 그들이 롯의 제안을 받아들였더라면 여호와의 심판이 지연되어 롯과 두 딸이 소돔성에 체류할 수 있었을 것이다. 왜냐면 여호와께서 타락한 하와의 후손을 여호와의 백성으로 회복시키기 위해 롯과 같은 또 다른 성자의 형상을 보내셔야 하기 때문이다. 산 자의 어미로 창조된 하와처럼(창 3:20), 그리스도의 신부인 사람은 예수 그리스도 안에서 거듭난 사람을 낳고 길러서 자신의 정체성을 세워야 한다(딤전 2:15). 이런 의미에서 동성애는 하나님의 형상과 모양을 가진 사람을 낳고 양육하는 하나님의 뜻을 저버리고 자기만을 위해 사는 사람을 상징한다(롬 1:21-25).

"이 자가 들어와서 거류하면서 우리의 법관이 되려 하는도다 이제 우리가 그들보다 너를 더 해하리라 하고 롯을 밀치며 가까이 가서 그 문을

부수려고 하는지라"(9절).

표백제가 된 19대 데라가 아들 아브람과 딸 사래와 손자 롯을 데리고 가나안 땅으로 들어가기 위해 하란으로 데려온 것처럼(창 11:31), 표백제가 된 롯은 아내와 두 딸을 소알로 데려오려 하였으나 아내를 데려올 수 없었다. 여호와께서 소돔과 온 지역으로 의로운 롯을 보냈지만, 소돔과 고모라 사람들과 롯의 아내까지 구원할 수 없어 유황불로 심판하셨다. 창세기 19장을 소돔과 고모라를 심판하심으로 끝맺지 않으심은 롯의 두 딸을 표백시키지 못했기 때문이다.

소알성으로 피신한 롯과 두 딸은 땅속에 거주하게 되었다. '소알'은 '작은, 하찮은'이라는 뜻으로 성자 하나님의 생명을 낳고 양육해야 할 마지막 남은 땅으로 롯의 두 딸을 상징한다. 아브라함의 동생 나홀이 하란에 남아 있어서 이삭의 아내 리브가를 예비할 수 있었으나 소알에는 롯의 아내가 없어 두 딸은 소망이 없었다.

'온 세상의 도리를 따라 우리의 배필 될 사람이 이 땅에는 없으니'(31절).

소돔 사람들에게 버려진 하찮은 두 딸에게 남겨진 소망은 오직 아버지밖에 없었다. 하나님께서 창조하신 땅은 하나님께서 주신 씨를 받아 생명을 유전하기 위함이다. 땅이 생명을 유전할 수 없다면 불태워지는 것처럼, 사람이 생명을 유전하지 못하면 열매 없는 무화과나무처럼 심판받게 된다(마 21:19). 생명을 유전할 방법이 없는 두 딸이 자신을 낳아 주신 아버지를 신랑으로 여김으로 마지막 때에 영생을 얻게 됨을 나타내셨다. 이는 사람을 창조하신 성자 하나님을 타락한 사람이 신랑으로 삼아 하나님의 생명을 유전하는 것과 같다.

아버지에게 술을 먹이고 동침하여 큰딸은 모압을 세우는 아들을 낳았

족보로 보는 성경 설계도 Ⅰ

고, 작은딸은 암몬을 세우는 아들을 낳았다. 성자 하나님 안에서 모압과 암몬은 하찮게 남겨진 땅이 씨를 받아 생명을 유전하여 나타난 피조물이며 이들은 하나님의 아들들이 나타나기를 고대하게 되었다(롬 8:19-21). 롯의 두 딸이 저지른 만행은 하나님의 관점으로 타락한 하와가 아담에게 선악과를 먹이고 아담의 생명을 유전함과 같다.

선악과를 먹고 타락한 하와에게 아담은 하와를 어둠의 영역에서 표백시키는 표백제이며, 하와처럼 타락한 두 딸에게 롯은 두 딸을 표백시키는 표백제가 되었다. 여호와께서 선악과를 먹은 아담과 술에 취한 롯을 통하여 소망이 없는 죄인에게 생명을 주시기 위해 죽을 수밖에 없는 성자 예수님을 볼 수 있게 하셨다.

여호와께서 모압과 암몬을 세운 두 딸을 위해 30대 보아스를 세워 모압 여인 룻을 구원하셨고, 34대 솔로몬 왕을 통하여 암몬 여자 나아마를 아내로 삼아 르호보암 왕을 낳았다(왕하 14:21).

20) 설계도 #20 - 창세기 20장

창세기 20장 설계도(#1-#20)는 사람을 빛으로 붉어지게 하는 믿음의 주께서(#1) 사람을 열국의 아비가 되게 하는 말씀 설계도(#20)이다[20대 아브라함-열국(무리)의 아비]. 여호와의 말씀으로 표백된 아비멜렉 왕과 그의 아내를 열국의 아비와 어미가 되게 하는 20장이다.

하나님께서 자신의 형상과 모양으로 사람을 창조하여 사람이 주를 계승하게 하셨다. 20대 아브라함은 말씀으로 사람을 창조하신 성부 하나님의 형상으로 세우는 설계도(#20)이다. 성경에 사용되는 사람의 이름과 지명을 통하여 하나님의 뜻을 알 수 있게 하셨다(헤브론-교제, 가데스-신성한 곳, 술-벽, 그랄-숙박하는 곳). 헤브론에서 머물면서 하나님과 교제를 나누던 아브라함이 네게브(남방) 땅으로 옮겨 가데스와 술 사이에 있는 그랄에 거주하게 된다. 네게브(남방) 땅은 유다와 시나이 반도 사이에 있는 사막으로 생명이 살 수 없는 지역이다. 여호와의 말씀으로 표백할 수 있는 아브라함을 이곳으로 이주시켜 생명을 창조하는 아브라함이 되게 하는 20장이다. 그랄을 다스리는 아비멜렉 왕은 사탄이 타락한 사람 안에 들어가 다스리는 어둠의 나라이며 아브라함은 성부 하나님 품에 계신 성자의 20대 형상이다. 아브라함과 사라가 여호와 하나님과 교제하던 헤브론을 떠나 타락한 사람(사탄)이 숙박하고 있는 그랄로 옮긴 것은 어둠 속에서 빛을 비추는 사명을 이루기 위함이다. 가데스와 술 사이에 있는 그랄은 타락한 사람을 사로잡아 신부(예수 그리스도)의 마음에서 사탄이 숙박하는 것을 나타내심으로 보인다.

여호와께서 타락한 사람의 마음을 하나님의 나라로 회복하시려고 모든 장소를 설정하셨다. 그랄에서 벌어지는 아브라함과 아비멜렉 왕과의 대결은 생명을 낳을 수 있는 땅(하와-사라)을 차지하여 생명을 유전하기 위한 빛(성자)과 어둠(사탄)의 대결이다. 애굽의 바로 왕은 땅의 권세이며, 그랄의 아비멜렉 왕은 하늘의 권세이다. 아비멜렉 왕은 땅에서 하늘로 올라온 하와(사라)를 차지함으로 하나님의 나라를 사라지게 하려는 어둠을 대표하는 존재이다.

아브라함의 누이로 여긴 사라를 취한 아비멜렉 왕에게 여호와께서 꿈을 통하여 사라를 가까이하지 말라 하셨다(1-6절). 여호와께서 바로 왕과 아비멜렉 왕을 대하는 방법이 다른 것은 땅과 하늘에서 일하시는 방식이다. 땅에서는 재앙을 통하여 바로 왕을 돌이키게 하셨고, 하늘에서는 꿈을 통하여 가르치는 방식으로 야곱에게도 꿈으로 말씀하셨다(창 28:12). 한글에서 '꿈'의 기본형은 '꾸다'로 타락한 사람이 꿈꿀 수 없었던 꿈을 하나님께서 꾸어주심을 의미한다(한글의 특성-역자 주). 일반적으로 꿈은 자기가 원하여 꾸는 것이 아니라 하나님께서 꾸어(빌려)주신 것이다. 하나님께서 이루기를 원하시는 꿈을 믿음으로 받아들인 사람은 하나님의 꿈을 이루게 되고 그렇지 않은 사람은 하나님의 꿈을 자기의 삶으로 이룰 수 없게 된다. 하나님께서 꾸어 주신 꿈은 하나님의 뜻을 헤아려 알 수 있게 하신 하나님의 신호체계이다. 아비멜렉 왕은 하나님께서 꾸어 주신 꿈을 통하여 아브라함과 사라의 신분을 알게 되었고, 또한 자신이 타락한 아담의 형상이라는 사실을 알게 되었다.

아비멜렉은 '왕의 아버지'라는 뜻이다. 여호와께서 에덴을 다스리는 왕으로 아담을 세우셨고 사탄이 아담을 넘어뜨리고 그를 주관하여 왕의 아버지가 되었다는 뜻이다. 여호와께서 아브라함과 사라를 통하여 사탄의 형상이요 타락한 아담의 형상인 아비멜렉 왕과 그에게 속한 모든 사람을 하나님께서 창조하신 사람이 될 수 있는 꿈을 아비멜렉 왕에게 주신 것이다. 여호와께서 아비멜렉 왕과 그에게 속한 모든 사람을 열국의 아비와 어미가 될 수 있도록 성자 하나님의 형상인 아브라함을 보내셨다. 여호와께서 아비멜렉 왕에게 사라를 돌려주라고 하셨고 아비멜렉 왕의 집에 태의 문을 닫으셨다. 뱀의 유혹으로 선악과를 먹은 하와의 형상인 사라를 신부로 취할 수 있는 사람은 성자 예수님의 형상인 아브라함밖에 없다. 사라를 취하려 한 아비멜렉 왕이 아브라함과 사라를 대우한 모습은 성자와 성령 하나님께 그의 죄를 회개하는 것을 의미한다.

성부 하나님께서 말씀(성자 하나님)으로 사람을 창조하심처럼 아브라함의 말(기도)을 통하여 아비멜렉 왕의 태의 문을 열어 주셨다. 성부 하나님처럼 아브라함의 기도(말)로 생명을 창조하는 아브라함을 세워 열국의 아비가 되게 하였다. 아브라함은 18장에서 주님의 거친 숨이 되었고 20장에서는 주님의 거친 숨으로 기도함으로 아브라함의 입에서 나온 기도(말씀)는 아브라함을 성전으로 삼고 아브라함의 품에 계신 성자 하나님이시다. 1대 아담을 성전으로 삼고 아담의 품에 계시던 성자 하나님께서 아담이 선악과를 먹음으로 성자 하나님께서 그를 성전으로 삼으실 수 없게 된 것을 20대 아브라함을 통하여 회복되게 하셨다. 태의 문이 닫혀 아비와 어미가 될 수 없었던 아비멜렉 왕과 그에 속한 모든 사람을 세워 아비와 어미가 되게 하는 20장이다.

21) 설계도 #21 - 창세기 21장

창세기 21장 설계도(#1-#21)는 사람을 빛으로 붉어지게 하는 믿음의 주께서(#1) 사람을 어둠 속에서 웃을 수 있게 하는 말씀 설계도(#21)이다(21대 이삭-웃음). 열국의 어미 된 사라를 어둠 속에서 웃을 수 있게 하는 21장이다.

아브라함과 사라가 아비멜렉 왕이 다스리는 그랄에서 성자의 형상인 이삭을 낳은 것은 하나님께서 어둠 속에서 빛의 나라를 세우신 것이다. 이삭이 태어남으로 아비가 된 아브라함(20대 아담)과 사라(신부)를 웃게 하였고(6절) 아브라함은 이삭의 젖 떼는 날에 큰 잔치를 베푼다(8절). 젖을 뗐다는 것은 사라의 몸에서 분리되어 스스로 양식(말씀)을 선택하여 먹을 수 있게 되었다는 뜻이다. '젖'이란 어머니가 먹은 음식을 자녀가 섭취하는 것으로 영적으로 장성하지 못한 어린아이가 어려운 양식(말씀)을 먹을 수 없어 잠시 도와주는 것을 의미한다(고전 3:2). 한글에서 '젖'의 기본형 '젖다'라는 의미는 부모의 입맛에 젖어 들게 하는 과정이라는 뜻으로 보인다. 여호와의 말씀을 양식으로 먹는 사람이 자녀에게 자신이 먹은 여호와의 말씀을 풀어서 먹임으로 여호와의 말씀에 젖어 들게 해야 한다.

모세가 어머니 요게벳의 젖을 먹고 자랐다는 것은 모세가 부모님께서 먹은 여호와의 말씀에 젖어 들었다는 의미이다(출 2:9). 젖을 먹는 아이는 부모님의 도움이 없이는 사탄이 주관하는 세상에서 자신의 생명을 스스로 보존할 수 없는 것처럼 스스로 사탄과 전쟁에서 승리할 수 없다. 그리스도인이 하나님 말씀을 스스로 상고하고 묵상하여 성령 하나님으로부터 매일의 양식으로 먹지 않으면 사탄(마귀)을 대적할 수 없다(약 4:7). 한글에서 태어난 아기가 1년이 지나면 '돌'이라고 한다. 이는 스스로 몸을 가눌 수 없었던 아이가 돌처럼 단단해졌다는 뜻으로 보인다. 영적으로 돌처럼 단단해진 사람은 자신의 마음에 사탄이 들어올 수 없게 하여 하나님께서 거하시는 성전이요 하나님께서 다스리는 하나님 나라로 거듭나게 된다(한글의 특성-역자 주).

빛과 어둠이 공존할 수 없는 것처럼 밤을 주관하는 이스마엘이 자신의 영역에 들어온 이삭을 그대로 두지 않는 모습이다. 하나님의 나라를 상징하는 아브라함의 가정은 빛이신 성자께서 어둠이 주관하는 세상에 나타나셔서 어둠을 몰아내고 빛의 나라를 세우실 것을 보여 준다. 성령의 형상인 사라는 항상 이삭을 주시하고 있어서 이삭이 어떤 상태에 있는지 알고 있음을 보여 준다. 성령 하나님은 성부 하나님의 영을 받아 성부 하나님의 뜻대로 성자 하나님을 인도하는 하나님의 영이시다. 성령의 형상인 사라는 이스마엘에게 조롱당하는 이삭을 위해 아브라함에게 간구하여 아브라함의 말씀을 여호와의 말씀으로 여기며 따르기를 원한다. 여호와께서 아브라함에게 말씀하셨고 아브라함이 사라에게 말함으로 사라는 집에서 하갈과 이스마엘을 쫓아냄으로 어둠을 비웃는다. 어둠 속에서 빛의 나라가 세워지지 못하게 어둠의 저항을 받으나 여호와께서 어둠을 내쫓음으로 어둠 속에 하나님의 나라를 세우심을 아브라함의 가정을 통하여 나타내셨다. 사람이 자신의 마음에 계신 성자 하나님을 무시하면 하나님의 나라가 그의 마음에 세워질 수 없음을 보여 준다.

하갈이 애굽에서 아들 이스마엘에게 아내를 구하여 주었을 때 아비멜렉 왕과 군대 장관 비골이 아브라함을 찾아온다. 이삭이 아직 결혼하기 전에 이스마엘이 애굽 여자와 결혼하여 가정을 이룸은 빛의 나라(하나님의 나라)가 어둠 속에 존재하기 때문이다.

아비멜렉의 종들이 아브라함의 우물을 빼앗은 것을 아브라함이 책망하였고 아비멜렉 왕은 모르는 일이라고 한다. 사탄(어둠)의 나라는 종들이 저지른 일을 왕이 책임지지 않지만, 하나님의 나라는 아담과 하와가 저지른 일을 왕이신 예수께서 대신 짊어지신다. 그럴 왕 아비멜렉은 타락한 아담을 주관하는 어둠(사탄)의 형상이다. 영적으로 우물은 흙으로 만들어진 사람의 마음에 있는 성령 하나님을 의미한다. 아비멜렉 종들이 아브라함의 종들이 판 우물을 빼앗음은 성령 하나님으로 충만한 하와를 사탄이 넘어뜨린 것과 같다. 아브라함은 일곱 암양 새끼를 따로 떼어 놓고 우물을 판 증거로 삼았다. 여호와의 말씀으로 생명을 낳아야 할 신부 하와가 제칠일에 여호와의 말씀 안에서 안식하지 못했기 때문으로 보인다. 이는 가인을 죽인 자에게 내리신 일곱 배와 같이 성자께서 하와가 저지른 죄를 자기 몸으로 대속하심을 의미한다. 신부와 한 몸을 이루신 예수 그리스도 께서 사탄에게 넘겨져 희생하시므로 하와(신부)가 여호와의 말씀을 품는 하나님의 영으로 회복하심을 나타낸다.

아비멜렉 왕은 이삭이 태어나서 아브라함의 뒤를 이어 하나님의 나라 를 계승하게 되므로 아브라함과 화친을 맺으려 하였다. 브엘세바 우물을 얻은 아브라함이 브엘세바에서 에셀나무를 심고 여호와 하나님의 이름을 부름은 이삭을 통하여 타락한 사람을 구원하실 것을 의미한다. 에셀나무 (위성류)는 두 번 꽃이 피는 나무로 하나님께서 설계하셨다. 묵은 가지에 서 피는 첫 번째 꽃에는 열매가 없고 새 가지에서 피는 두 번째 꽃에서 열 매가 열린다(참조-두산백과). 이러한 특성을 가진 에셀나무를 통하여 아 브라함이 맺은 언약으로는 브엘세바를 지킬 수 없고 이삭이 맺은 브엘세 바 언약을 통하여 하갈과 이스마엘을 포함한 모든 타락한 사람을 성자 예 수님의 신부로 삼을 수 있다는 뜻이다. 사울 왕을 장사한 길르앗 야베스 주민이 에셀나무를 심은 것도(삼상 31:13) 사울 왕의 죽음을 통하여 열매 를 맺을 수 없지만, 성자 하나님의 형상인 다윗 왕을 통하여 그들이 하나 님의 백성이 될 것을 나타낸 것이다.

성령의 형상인 우물은 어둠(하갈과 이스마엘)이 빛의 나라(아브라함의 가정)를 떠나므로 허락됨을 보여 준다. 질그릇으로 만들어진 사람 속에 성령을 상징하는 생수를 허락하심으로 아브라함의 가정(삼위일체)을 어 둠 속에서 웃을 수 있게 하셨다.

22) 설계도 #22 - 창세기 22장

창세기 22장 설계도(#1-#22)는 사람을 빛으로 붉어지게 하는 믿음의 주께서(#1) 사람을 하나님과 겨루어 이기게 하는 말씀 설계도(#22)이다(22 대 이스라엘-하나님과 겨루어 이김).

여호와께서 하나님 형상과 모양으로 창조하신 아담과 하와를 시험하도록 뱀을 에덴에 두셨다. 하나님께서 뱀(사탄)을 통하여 에덴에서 하나님의 영으로 세워진 하와를 시험하셨고, 그랄에서 20대 아브라함(아담)과 사라(하와)와 21대 이삭(아담)을 시험하셨다. 하와는 에덴에서 하나님의 영이 가져야 할 성령 하나님의 성품을 갖추지 못하여 무너졌고, 그랄에서는 아브라함과 사라와 이삭을 세워 성부와 성령과 성자 하나님의 성품을 시험하셨다.

"그 일 후에 하나님이 아브라함을 시험하시려고 그를 부르시되 아브라함아 하시니 그가 이르되 내가 여기 있나이다 여호와께서 이르시되 네 아들 네 사랑하는 독자 이삭을 데리고 모리아 땅으로 가서 내가 네게 일러 준 한 산 거기서 그를 번제로 드리라"(1-2절).

이삭은 죄인을 대신하여 십자가를 지실 성자 예수님의 성품을 시험하셨고, 아브라함은 성자 하나님을 십자가에서 죽게 하신 성부 하나님의 성품을 시험하셨다. 또한 사라는 성부 하나님의 뜻이 하늘에서 이루어진 것처럼 땅에서 이루어질 수 있게 하는 성령 하나님의 성품을 시험하였다. 성부 하나님은 독생자 예수를 성령 하나님께 맡기어 십자가에서 죽게 하신 분으로 아브라함과 사라와 이삭을 성부와 성령과 성자 하나님과 같은

족보로 보는성경 설계도 |

성품을 본받을 수 있도록 하셨다. 여호와의 말씀에 믿음으로 순종하지 못하면 사람의 마음에서 자신의 유익을 취하도록 유혹하는 어둠을 이길 수 없기 때문이다. 하와는 뱀의 말을 따르므로 여호와 하나님의 뜻이 에덴동산에서 이루어질 수 없게 하였으나 사라는 여호와 하나님의 뜻이 이루어지도록 이삭을 번제로 드리러 가는 아브라함을 말리지 않았다. 독자 이삭을 번제로 바치는 시험은 믿음으로 세 사람이 한 몸을 이루신 삼위 하나님의 형상과 모양으로 회복되었는가를 점검하는 과정이다. 이스마엘이 아브라함의 집에서 나가고 브엘세바 우물을 얻게 되어 일어난 이 일은 하나님 나라 밖으로 나간 이스마엘을 비롯한 모든 사람을 구원하기 위한 과정이다. 세 사람이 하나 됨을 이루었을 때 하나님께서 세상으로 나간 이방인에게 나아갈 수 있기 때문이다.

성자 하나님께서 성부와 성령 하나님께 순종하여 타락한 사람을 대신하여 자신을 희생하신 분임을 이삭을 통하여 나타내셨다. 아담이 여호와의 말씀에 순종해야 하는 것과 같이 이삭이 아브라함의 말에 순종하는 것이 성자 하나님의 성품이다. 사람을 하나님의 형상과 모양으로 창조하셨기에 아브라함과 사라와 이삭을 성부와 성령과 성자 하나님의 성품을 갖게 하셨다. '모리아'는 '여호와께 선택된, 여호와께 보여진'이란 뜻으로 여호와께서 선택하신 땅에 하나님의 성전이 세워지는 곳이다. 이것은 여호와께서 흙으로 창조하신 사람의 마음을 하나님의 성전으로 세우시려는 것을 의미한다. 성자 하나님의 희생을 통하여 모든 사람을 하나님의 성전으로 세우실 것을 나타내려 하심이다.

아브라함과 이삭이 종들을 데리고 가다가 제삼일에 이삭을 번제로 드리는 것을 바라볼 수 있는 장소에 종들을 남겨두고 아브라함과 이삭이 동행한다. 아브라함의 종들은 율법에 매인 사람들이며 이삭은 여호와께서 율법에 매인 사람들을 위해 오실 성자의 형상이다. 여호와의 율법에 매인 구약의 사람들은 성자께서 자신들의 죄를 대신하여 죽은 후 사흘에 살아나실 것을 믿음으로 바라보는 곳에 있게 하셨다는 의미이다.

독자 이삭을 죽여야 하는 아브라함과 아버지의 영으로 죽어야 하는 이삭과 성부 하나님의 뜻이 이루어지게 하는 사라가 하나님의 시험에서 승리함으로 여호와께서 아브라함과 사라와 이삭을 말씀으로 다스릴 수 있게 되었다. 빛과 어둠을 창조하신 여호와께서 어둠의 권세를 아브라함과 사라와 이삭을 통하여 이기게 하셨다. 하나님께서 요구하는 믿음은 사람을 성부와 성령과 성자 하나님의 성품과 같은 믿음이다(약 2:17-26).

이삭의 번제 사건으로 22장이 마무리되지 않고 이삭의 아내가 될 리브가가 태어난다(20-24절). 여호와께서 하나님의 시험을 통과한 세 사람을 통하여 하나님의 말씀을 받아 몸으로 생명을 낳는 신부의 역할로 부르신 리브가를 세울 수 있게 되었다는 뜻이다.

아담(남자)은 여호와께 말씀을 받는 존재이며 하와(여자)는 신랑으로부터 생명의 말씀을 받아 말씀이 사람이 되어 오실 성자 하나님을 낳는 존재이다. 22장에서 이삭의 아내가 될 리브가를 기록하심은 여호와의 말씀으로 세워진 아담을 대신하여 이삭을 세우셨고 하와를 대신하여 리브가를 세우셨다는 뜻이다. 여호와께서 성자의 형상인 아담을 창조하시고 아담의 갈비뼈로 하와를 창조하심처럼 성자의 형상인 이삭이 세워졌을 때 이삭의 뼈로 리브가가 세워짐을 뜻한다. 예수께서 어둠(사탄)의 유혹을 이기고 성부 하나님의 말씀과 성령 하나님의 영에 순종함으로 죄인을 그리스도의 신부로 세울 수 있게 됨을 이삭과 리브가를 통하여 나타내셨다.

하나님의 소망 사역

23) 설계도 #23 - 창세기 23장

창세기 23장 설계도(#1-#23)는 사람을 빛으로 붉어지게 하는 소망의 주께서(#1) 사람을 귀명하게 하여 빛으로 붉어지게 하는 말씀 설계도(#23)이다(23대 유다-귀명한).

에브론의 막벨라 굴을 사서 사라를 장사함은 성자의 형상인 아브라함이 죽은 사라를 세워 이방인의 땅이 아닌 주님의 품(땅)으로 돌아오게(귀명) 함이다. 영혼이 빠져나간 사라의 몸(육체)은 하나님의 나라 밖에 있는 이방인과 같다. 23대 유다가 하나님의 나라 밖에 있는 이방인을 아내로 삼아 아들을 낳는 것처럼, 아브라함이 이방인의 땅을 사서 죽은 사라를 장사한다. 아담의 갈비뼈로 하와를 만드신 것처럼, 아브라함이 사라를 주님의 품(땅)으로 돌아오게 하였다는 뜻이다. 이방인의 땅이었던 막벨라 굴에 사라를 장사했다면 사라의 몸은 주님의 땅이 될 수 없게 된다.

성령 하나님의 형상인 사라가 향년 127세를 살고 죽었다. 헷 족속의 땅에서 나그네로 거류하던 아브라함은 죽은 사라를 장사하기 위해 땅을 사려고 한다. 헷 족속은 땅을 사려는 아브라함에게 땅을 사지 말고 원하는 곳에 사라를 장사하라고 한다. 그러나 아브라함은 에브론의 밭에 있는 막벨라 굴을 사기를 원한다. 흙으로 만들어진 아담이 사탄에게 넘어짐으로 아담이 다스리던 모든 땅의 소유권이 사탄에게 넘어가게 되었다. 하나님께서 하와를 흙으로 만들어진 아담의 갈비뼈로 만들었기에 하와는 아담의 것이었다. 그런데 하와가 선악과를 먹지 말라는 아담의 영을 거절하고 뱀의 말을 따름으로 어둠의 영이 되었다. 그러나 사라는 아브라함의 영을 따름으로 이삭을 낳고 이삭을 성자의 형상으로 세움으로 성자 안에서 빛의 영이 되었다. 성부의 형상인 아브라함이 막벨라 굴을 산 것은 아담에게 다스리도록 맡겨 두었던 땅을 사탄이 다스리게 되었기 때문이다.

막벨라 굴의 땅값을 은 400이라 함은 해와 달의 비율이 400대 1이기 때문이다. 해와 같은 여호와께서 흙을 성전으로 삼으시려면 빛의 형상인 은 400을 주어야 함을 보여 준다(*성자의 형상인 모세가 태어날 수 있도록 4백 년을 애굽에서 보내야 했고-창 15:13, 어둠의 사람이 예루살렘성으로 들어올 수 있도록 4백 규빗의 성벽이 헐린다-대하 25:23*). 아브라함이 값을 주고 사서 사라를 장사함으로 성자께서 사탄의 소유이던 사람을 성자 하나님의 사랑 안에 거할 수 있는 소망을 갖게 하였다. *"너는 흙이니 흙으로 돌아갈 것이니라"(창 3:19)*. 하나님께서 흙으로 창조하신 사람은 하나님께서 맡겨 주신 사명을 다하면 육체는 다시 흙으로 돌아가고 사람의 영혼은 땅을 벗어나 영으로 존재하는 하늘나라(어둠과 빛의 나라)에 들어간다. 아브라함은 하나님께서 부르신 사명을 다하고 죽은 사라를 주님의 땅으로 귀명하게 하려고 막벨라 굴을 사서 그녀의 몸을 장사하였다.

24) 설계도 #24 - 창세기 24장

창세기 24장 설계도(#1-#24)는 사람을 빛으로 붉어지게 하는 소망의 주께서(#1) 사람을 헤치고 나오게 하여 주님의 영으로 대치되게 하는 말씀설계도(#24)이다(24대 베레스-헤치고 나옴). 밧단아람에서 리브가를 헤치고 나오게 하여 주님(이삭)의 영으로 대치되게 하는 24장이다.

성자의 형상인 이삭을 밧단아람으로 보내어 그의 신부(리브가)를 데려오지 않고 아브라함의 소유를 맡은 늙은 종을 보내어 리브가가 밧단아람을 헤치고 나오게 한다. 이는 성자께서 성부 하나님 품 밖으로 나와 직접 신부를 데리러 오시는 신약이 아닌 구약(율법)의 말씀이기 때문이다. 성부 하나님께서 성자 예수님을 보내시기 전에 구약에는 율법 아래에 있는 종들을 보내어 신부를 데려오셨음을 아브라함의 늙은 종을 통하여 나타내셨다.

아브라함은 그의 종을 밧단아람으로 보내기 전에 종의 손을 아브라함의 허벅지 밑에 넣고 맹세하게 한다. 죽은 아벨의 영으로 대치된 2대 셋과 같이 아브라함의 발이 되어 아브라함의 말씀을 전하는 늙은 종은 아브라함의 영으로 대치된 상태이다. 2대 셋은 하늘(아담 품)에 있는 말씀으로 신부를 주님의 영으로 대치되게 하는 설계도(#2)라 하였다. 2대 셋처럼 늙은 종은 리브가를 밧단아람에서 헤치고 나오게 하여 주님(이삭)의 영으로 대치되게 역할이다.

"한 소녀에게 이르기를 청하건대 너는 물동이를 기울여 나로 마시게 하라 하리니 그의 대답이 마시라 내가 당신의 낙타에게도 마시게 하리라 하면 그는 주께서 주의 종 이삭을 위하여 정하신 자라 이로 말미암아 주께서 내 주인에게 은혜 베푸심을 내가 알겠나이다"(14절).

늙은 종이 나홀성 밖에 있는 우물에 이르러 여호와 하나님께 기도하였다. 그가 성 밖에 있는 우물과 관련하여 이렇게 기도를 한 것은 물이 성령을 상징하기 때문이다. 성령 하나님의 역할은 사람뿐 아니라 짐승까지도 생각하는 성품이다.

리브가가 집으로 달려가 알렸고 오빠 라반이 나와서 늙은 종을 집으로 영접한다. 하늘나라를 상징하는 가나안 땅과 떨어져 있는 밧단아람은 어둠이 다스리는 세상을 상징한다. 애굽은 사탄이 땅에서 권세를 잡은 장소이고 밧단아람은 공중 권세를 잡은 장소로 보인다.

늙은 종은 여호와께서 리브가를 이삭의 아내로 택하셨음을 말하였고 다음 날 아브라함에게 돌아가려고 한다. 리브가는 주저하지 않고 종을 따라나섰는데 이는 주님의 영이 어떠한 성품을 가져야 함을 보여 준다. 성자 하나님의 형상인 이삭의 아내가 된 리브가는 성자 하나님과 한 몸을 이루는 주님의 영과 같다. 리브가가 에서와 야곱을 낳고 야곱을 성자 하나님의 형상으로 세웠을 때 그녀는 성령 하나님의 형상이 된다.

25) 설계도 #25 - 창세기 25장

창세기 25장 설계도(#1-#25)는 사람을 빛으로 붉어지게 하는 소망의 주께서(#1) 사람을 성자 안에 닫히게 하여 죽을 수밖에 없게 하는 말씀 설계도(#25)이다(25대 헤스론-닫힘). 성자의 형상인 야곱 안에 닫히게 하여 성자 안에서 죽을 수밖에 없게 하는 25장이다.

성령의 형상인 사라가 죽은 후에 아브라함이 후처 그두라를 통하여 자손을 낳았다. 아브라함이 후처를 얻어 자손을 낳은 것은 성자의 형상인 이삭 밖에서 태어난 자손임을 의미한다. 아벨을 죽인 가인을 여호와께서 동방으로 보내어 메시아를 고대하게 하심처럼, 아브라함이 서자들을 동방으로 보냈다(창 25:1-11). 메시아를 고대하던 동방박사들이 성자 예수님의 나심을 알고 경배하러 온 것은 이를 뒷받침한다(마 2:1). 서자들과 달리 이스마엘 후손은 동방으로 가지 않고 그 모든 형제의 맞은편에 거하였다(창 25:18).

아브라함과 이삭과 야곱의 하나님이라고 자신의 정체성을 나타내신 여호와께서 이 세 사람을 통하여 삼위 하나님의 역할을 나타내셨다. 갈대아인의 우르에서 아브라함을 일으켜 아담의 갈비뼈로 만든 하와와 같은 사래를 아내로 맞이한다. 아담과 하와가 한 몸에서 나왔던 것처럼 데라는 아브라함과 사라를 낳았다. 아담과 하와가 후손을 낳음으로 성부와 성령의 형상이 되도록 하나님의 형상으로 창조하셨다. 이처럼 아브라함과 사라는 성자의 형상인 이삭을 낳음으로 성부와 성령 하나님의 형상이 되었다. 하나님께서 아브라함을 일으켜 성자 하나님께서 어떠한 과정을 통하여 성부 하나님의 자리에 오르게 되었는가를 보여 주셨다. 성부의 형상인 이삭과 성령의 형상인 리브가를 통하여 야곱을 성자 하나님의 형상으로 세우는 성부와 성령 하나님의 역할을 나타내셨다. 성자의 형상인 야곱이 성부 하나님 품(이삭)에서 나와 성령 하나님(리브가)의 도움을 받아 세상으로 쫓겨난 하와(네 명의 아내)를 신부로 삼으심을 나타내셨다.

에서는 아버지 이삭이 좋아하는 고기를 위해 익숙한 사냥꾼이 되었고, 장막에 거하면서 조용한 야곱은 리브가 곁에서 성령의 형상인 어머니 사랑을 받는다. 에서가 잡아 온 들짐승을 양식으로 삼는 이삭은 선하신 성부의 형상이다. 이삭이 좋아하는 고기는 성자 예수께서 죄인을 대신하여 자기 몸을 성부 하나님께 내려놓는 것을 의미한다. 성자의 형상인 들짐승을 사냥하는 에서는 사탄에게 사로잡힌 타락한 아담의 형상이며 집안에서 어머니 리브가를 돕는 조용한 야곱은 성령 하나님의 뜻에 순종하는 둘째 아담(예수)의 형상이다. 성령의 형상인 리브가에게 사랑받는 야곱은 첫째 아담이 가지고 있던 장자의 명분(지위, 권리)을 원했다. 하나님 아버지께서 성자 하나님께 자신의 나라를 맡기심을 의미하는 장자의 명분은 성부의 형상인 이삭이 세운 가정(하나님의 나라)을 계승하는 것을 나타낸다. 만약 순리대로 에서가 장자의 명분을 받게 된다면, 하나님의 나라가 사탄에게 넘어진 아담에게 넘어가게 되어 사탄의 나라가 된다. 선하신 성부 하나님은 악을 용납할 수 없기에 하나님께서 세우신 하나님의 나라는 타락한 아담 때문에 사라질 위기에 놓였다. 이를 안타깝게 여기신 성자 하나님은 선악을 알고 계셔서 아담이 가진 장자의 명분을 자신이 대신 받아 아담을 살리려 하심을 붉은 죽으로 나타내셨다. 야곱이 배고픈 에서에게 준 붉은 죽은 성자 예수님의 피와 살을 의미하며, 이는 에서가 짊어져야 할 짐을 야곱이 대신 짊어지게 된다는 뜻이다. 붉은 죽으로 장자의 명분을 갖게 되어 아담부터 시작된 모든 사람을 죽을 수밖에 없도록 성자의 형상인 야곱을 닫히게 하는 25장이다.

26) 설계도 #26 - 창세기 26장

창세기 26장 설계도(#1-#26)는 사람을 빛으로 붉어지게 하는 소망의 주께서(#1) 사람을 높아지게 하여 주님을 소유하게 하는 말씀 설계도(#26)이다(26대 람-높여진). 주님의 소망으로 높여진 타락한 하와(에서의 아내)가 주님을 소유할 수 있게 하는 26장이다.

26장의 시작점은 에서와 야곱이 태어나기 전의 상태로 에덴동산에서 아담과 하와의 역할을 이삭과 리브가를 통하여 재현하게 하셨다. 사탄에게 넘어진 하와를 높아지게 하는 과정이다. 하나님 백성들에게 허락하신 어려운 환경은 온전한 하나님의 아들로 세우기 위함이다(약 1:2-4). 기근을 피하여 아브라함은 애굽으로 내려가는 것을 허락하셨으나 이삭은 내려가지 말라 하셨다. 아브라함의 부르심은 타락한 하와와 같은 사래를 애굽에서 구원하여 성자의 형상인 이삭을 낳는 성부 하나님의 형상으로의 부르심이다. 아내 사라를 애굽에서 직접 데려온 아브라함과 달리 이삭은 아내 리브가를 밧단아람에서 직접 데려오지 않았다. 리브가는 아브라함의 영을 받은 늙은 종의 말에 이삭의 신부가 되는 소망으로 순종하여 자발적으로 가나안 땅으로 올라왔기 때문이다. 이삭의 사명은 아내를 사랑하는 성자의 삶과 아들을 다스리는 성부의 삶을 통하여 리브가를 성령 하나님의 형상으로 세우는 부르심이다. 사라는 성자의 형상으로 이삭을 낳는 성령 하나님의 형상이며, 리브가는 에서와 야곱을 첫째 아담과 마지막 아담(예수)의 형상으로 세워 에서의 짐을 야곱이 대신 짊어지게 하는 성령 하나님의 형상이다. 하나님의 부르심으로 하늘에서 땅으로 보냄을 받은 모든 사람은 각자의 부르심의 상을 좇아가는 삶이다(빌 3:14).

하와가 선악과를 먹고 사탄에게 넘어져 하늘에서 세상으로 쫓겨났지만, 사탄이 숙박하고 있는 그랄에서 이삭과 리브가는 넘어지지 않았다. 기근 중에 이삭이 농사하여 백 배를 얻었다는 것은 어둠이 다스리는 땅에서 믿음으로 얻은 결과를 말하며 또한 쌍둥이 에서와 야곱을 낳은 것을 하나님의 관점으로 표현하신 것으로 보인다. 블레셋 사람들이 시기하여 아브라함의 종들이 팠었던 우물을 흙으로 메웠고 이삭의 종들은 그들이 메웠던 우물을 되판다. 메워진 우물은 뱀으로 인하여 넘어진 사람의 모습이며, 성자께서 종들을 통하여 넘어진 사람을 다시 세워 성령으로 충만하게 하는 과정과 같다. 성령으로 충만한 사람들을 통하여 하나님의 사역들이 열매를 맺게 됨을 나타내는 것이 천지창조의 섭리이며 하나님의 지혜이다.

아비멜렉 왕이 친구 아훗삿과 군대 장관 비골을 데리고 그랄을 떠나 브엘세바로 옮긴 이삭을 찾아왔다. 사탄이 사람의 마음에 숙박하고 있는 그랄을 떠나 브엘세바로 옮긴 것은 이삭이 어둠의 영역 안에서 빛의 나라를 세운 것을 의미한다. 브엘세바(맹세의 우물)는 아비멜렉 왕과 아브라함이 맺은 언약의 우물이다. 아비멜렉 왕이 아브라함과 언약을 맺을 때는 친구 아훗삿을 데리고 오지 않았다. '소유, 기업'이라는 뜻을 가진 '아훗삿'은 아비멜렉 왕의 소유를 관리하는 재무장관이라는 뜻으로 보인다. 그가 이삭과 맺은 언약에 동참한 것은 브엘세바를 영구적으로 이삭이 소유하게 되었음을 의미한다. 아브라함이 언약을 맺을 때 어린 양 일곱 마리를 아비멜렉 왕에게 준 것은, 7일 동안 천지 만물을 성자 하나님께서 창조하였으나 그것을 사탄에게 빼앗기게 되었다는 의미이다. 사탄에게 빼앗긴 우물을 성자 예수님을 통하여 영구적으로 소유하게 되었음을 보여 주며 또한 사탄에게 넘어진 사람을 성자 하나님의 신부로 세울 수 있는 기틀이 세워졌음을 의미한다. 이삭이 맺은 언약은 아브라함과 맺은 언약을 성자의 형상인 이삭이 다시 확증하는 것으로 여호와께서 세우신 율법을 성자께서 자기의 몸으로 이루심을 의미한다.

하나님께서 26장 말씀을 에서가 유딧과 바스맛을 아내로 맞이하는 것을 첨가하셨다.

"에서가 사십 세에 헷 족속 브에리의 딸 유딧과 헷 족속 엘론의 딸 바스맛을 아내로 맞이하였더니 그들이 이삭과 리브가의 마음에 근심이 되었더라"(34-35절).

26장을 시작하면서 존재하지 않았던 에서가 성장하여 가나안 여자를 아내로 맞이하였다. 야곱이 아닌 에서에 관한 내용은 타락한 아담이 선악과를 먹은 하와를 아내로 맞이한 것을 의미한다. 야곱이 장자권을 붉은 죽으로 샀기 때문에, 에서와 그의 아내를 예수 그리스도 안에서 높아지게 하셨다는 것이다. 아담이 선악과를 먹은 하와를 멀리하였다면 하와는 성자 예수 안에서 높아질 수 없는 것처럼, 에서가 아니었더라면 유딧과 바스맛이 주님 안에서 높아질 수 없다. 성자 하나님은 타락한 모든 사람을 신부로 삼기 위해 오셨다.

27) 설계도 #27 - 창세기 27장

창세기 27장 설계도(#1-#27)는 사람을 빛으로 붉어지게 하는 소망의 주께서(#1) 사람을 관용의 백성이 되게 하여 하나님을 찬양하게 하는 말씀 설계도(#27)이다(27대 암미나답-관용의 백성). 성자의 형상인 야곱이 성령의 형상인 리브가의 뜻에 순종하는 소망하는 사람을 관용의 백성이 되게 하여 하나님을 찬양하는 과정이다.

이삭이 나이가 많아 눈이 보이지 않게 되었다. 이러한 설정은 성령의 형상인 리브가가 야곱을 주님처럼 관용의 백성으로 세울 수 있게 성부께서 눈감아 주신 것을 의미한다. 성부의 형상인 이삭은 순리대로 장자 에서를 축복하여 장자의 복을 주기 원했고, 성령의 형상인 리브가는 둘째 야곱이 장자의 복을 받기를 원하였다. 장자의 복을 에서가 받으면 타락한 사람을 구원하기 위해 하늘에서 내려오시는 성자 하나님의 길이 막히게 된다. 선하신 성부 하나님의 성품은 타락한 사람을 용납할 수 없는 분이시며, 성령 하나님의 성품은 타락한 사람을 긍휼히 여기시어 선악을 아시는 성자 하나님을 통하여 죄인을 구원하려 하신다. 만약 성자 하나님께서 타락한 사람의 죄를 대신 짊어지게 하시는 성령 하나님의 뜻을 받아들이지 않는다면 죄인을 구원할 수 없다. 성자께서 자신을 즐거이 드리는 관용의 백성이 되심을 리브가의 말에 순종하는 야곱을 통하여 나타내셨다.

이삭의 말을 엿들은 리브가가 야곱을 시켜 염소 두 마리를 잡아 오게 하여 별미를 만들고 에서의 옷을 야곱에게 입힌다. 염소 두 마리는 성자 예수님을 상징하는 야곱과 타락한 사람을 대표하는 에서를 의미한다. 성부 하나님의 양식이 된 야곱은 성부 하나님 품에 계신 말씀이 사람이 되어 첫째 아담을 대신하여 일할 수 있도록 에서의 옷을 입게 된다.

이삭이 야곱을 축복한 후에 에서가 돌아왔지만, 이삭은 에서를 축복할 수 없다. 야곱과 리브가가 불법을 저질렀기에 야곱이 받은 축복을 번복해도 될 것이라는 생각은 인간적인 판단이다. 하나님께서 선포하신 말씀은 어떤 경우를 막론하고 번복되거나 취소할 수 없는 것이 성부 하나님의 선하신 성품이다. 이삭은 에서에게 타락한 사람이 받게 될 결과를 선포할 뿐이었다. 장자의 복을 빼앗긴 에서는 야곱을 죽일 궁리를 하였고 이것을 알게 된 리브가는 야곱을 외가로 보내길 원한다. 사탄이 에서를 충동질하여 성자의 형상인 야곱을 죽여 하늘에 계신 하나님의 뜻이 땅에서 이루어지지 못하게 하려는 것이다.

28) 설계도 #28 - 창세기 28장

창세기 28장 설계도(#1-#28)는 사람을 빛으로 붉어지게 하는 소망의 주께서(#1) 사람을 뱀처럼 지혜롭게 하여 주님을 계승하게 하는 말씀 설계도(#28)이다(28대 나손-뱀).

부모님의 말씀에 순종하는 야곱은 여호와 하나님의 말씀을 경외하는 관용의 백성이다(십계명 중에 5계명). 여호와 하나님을 경외하는 야곱에게 여호와의 꿈이 배어들어 야곱이 뱀처럼 지혜롭게 되었다. 성령의 형상인 리브가의 말에 따라 야곱을 밧단아람으로 보내어 아내를 얻게 한 이삭은 성부 하나님의 형상이다. 에덴동산에서 사탄의 말을 하와에게 전달하는 뱀과 같은 역할을 야곱을 세워 대신하게 하심이다. 뱀의 말에 순종한 하와는 뱀과 한 몸이 되었고 뱀처럼 지혜로운 야곱의 말에 순종한 하와(야곱의 아내)는 성자의 형상인 야곱과 한 몸이 되었다.

성자의 형상인 이삭의 아내를 데려오기 위해 아브라함이 늙은 종을 보냈지만, 성부의 형상인 이삭은 성자의 형상인 야곱을 직접 보내어 아내를 데려오게 한다. 아내를 직접 데리러 갈 수 없었던 이삭은 성자께서 성부 하나님 품에 계신 상태이며, 직접 데리러 가는 야곱은 성부 하나님 품에서 신부를 찾아 세상으로 나오신 모습이다. 성자의 형상인 야곱에게 두 딸을 팔아넘긴 외삼촌 라반은 사탄에게 넘어져 타락한 아담의 형상이요 또한 사탄의 형상이다. 사탄이 사로잡고 있는 신부를 가나안 땅으로 데려오는 사역을 위해 부름을 받은 야곱은 장자의 명분을 얻어 첫째 아담을 대신하는 둘째 아담(예수)의 형상이다.

여호와께서 신부를 찾아 밧단아람으로 가는 야곱에게 하늘까지 닿은 사닥다리 위로 하나님의 사자들이 오르내리는 꿈을 꾸게 하셨다(12절). 이 꿈은 성자 예수께서 하늘에서 내려오시는 길을 예비하기 위해 하나님의 부름을 받은 사자들을 야곱에게 보여 주어 여호와의 꿈을 야곱에게 알게 하는 꿈이다. 여호와께서 주신 꿈을 통하여 자신의 사명을 알게 된 야곱은 여호와의 꿈을 자신의 꿈으로 삼게 되었다. 여호와께서 주신 꿈이 배어든 야곱은 하와를 넘어뜨린 뱀과 같은 신분이 되어 타락한 신부(하와)를 찾아가게 되었다. 뱀은 하와를 유혹하여 넘어뜨리는 사탄이며, 뱀처럼 지혜롭게 된 야곱은 뱀에게 넘어진 하와를 그리스도의 신부로 다시 세우는 사람이다.

29) 설계도 #29 - 창세기 29장

창세기 29장 설계도(#1-#29)는 사람을 빛으로 붉어지게 하는 소망의 주께서(#1) 사람을 주님의 겉옷을 입게 하여 주님께 헌신하게 하는 말씀 설계도(#29)이다(29대 살몬-겉옷). 여호와의 말씀으로 옷을 입은 야곱을 통하여 벌거벗은 레아를 주님의 겉옷을 입게 하는 29장이다.

레아가 시력이 좋지 않았다는 것(17절)은 야곱을 동생 라헬보다 먼저 성자 예수님의 형상으로 발견하지 못했다는 뜻이다. 라헬을 신부로 얻기 위해 7년 동안 라반의 양을 치게 된 야곱은 신부가 감당해야 할 짐을 성자 예수께서 대신 짊어짐을 뜻한다. 7년 후 라반은 라헬을 야곱에게 주지 않고 '동방 사람의 법'에 따라 레아를 주었다. 에덴동산의 동편으로 떠난 동방 사람의 법은 에덴동산(하나님 나라)을 상징하는 가나안 땅의 법과 다르다. 가나안 땅의 법은 리브가를 통하여 둘째 야곱이 첫째 에서가 받아야 할 장자의 복을 성령(리브가) 안에서 받을 수 있으나 성령님께서 일할 수 없는 동방의 법은 순서를 거슬릴 수 없다. 언니 레아는 야곱의 형 에서가 아내로 취해야 하지만, 장자의 명분을 얻은 야곱이 대신하여 취하게 되었다. 레아를 취한 야곱은 라헬을 위해 다시 7년 동안 라반의 양을 치게 되었다.

레아가 낳은 네 명의 아들(르우벤·시므온·레위·유다)을 순서에 따라 1대 아담부터 4대 아담의 정체성을 갖게 하셨다. 이는 야곱과 레아를 성부와 성령 하나님의 형상으로 보는 관점이다. 첫째 르우벤은 먹어서는 안 될 선악과를 먹은 1대 아담처럼 아버지의 침상에 올라 아버지의 아내를 범하였다(창 35:22). 둘째 시므온은 죽은 아벨을 대신하였던 2대 아담(셋-대치된)처럼 형들과 동생들을 대신하여 애굽에서 요셉에게 사로잡힌다(창 42:24). 셋째 레위는 아담을 대신하여 죽을 수밖에 없는 존재가 된 3대 아담(에노스-죽을 수밖에 없는 존재)처럼 성막에서 일하다가 죽을 수밖에 없는 사람이다. 넷째 유다는 주를 소유하는 4대 아담(게난-소유)처럼 주를 소유하여 성자의 족보를 잇는 사명이다.

29대 아담(살몬)은 여호와의 말씀을 벗어 버린 기생 라합의 남편이 되어 30대 보아스를 낳게 함으로 라합을 부끄럽지 않게 하였고, 22대 야곱은 레아의 남편이 되어 23대 유다를 낳음으로 레아를 부끄럽지 않게 하였다. 예수 그리스도의 신부 된 기생 라합과 레아처럼 예수 그리스도의 말씀으로 또 다른 그리스도인을 낳았을 때 부끄럽지 않게 된다(딤전 2:15).

30) 설계도 #30 - 창세기 30장

창세기 30장 설계도(#1-#30)는 사람을 빛으로 붉어지게 하는 소망의 주 께서(#1) 사람을 유력자로 대확장되게 하는 말씀 설계도(#30)이다(30대 보아스-유력자).

네 명의 아들을 낳은 레아를 시기하여 라헬은 여종 빌하를 야곱에게 주어 단과 납달리를 얻었다. 레아도 여종 실바를 통하여 갓과 아셀을 얻었다. 그후 르우벤이 사람의 모양을 닮은 합환채를 가져와 레아에게 주었는데, 라헬이 르우벤의 합환채와 야곱을 바꾸었다. 장자인 르우벤이 흙으로 만들어졌다가 타락한 첫째 아담의 형상이기 때문에 두 번째 아담(성자)의 형상인 합환채를 얻을 수 있게 되었다. 레아는 르우벤의 합환채로 인하여 잇사갈을 낳았고 이어서 스불론과 딸 디나를 낳았다. 여호와께서 라헬을 생각하셔서 요셉을 낳게 하셨는데 요셉은 장차 야곱의 후손을 애굽에서 살게 한다. 르우벤의 합환채를 소유한 라헬이 성자의 형상인 요셉을 낳은 것은 땅을 상징하는 애굽으로 내려가 야곱의 후손을 양육할 것을 르우벤의 합환채로 나타내신 것으로 보인다. 야곱은 요셉이 태어나기를 기다렸던 것처럼, 가나안 땅으로 돌아가려 한다. 라반은 약속한 14년이 지났기에 품삯을 정하여 야곱을 붙잡았다. 야곱이 종으로 살았던 14년은 14대 에벨의 정체성(사람을 어둠의 건너편이 되게 하는 말씀)으로 야곱이 요셉을 낳고 드디어 라반의 건너편이 되었다는 뜻이다.

야곱은 숫염소 중 얼룩무늬 있는 것과 점 있는 것, 암염소 중 흰 바탕에 아롱진 것과 점 있는 것, 양 중의 검은 것을 그의 품삯으로 요구하였다. 이것들은 죄에서 구원받을 수 없는 흠 있는 사람을 세상으로 내려오신 예수께서 구원하여 하늘로 데려가실 것을 나타내신 것으로 보인다. 야곱이 죄인을 상징하는 가축들을 얻기 위해 버드나무와 살구나무와 신풍나무의 푸른 가지를 가져다가 그것들의 껍질을 벗기고 가축들이 물 먹는 곳에 두었다. 껍질이 벗겨진 세 나무는 죄인에게 생명을 주시기 위해 벌거벗겨지신 성자 예수님을 상징한다. 아담이 여호와의 말씀을 벗어 버린 것처럼 성자 예수께서 아담을 대신하여 성부 하나님 품(버드나무)과 성령 하나님 품(살구나무)을 거쳐 사람(신풍나무)으로 오셔서 벌거벗김을 당함으로 죄인을 자기 백성으로 삼으심을 의미한다. 성자 예수께서 아담을 대신하여 십자가 위에서 벌거벗김을 당하심으로 흠 있는 사람이 죄에서 구원받게 되어 생명을 낳게 됨을 세 나무를 통하여 나타내셨다.

31) 설계도 #31 - 창세기 31장

창세기 31장 설계도(#1-#31)는 사람을 빛으로 붉어지게 하는 소망의 주께서(#1) 사람을 여호와의 종으로 능력 있게 하는 말씀 설계도(#31)이다 (31대 오벳-섬기는·종). 여호와의 종이 된 라헬을 능력 있게 하여 라반의 드라빔(사탄의 형상)을 빼앗는 31장이다.

여호와께서 라반을 섬기는 야곱에게 가나안 땅으로 돌아가라 하셨다. 여호와께서 야곱에게 가나안 땅으로 돌아가라 하심은 하나님께서 그를 통하여 구원하실 사람과 가축을 구원하여 구원해야 할 대상이 남아 있지 않았다는 뜻이다. 야곱처럼 하나님께서 세상으로 보내신 사람(여호와의 종)은 각자의 부르심의 상을 향하여 살다가 종의 사명을 다하면 다시 하늘로 돌아간다(빌 3:14).

홀로 내려왔던 야곱이 네 명의 아내들을 통하여 11명의 아들과 딸 디나를 얻었고 많은 가축과 소유를 얻게 되었다. 야곱은 밧단아람에서 얻은 그의 가족들과 소유를 이끌고 가나안 땅 벧엘로 돌아가서 여호와 하나님의 꿈을 완성해야 한다. 만약 레아와 라헬이 가나안 땅으로 돌아가지 않겠다고 한다면 그들은 소돔성에서 빠져나오지 못한 롯의 아내와 같은 신분이 될 것이다. 레아와 라헬이 라반을 떠나 야곱을 세상으로 내려오신 성자 예수님으로 여기고 따르기로 함으로 가나안 땅으로 돌아갈 수 있게 되었다. 아담을 성자 하나님으로 여기지 않음으로 하늘나라(에덴동산)에서 쫓겨난 하와(야곱의 아내)가 세상(밧단아람)에서 22대 아담(야곱)을 성자 하나님으로 여김으로 여호와의 종이 되어 하늘나라를 상징하는 가나안 땅으로 돌아갈 수 있게 된다. 세상으로 쫓겨난 사람(그리스도의 신부)은 예수 그리스도를 주님으로 섬길 때 주님과 한 몸이 되어 하늘로 올라가게 된다.

라반이 섬기는 신(드라빔)은 사람의 마음 안에 여호와 하나님의 자리를 차지하고 있는 사탄을 상징한다. 드라빔을 신으로 섬기던 라반은 사탄의 영향을 받아 야곱과 맺은 언약을 열 번이나 번복하였다. 여호와께서 10대 노아의 때에 세상을 심판할 수 있게 된 것처럼, 여호와께서 라반이 언약을 열 번 번복할 때까지 기다려 주셨다. 숫자 10은 사람을 안식하게 하는 정체성으로 열 번의 시험에도 흔들리지 않은 야곱을 성자의 형상으로 안식하게 하는 과정이다.

라반이 양털을 깎으러 갔을 때 라헬은 아버지의 드라빔을 훔친다(19

절). 유다가 성자의 형상인 양털을 깎으러 딤나로 내려왔을 때 며느리 다말이 창녀로 변장하여 시아버지의 생명을 훔쳐 성자 하나님의 족보에 들어왔다(창 38장). 털 깎인 양처럼 잠잠히 계신 성자 예수님을 통하여 다말이 은혜를 덧입었던 것처럼, 털 깎인 양처럼 라반의 집에서 잠잠히 있던 야곱을 통하여 여호와의 종이 된 라헬을 능력 있게 하는 31장이다. 창녀로 변장한 다말은 유다 안에 계신 성자 하나님의 생명을 훔쳐서 주님의 품으로 귀명하였고, 성자의 형상인 야곱의 아내가 된 라헬은 여호와의 종이 되어 라반의 드라빔(신-사탄)을 빼앗는다.

도망친 야곱의 목적지는 길르앗 산이다(21절). '울퉁불퉁한 낙타봉', '강하다'라는 뜻을 가진 길르앗은 사탄에게 사로잡힌 사람을 구원할 수 있는 성자 하나님을 상징한다. 드라빔을 라헬에게 빼앗긴 라반이 길르앗 산에서 야곱의 무리를 만난다. 라반의 관심사는 잃어버린 드라빔을 찾는 것이다. 만약 드라빔을 찾게 된다면 라반은 다시 옛날처럼 야곱과 맺은 언약을 번복할 것이다. 야곱은 드라빔을 라헬이 훔쳤다는 것을 몰랐기에 드라빔을 훔친 사람은 살지 못할 것이라 하여 라헬이 죽게 된다(32절). 라헬은 훔친 드라빔을 장막 안에 두지 않고 낙타 안장 아래 두고 깔고 앉아 생리로 인하여 일어날 수 없다고 하였다(35절). '울퉁불퉁한 낙타봉'을 뜻하는 길르앗 산에서 낙타 안장 아래 놓인 드라빔은 사탄의 권세를 라헬이 낳을 베냐민을 통하여 꺾으실 것을 보여 준다. 라반이 신으로 섬기던 드라빔은 라반 속에 숨어 있는 사탄을 상징하며 사람 속에 숨어 있는 사탄을 물리칠 수 있는 분이 라헬이 낳을 베냐민(오른손의 아들)임을 보여 준다. 드라빔을 훔친 라헬은 베냐민(오른손의 아들)을 낳을 때까지 죽지 않게 되었고 타락한 사람(라헬)은 오른손의 아들(성자 예수님) 안에서 구원받게 될 것을 보여 준다.

드라빔을 찾지 못한 라반을 향하여 야곱이 20년의 삶을 통하여 라반이 자신에게 행했던 옳지 못한 것들을 말한다. 이는 우물을 빼앗긴 아브라함이 그랄 왕 아비멜렉에게 했던 것과 같다(창 21:25). 드라빔과 함께 자신의 소유를 빼앗긴 라반은 야곱을 해하려고 쫓아왔고, 여호와께서는 라반에게 선악 간에 말하지 말라 하셨다(29절). 라반의 신(드라빔)을 빼앗기기 전에는 라반 안에 신(드라빔)이 자리 잡고 있어서 언약의 말씀이 라반 안에 들어가실 수 없었다. 야곱은 열 번이나 약속을 어긴 라반을 정죄하였고 라반은 길르앗 산에서 야곱과 새로운 언약을 체결한다. 벧엘에서 여호와 하나님 앞에서 돌기둥을 세웠던 야곱이 이제는 라반과 함께 돌무더기를 쌓았다. 돌무더기(여갈사하두다, 갈르엣, 미스바)를 만들고 여호와 하나님의 이름으로 라반과 야곱이 서로 싸우지 않는 평화협정을 맺었다. 세 가지 이름으로 불리게 된 이 돌무더기는 성부와 성령 하나님의 품에 계시다가 세상으로 오셔서 죽으심으로 믿음과 소망과 사랑으로 원수 관계를 화목하게 하심을 나타내신 것으로 보인다. 사탄이 타락한 사람을 사로잡아 종으로 부리던 시간을 마감하고 라헬을 여호와의 종으로 능력 있게 하는 과정이다.

라반의 종이었던 야곱이 라반의 종이 아니라 여호와의 종이 되었고, 야곱의 주인이었던 라반을 다시 원래의 자리(여호와의 종)로 돌아가게 하는 31장이다.

32) 설계도 #32 - 창세기 32장

창세기 32장 설계도(#1-#32)는 사람을 빛으로 붉어지게 하는 소망의 주께서(#1) 사람을 어둠 속에서 현존하게 하여 안식하게 하는 말씀 설계도(#32)이다(32대 이새-현존하는). 하나님께서 보내신 어떤 사람과 씨름하여 이긴 야곱을 어둠 속에서 현존하게 하는 32장이다.

야곱이 가나안 땅으로 돌아가는 길에 하나님의 사자를 만났다(창 32:1). 하나님께서 야곱의 눈을 열어 하나님께서 야곱과 함께 현존하고 계심을 하나님의 사자를 통하여 알게 하셨다. 하나님의 사자를 만난 야곱이 형 에서에게 사자를 보내어 자신이 가나안 땅으로 돌아감을 알린다. 성자의 형상인 야곱이 없는 가나안 땅은 어둠의 영역이며 야곱은 자기 백성과 하나 되신 성자께서 어두운 지성소로 들어가는 모습이다. 빛(태양)의 형상인 야곱을 맞으려고 빛을 잃은 달의 형상인 에서가 400명을 데리고 온다. 해와 달의 비율을 400:1로 설계하여 일식(日蝕·日食)과 월식(月蝕·月食)이 궁창(하늘)에서 일어나게 하셨다. 해의 형상인 야곱은 400명과 함께한 에서가 하늘을 상징하는 가나안 땅에서 현존하여 안식하게 되었다. 태양계에서 해와 같은 여호와 하나님(시 84:11)을 대신하는 야곱은 하늘(지성소)에 계신 여호와 하나님께서 사람이 되어 자기 땅에 오신 성자 하나님을 상징한다. 400명을 거느리고 오는 에서가 두려운 야곱은 양과 소와 낙타를 나누고 여호와께 간구하였다. 여호와께 간구한 후 에서의 마음을 달래기 위해 예물을 준비한다. 이 예물은 어둠 속에서 현존할 수 없는 사람을 위해 성자 예수께서 사탄에게 넘겨져야 함을 의미한다.

야곱이 밤에 얍복 나루를 건널 때 어떤 사람과 밤새도록 씨름했다. 이는 하나님께서 첫째 날 어둠 속에서 빛을 창조하심과 같이 빛이 어둠의 영역으로 들어가 어둠 속에서 빛의 나라를 세우기 위한 과정이다. 이 사람이 야곱을 이길 수 없어 허벅지 관절을 쳐서 어긋나게 했으나 야곱은 그를 놓지 않았다. 어둠을 대표하는 이 사람은 밤을 주관하는 존재이며 빛을 대표하는 야곱은 낮을 주관하는 존재이다. 밤이 지나고 아침이 되면 낮을 주관하는 야곱의 주권 아래 놓이게 된다. 야곱은 자기 백성을 위해 죽는 것을 두려워하지 않으신 성자 예수님의 모습이며 어떤 사람은 자신의 희생을 두려워하는 사탄(어둠)의 모습이다.

야곱은 자신과 씨름을 한 어떤 사람을 하나님으로 여기며 이곳을 '하나님의 얼굴, 하나님을 대함'이라는 뜻을 가진 '브니엘'이라 하였다. 아담과 하와를 무너뜨린 사탄이 사람을 주관하는 하나님의 자리를 차지하고 있었다. 이러한 상황 설정은 가나안 땅을 주관하는 에서를 하나님으로 대함과 같다(창 33:10). 종과 하인으로 부름을 받은 사람은 주인과 상전을 하나님으로 여기고 섬겨야 한다. 그리스도인은 하나님의 자리에 앉아 자신의 마음을 주관하고 있는 사탄(어둠)과 씨름해야 한다. 자신을 희생하지 않으려는 옛사람(첫째 아담)과 죄인을 위해 자신을 희생하는 성자 예수님을 본받으려는 새사람(둘째 아담) 간의 씨름이다. '얍복' 나루는 '비워짐, 퍼붓는'이란 뜻으로 이곳은 자신의 마음을 주관하고 있는 어둠을 비워야 빛의 형상이 될 수 있는 장소를 의미한다. 얍복 나루에서 자신을 비운 야곱이 브니엘을 지날 때 해가 떠오른 것은 야곱의 일행이 어둠이 다스리는 가나안 땅에서 현존하게 되어 안식하게 되었음을 의미한다(창 32:31).

33) 설계도 #33 - 창세기 33장

창세기 33장 설계도(#1-#33)는 사람을 빛으로 붉어지게 하는 소망의 주께서(#1) 사람을 사랑받게 하여 주님의 이르심(이름)을 받게 하는 말씀 설계도(#33)이다(33대 다윗-사랑받는).

400명의 장정과 함께 마중 나온 에서에게 야곱은 일곱 번 절을 하고 은혜를 입기 위해 예물을 바친다. 이는 야곱이 에서를 하나님처럼 여겼다는 것을 의미한다. 가나안 땅을 주관하는 에서는 하나님의 자리에 앉은 타락한 첫째 아담의 형상이며, 야곱(이스라엘)은 자기 백성을 사랑하여 자신을 헌신하신 둘째 아담의 형상이다. 밧단 아람에서 건너온 사람들이 가나안 땅을 주관하는 에서를 대면하는 것은 하나님을 대면하는 것을 의미한다. 만약 야곱이 에서에게 일곱 번 절하지 않고 예물을 바치지 않았다면 400명의 장정들에게 죽임을 당했을 것이다.

에서는 야곱의 일행과 동행하려 하였으나 야곱은 연약한 자식들과 가축의 새끼들을 위하여 에서와 동행하지 않는다. 만약 들짐승을 사냥하는 에서의 일행과 동행하면 연약한 자식들과 가축들의 생명이 위험해진다. 사냥꾼 에서는 여호와의 율법(성부 하나님의 뜻)으로 사람을 사냥하는 역할이며, 조용한 야곱은 성령 하나님의 뜻대로 연약한 사람을 세워 장성하게 하는 역할이다. 에서의 일행은 세일로 돌아가고 야곱의 일행은 세겜 성읍에 정착한다. 세일에서 가나안 땅을 주관하는 에서는 이스라엘을 다스리는 사울 왕과 같고, 가나안 땅으로 들어가는 야곱은 사울 왕의 눈을 피해 악한 자들과 불량배의 두목이 된 다윗 왕과 같다.

가나안으로 들어온 야곱이 그의 일행을 데리고 벧엘로 가지 않고 세겜으로 가게 된 것은 그들이 장성하지 못한 연약한 상태이기 때문이다. 벧엘은 장성하여 여호와의 말씀에 따라 믿음으로 순종할 수 있는 사람이 들어가는 곳이다. 세겜은 하나님께 사랑받을 수 없는 사람을 연단하고 훈련하여 하나님의 사랑을 받을 수 있게 하는 곳이다. 세겜은 축복을 선포한 그리심산과 저주를 선포한 에발산 사이에 있는 곳으로 여호와의 말씀으로 훈련받아 의의 종과 죄의 종이 되는 자신의 정체성을 확립하는 장소이다. 야곱은 세겜의 아들들에게서 땅을 사서 가축을 위하여 우릿간을 짓는다. 여호와께서 아브라함에게 이곳을 후손에게 주시겠다고 약속하신 것을(창 12:7) 야곱을 통하여 실현하셨기에 아브라함과 이삭과 야곱의 하나님이시다. 야곱이 이곳에 우릿간을 지은 것은 연약한 사람과 가축을 장성하도록 세우기 위함이다.

"거기에 제단을 쌓고 그 이름을 엘엘로헤이스라엘이라 불렀더라"(20절).

세겜 땅 모레 상수리나무 아래에서 아브라함은 여호와의 이름을 불렀고 세겜 땅을 사서 집과 우릿간을 지은 야곱(이스라엘)은 이곳을 '하나님은 이스라엘의 하나님'이라 하였다. 이는 영적으로 어둠이 다스리는 가나안 땅 안에 성자께서 임시로 세운 교회를 상징한다. 성자께서 몸으로 사신 사람들을 교회로 세우심처럼 야곱이 땅을 사고 자기 가축을 목양하였다. 이는 성자 하나님께서 사람의 마음에 하나님의 나라를 세우신 것을 의미한다. 세상으로 오셔서 자기 백성을 구원하신 성자 예수님의 형상인 야곱을 통하여 하나님께 사랑받을 수 없는 사람을 사랑받게 하는 33장이다.

34) 설계도 #34 - 창세기 34장

창세기 34장 설계도(#1-#34)는 사람을 빛으로 붉어지게 하는 소망의 주께서(#1) 사람을 평화롭게 하여 주님의 영역이 되게 하는 말씀 설계도(#34)이다(34대 솔로몬-평화로운).

여호와께서 뱀에게 넘어진 하와의 모습을 세겜에게 강간당한 야곱의 딸 디나로 나타내셨다. 선악과를 먹지 말라는 말씀을 떠나 뱀의 유혹에 넘어진 하와처럼 디나가 야곱의 울타리를 넘어 그 땅의 딸들을 보러 갔다가 세겜에게 강간당했다. 세겜 땅을 다스리는 추장 세겜에게 억류된 디나는 사탄에게 사로잡힌 사람을 상징한다. 하나님의 성전으로 창조된 디나를 사탄이 자기 집으로 삼은 것과 같다.

디나의 소식을 들은 아버지 야곱은 잠잠히 아들들이 돌아오기를 기다린다(5절). 디나의 문제를 성부의 형상인 야곱이 해결하지 않고 성자의 형상인 아들들에게 맡기기 위함이다. 선하신 성부 하나님은 악을 용납할수 없어 세겜 사람뿐 아니라 아버지 야곱의 울타리를 벗어나 추장 세겜과 한 몸이 된 디나까지 살려둘 수 없기 때문이다. 세겜의 아버지 하몰이 야곱을 찾아와 혼인 관계를 맺고 이 땅에서 살라고 종용한다. 이는 세겜을 떠나 여호와 하나님과 언약한 벧엘로 올라가지 못하게 하는 사탄의 유혹이다. 만약 야곱이 세겜에 머물고 벧엘로 올라가지 않는다면 하나님의 집(벧엘)으로 돌아가지 못하게 된다. 하늘(하나님의 품)에서 내려온 사람은 하늘(하나님 품)에서 세상으로 내려오신 성자 예수님과 한 몸을 이루어 다시 하늘로 돌아가야 한다.

둘째 시므온과 셋째 레위가 세겜 사람들에게 할례를 요구하여 세겜 사람들이 할례를 받게 된다. 율법을 상징하는 할례는 온전한 믿음의 법을 세우실 성자 예수님께서 오시기 전까지 임시로 주신 말씀이다. 죄에 사로 잡힌 사람은 할례의 율법을 행하고 자신의 죄를 회개함으로 죄에서 떠나야 한다. 그러나 할례를 행한 세겜은 디나를 풀어 주지 않고 억류하였기에 시므온과 레위에게 죽임을 당한다. 디나를 강간한 추장 세겜은 사탄을 상징하며 세겜을 죽이고 디나를 구출한 시므온과 레위는 사탄에게 사로잡힌 사람을 죄에서 구원하기 위해 십자가를 지신 성자 예수님을 본받는 사람이다. 성부 하나님의 형상인 야곱은 타락한 하와(디나)를 구원한 시므온과 레위에게 디나의 죄를 대신 짊어지게 한다(창 49:5-7). 이는 타락한 사람을 죄에서 구원하기 위해 십자가를 짊어지신 성자 예수님의 사역에 동참한 것이다. 시므온과 레위를 미리 아신 하나님께서 그들을 성자 예수님을 본받는 자로 예정하여 성부 하나님과 평화롭지 못한 디나를 평화롭게 하는 창세기 34장이다.

35) 설계도 #35 - 창세기 35장

창세기 35장 설계도(#1-#35)는 사람을 빛으로 붉어지게 하는 소망의 주께서(#1) 사람을 번성케 하여 주님의 싹이 되게 하는 말씀 설계도(#35)이다(35대 르호보암-백성을 번성케 함).

하나님께서 야곱에게 벧엘로 올라가서 제단을 쌓으라고 하심은(1절) 야곱과 함께한 사람들이 하나님과 평화로운 관계가 되어 하나님의 집(벧엘)으로 들어갈 수 있게 되었다는 뜻이다. 그것은 34장에서 시므온과 레위가 죄인을 주님의 영역이 되게 하여 평화롭게 하는 성자의 사명을 이루었기 때문이다. 시므온과 레위가 없었다면 디나와 함께 야곱의 후손은 벧엘로 올라갈 수 없다.

하나님의 말씀대로 벧엘에서 단을 쌓은 후 야곱과 동행한 리브가의 유모가 죽게 된다(8절). 유모(乳母)는 한글 사전에서 '어머니를 대신하여 유아에게 젖을 먹여 길러주는 여자'를 말한다. 그녀의 사명은 리브가를 대신하여 야곱과 야곱의 자녀들에게 하나님의 말씀을 먹이므로 장성한 분량에 이르게 하는 성령의 역할이다. 유모가 죽은 후 여호와께서 야곱을 이스라엘로 불러주시겠다고 하셨다(10절). 이는 야곱이 하나님 우편에 앉으신 성자의 형상으로 세워졌다는 의미이다. 유모의 이름을 '드보라'라고 밝히심은 그녀의 사명이 여자 사사 '드보라'와 같기 때문이다. 여자 사사 드보라는 아히노암의 아들 바락과 동행하여 바락을 성자의 형상으로 세우는 사명이며(삿 5:15), 유모 드보라는 야곱과 동행하여 그를 하나님 우편에 앉은 이스라엘로 세우는 사명이다.

야곱이 이스라엘이 된 후에 라헬은 에브랏(베들레헴)에 도착하기 얼마 전에 아들을 낳고 죽는다. 드라빔을 낙타 안장 밑에 깔고 앉은 라헬이 죽어 가면서 자신이 도와줄 수 없는 아들을 바라보며 '베노니(슬픔의 아들)'라 하였다. 그러나 야곱(이스라엘)은 '베노니'를 '베냐민(오른손의 아들)'이라 하였다. 자신을 야곱에서 하나님 우편에 앉은 이스라엘이 되게 하신 여호와께서 슬픔의 아들(베노니)을 '오른손의 아들(베냐민)'로 세우실 것을 믿음으로 바라본 것이다. 그의 믿음대로 베냐민은 야곱의 오른손이 되어 애굽에서 사로잡힌 형제들을 구원하는 성자 예수님의 형상이 되었다. 베냐민은 이스라엘(야곱)을 대신하여 애굽으로 내려가 형들을 요셉의 손에서 구원하는 역할을 하였다. 베냐민 지파가 요셉의 양식을 다섯 배(창 43:34)를 받고 다섯 벌의 옷(창 45:22)을 받게 된 것은, 멸절될 이스라엘 자손을 구원하여 하나님의 형상으로 세우고 죽음으로 하나님을 찬양하는 5대 마할랄렐(하나님을 찬양)의 정체성으로 세워졌다는 뜻이다.

가나안 땅에서 베냐민이 태어남으로 이스라엘의 열두 지파가 완성되었다. 열두 지파는 어둠의 영역으로 들어가 주님의 영역이 되게 하는 12대 아르박삿(영역)의 설계도(#12)이다. 야곱이 11명의 아들과 세겜에게 강간당한 디나를 데리고 벧엘로 올라간 것은 성자 예수께서 11명의 사도와 사탄에게 넘어진 가룟 유다를 세우고 하늘로 올라가심과 같다. 오순절 전날에 맛디아를 사도로 세워 열두 사도가 세워짐은(행 1:26) 이스라엘이 벧엘로 올라간 후 베냐민을 낳아 열두 지파가 세워진 것과 같다. 어둠 속에 세워진 하나님의 나라(빛의 나라)가 이스라엘의 열두 아들이며, 가나안 땅에 남겨진 열두 제자들이 하나님의 나라로 세워졌음을 의미한다. 아브라함과 이삭과 야곱의 하나님께서 이스라엘을 통하여 어둠과 치열하게 싸우는 열두 지파를 하나님의 나라로 세우심처럼, 하나님 우편에 앉으신 예수께서 열두 사도를 통하여 하나님의 나라를 세상에 세우셨다.

베냐민이 태어난 후 이삭이 죽어 에서와 야곱이 이삭을 막벨라 굴에 장사함으로 35장을 끝맺는다. 붉은 죽을 먹고 거듭난 에서(에돔)와 열두 아들을 얻은 야곱(이스라엘)은 하나님 좌편과 우편에 앉은 첫째 아담과 둘째 아담(예수)의 형상이 되었다. 사람(베냐민)이 주님의 짝이 될 수 있도록 백성을 번성케 하는 35장이다.

36) 설계도 #36 - 창세기 36장

창세기 36장 설계도(#1-#36)는 사람을 빛으로 붉어지게 하는 소망의 주께서(#1) 사람을 여호와의 백성이 되게 하여 어둠의 건너편이 되게 하는 말씀 설계도(#36)이다(36대 아비야-여호와는 나의 아버지).

"두 사람의 소유가 풍부하여 함께 거주할 수 없음이러라 그들이 거주하는 땅이 그들의 가축으로 말미암아 그들을 용납할 수 없었더라. 이에에서 곧 에돔이 세일 산에 거주하니라"(7-8절).

목초지 때문에 롯이 소돔과 고모라 땅을 향하여 가나안 땅을 떠났던 것처럼, 이스라엘(야곱)이 가나안 땅에 들어오자 에서는 에돔이 되어 세일산으로 들어간다. 양을 먹이는 목초지는 하나님께서 세우신 종들에게 맡겨 주신 사역지를 말한다. 아브라함이 머물렀던 가나안 땅은 여호와의 자녀로 세워진 사람이 롯처럼 자신이 목양해야 할 사역지를 찾아서 여호와 하나님의 품(가나안 땅)을 떠나는 곳이다. 여호와 하나님의 형상이 된 이스라엘(야곱)이 가나안 땅에 들어오므로 에서가 에돔이 되어 가나안 땅을 떠나게 됨은 가나안 땅이 어둠의 나라에서 빛의 나라로 변화된 것을 의미한다.

이스라엘 자손을 다스리는 왕이 있기 전에 에돔 땅을 다스리는 왕이 먼저 존재하였다(31절). 이는 빛이 나타나기 전에 어둠이 먼저 존재하였고 빛의 나라는 어둠 속에서 세워지기 때문이다. 에돔은 어둠의 영역으로 들어가 빛을 비추는 아담과 같고 성자 예수님과 같은 사명이다. 에돔이 세일산(요르단의 페트라)으로 들어간 것은 어둠 속에서 빛의 나라를 세우기 위함이다. 타락한 하와를 위해 선악과를 먹고 세상으로 쫓겨난 아담처럼,

에돔은 가나안 땅을 떠나 사탄이 주관하는 세상을 상징하는 세일산으로 들어간다. 에돔은 사탄에게 사로잡힌 사람을 구원하여 여호와의 백성이 되게 하는 성자 하나님을 말한다. 따라서 여호와의 아들이 되어 세일산으로 들어간 에돔은 아담의 형상이요 또한 성자의 형상이다. 성자 예수께서 세일산과 같은 세상으로 건너오셔서 사탄에 속한 사람의 마음을 허물고 하나님의 나라로 세우신 것처럼, 세일산 호리 족속을 여호와의 백성으로 삼아 구원하는 여호와의 아들과 같은 사명이다.

호리 족속을 정복한 에돔의 후손은 여호와께서 다스리는 나라가 아니라 자신이 주관하는 에돔을 세웠다. 에돔이 타락한 아담처럼 타락하여 하나님의 심판을 받게 되었다(오바댜서).

37) 설계도 #37 - 창세기 37장

창세기 37장 설계도(#1-#37)는 사람을 빛으로 붉어지게 하는 소망의 주께서(#1) 사람을 치료자가 되게 하여 어둠에서 나누어지게 하는 말씀 설계도(#37)이다(37대 아사-치료자).

야곱의 열한 번째 아들 요셉은 11대 아담(셈)의 정체성(사람을 주님의 이르심(이름)을 받게 하는 설계도)으로 아버지 이스라엘(야곱)의 이르심을 받는 아들이다. 다른 아들과 달리 이스라엘(야곱)의 이르심에 순종하는 요셉을 이스라엘이 특별히 사랑하여 채색옷을 입혔다. 염색된 채색옷을 말하는 것(삿 13:30)과 달리 요셉과 다윗의 딸 다말이 입었던 채색옷은 '발목까지 내려오는 긴 옷'을 말한다. 이 옷은 '사라지다, 자취를 감추다'

라는 뜻에서 유래하여 여호와의 말씀으로 옷을 입어 하나님 성전으로 세워진 요셉 안에 어둠이 사라지게 됨을 나타내신 것으로 보인다. 채색옷을 입은 요셉은 하나님 성전이 되신 성자께서 하나님의 성전이 무너진 형제들을 치료할 수 있는 성자의 형상이다. 즉 형제들은 하나님의 성전이 훼손된 상태이며, 요셉은 하나님의 성전을 보존하고 있는 성자 대신하는 역할이다. 하나님의 성전으로 세워진 요셉은 죄가 아버지의 집에서 사라지도록 형들의 잘못을 아버지께 고한다. 이는 성자께서 사람의 몸을 입고 세상으로 내려오시기 전에 하나님의 집을 율법으로 다스리는 모습이다.

세상으로 내려오신 예수께서 자신의 성전을 정화하신 것처럼(마 21:12-13), 여호와께서 채색옷을 입은 요셉에게 여호와의 꿈을 꾸게 하셨다. 아버지와 형제들이 요셉에게 절하는 꿈을 형제들은 무시하였으나 이스라엘은 마음에 간직하였다. 야곱이 받은 꿈은 성자 예수님처럼 사명을 완수한 후 벧엘로 올라가 하나님 우편에 앉는 꿈이며, 요셉이 받은 꿈은 여호와께서 하나님 성전으로 세워진 요셉을 통하여 땅을 상징하는 애굽에서 타락한 사람을 하나님의 성전으로 세우시려는 여호와 하나님의 꿈이다. 여호와께서 장차 자신이 사람이 되어 타락한 사람을 치료하시려는 꿈을 요셉에게 주시어 그가 여호와의 꿈을 그의 꿈으로 삼게 하신 것이다. 여호와의 꿈은 여호와의 백성과 한 몸을 이룬 요셉을 타락한 사람을 치료하는 치료자가 되게 하여 어둠에서 나누어지게 하셨다.

야곱은 그의 아들들을 세겜으로 보내어 양을 치게 하였다. 축복과 저주를 선포한 그리심산과 에발산 사이에 있는 세겜 땅에서 아버지의 양을 치는 것은 영적으로 하나님의 말씀을 맡은 사람이 세상에서 하나님의 양(백성)을 양육하는 것을 말한다. 형제들은 세겜에서 북쪽으로 22km 떨어진

'두 우물'이라는 뜻을 가진 도단으로 목축 장소를 옮겼다. 아버지의 심부름으로 아버지의 양을 치고 있는 형들에게 간 요셉은 영적으로 아버지의 품을 떠나 세상으로 내려오신 성자 예수님의 형상이다. 세상으로 오신 성자 예수님을 유대인들이 사탄에게 팔아버린 것처럼, 형제들은 유다의 제안에 따라 요셉을 길르앗 상인들에게 팔았고 요셉은 사탄의 소굴을 상징하는 애굽으로 내려갔다. 요셉은 사탄에게 팔려 버린 타락한 사람을 하나님의 성전으로 세워 치료하기 위해 하늘에 계신 성자께서 사탄이 다스리는 땅으로 내려와 종이 되어야 함을 보여 준다. 이곳 '도단'에서 성자의 형상인 요셉처럼 엘리사 선지자가 아람 왕 벤하닷의 군대에 포위되었지만, 그들의 눈을 어둡게 하여 도리어 이스라엘 사마리아로 사로잡혀가게 되어 다시는 아람 군대가 이스라엘로 들어오지 않게 되었다(왕하 6:12-23). '도단'은 성자께서 마실 물이 없어 죽을 수밖에 없는 자기 백성과 이방인을 치료하시는 '두 우물'이 되심을 보여 주는 장소로 보인다.

형제들은 요셉의 옷을 숫염소의 피로 물들여 야곱은 요셉이 악한 짐승에게 물려 죽었다고 생각한다. 요셉 때문에 죽은 숫염소는 죄인을 대신하여 죽임을 당한 성자 예수님의 형상이며, 숫염소를 죽인 악한 짐승은 사탄과 한 몸을 이룬 요셉의 형제들이다.

미디안 상인들이 왕의 친위 대장 보디발에게 요셉을 팔았다. 친위 대장의 집으로 들어간 요셉은 사탄의 집이 된 하와의 마음을 하나님의 성전으로 삼아 하와를 주님처럼 치료하는 역할이다. 이는 유다 여호야긴 왕이 바벨론 포로로 끌려가서 옥에 갇힌 것과 같다.

38) 설계도 #38 - 창세기 38장

창세기 38장 설계도(#1-#38)는 사람을 빛으로 붉어지게 하는 소망의 주께서(#1) 사람을 대신하여 심판받아 죄인을 주님의 친구가 되게 하는 말씀 설계도(#38)이다(38대 여호사밧-여호와께서 심판하셨다).

유다가 아둘람에 은신하던 가나안 사람 수아의 딸을 통하여 엘과 오난과 셀라를 낳았을 때 거십에 있었다(창 38:5). '거십'은 '속이는, 실망시키는'이란 뜻으로 여호와 하나님을 실망하게 하는 장소로 보인다. 여호와께서 흙으로 창조하신 아담이 타락하여 타락한 하와(며느리 다말)가 성자 하나님의 씨를 받을 수 없게 됨을 엘과 오난의 죽음을 통하여 나타내셨다. 셋째 아들 '셀라'는 13대 아담(셀라)과 같은 이름으로 '싹'이란 뜻이다. 구약시대는 성자 하나님을 나타내는 셋째 셀라가 다말을 아내로 받아들일 수 없어 시아버지 유다가 그녀를 고향에서 기다리도록 한 것으로 보인다. 고향 딤나에서 기다리는 다말의 모습은 땅으로 내려오실 성자 예수님(메시아)을 기다리는 모습이다. 유다가 다말의 고향 딤나로 양털을 깎으러 내려간 것은 성부 하나님께서 세상 죄를 짊어지실 어린 양 예수님을 데리고 오심을 뜻한다. 다말이 유다의 셋째 아들을 신랑으로 받을 수 없어 창녀로 변장하여 유다의 씨를 받게 되었다. 다말이 유다에게 받기로 한 염소 새끼는 성자 예수님을 의미한다. 창녀로 변장한 다말에게 성자 예수님의 족보를 계승할 수 있는 씨를 주심은 죄인의 몸으로 들어오실 성자 예수님을 나타내심이다. 성자 예수께서 예루살렘으로 들어오실 때 여자들이 종려나무 가지를 들고 마중 나온 것은(요 12:13) 다말의 이름이 '종려나무'이기 때문일 것이다. 다말처럼 성자 예수님의 생명을 얻으려는 예수님 신부의 모습이다.

석 달 후 다말이 임신하였다는 소식을 들은 유다가 다말을 끌어내어 불 사르게 하였다. 성부 하나님의 관점은 타락한 사람과 세상을 불로 태워 심판하시는 분이시다. 그때 다말이 유다가 준 담보물을 보여 줌으로 유다 는 다말이 자신보다 옳다고 하였다. 여호와께서 털 깎인 어린 양을 통하 여 하나님의 심판을 받아야 할 며느리 다말이 구원을 얻어 성자 예수님의 족보에 들어올 수 있게 하셨다. 유다와 다말을 미리 아신 하나님께서 이 방인을 예수 그리스도의 족보에 들어오게 하셨다.

다말의 태중에 있던 세라가 손을 내밀고 나오려 하여 홍사를 묶었으나 뒤에 있는 베레스가 세라를 헤치고 먼저 나왔다. 손에 홍사를 묶은 세라 는 첫째 아담의 형상이며 베레스는 둘째 아담(예수)의 형상이다. 둘째 야 곱이 첫째 아담의 형상인 에서를 대신하여 장자가 짊어져야 할 십자가를 짊어졌기에 베레스가 장자가 된 것으로 보인다. 털 깎인 어린 양을 통하 여 유다와 다말을 주님의 친구가 되게 하는 38장이다.

39) 설계도 #39 - 창세기 39장

창세기 39장 설계도(#1-#39)는 사람을 빛으로 붉어지게 하는 소망의 주께서(#1) 사람을 존귀하게 여겨 주님의 가지가 되게 하는 말씀 설계도 (#39)이다(39대 여호람-여호와는 존귀하시다). 39대 여호람 왕이 타락한 아내(아달랴 왕비)를 존귀하게 여겼던 것처럼, 요셉이 보디발의 아내를 존귀하게 여겨 주님의 가지가 되게 하는 39장이다.

요셉은 성부의 형상인 아버지 야곱의 심부름으로 집을 나왔다가 애굽으로 내려왔다. 이는 성자께서 성부 하나님의 품을 떠나 세상으로 내려오심을 나타낸다. 보디발의 집에 총무가 된 요셉을 통하여 여호와께서 보디발의 집에 복을 주셨다. 하나님의 형상과 모양으로 창조된 존귀한 사람이 하나님의 뜻대로 다스리면 하늘에서 하나님의 뜻이 이루어진 것처럼 땅에서도 이루어진다. 사람의 마음속에 있는 하나님의 왕좌에 앉기를 원하는 사탄은 보디발의 아내를 통하여 요셉을 유혹한다. 요셉은 정결하게 주인의 아내를 대함으로 유혹에 넘어가지 않는 존귀한 성자의 형상이다. 집에 아무도 없었을 때 보디발의 아내가 요셉의 옷을 붙들고 유혹했으나 요셉은 옷을 남겨두고 도망쳤다. 그녀는 보디발에게 요셉이 자신을 겁탈하려 하였다고 거짓말을 하여 요셉은 왕의 죄수를 가두어 둔 옥에 갇히게 되었다. 간수장은 제반 사무를 요셉에게 맡겨서 옥중 죄수를 관리하게 하였다. 보디발은 하늘에서 세상으로 쫓겨난 아담이며 그의 아내는 뱀에게 넘어진 하와와 같다. 보디발의 집으로 들어간 요셉은 세상으로 내려오신 존귀한 예수께서 사탄에게 넘어진 타락한 사람(하와)에게 버림을 받으시고 죽으셔서 옥에 갇힌 영들(옥에 갇힌 사람)에게 복음을 전파하심을 의미한다(벧전 3:18-19). 하나님께서 자기 땅에 오셨으나 하나님의 백성이 성자 하나님을 영접하지 않은 것과 같다. 인간적으로 요셉의 처지가 안타깝지만, 여호와께서 그를 통하여 죄인을 위해 오래 참고 잠잠히 기다리는 성자 예수님의 존귀함을 나타내셨다. 만약 요셉을 통하여 여호와의 영광을 나타냈더라면 보디발의 아내뿐만 아니라 보디발의 집과 애굽과 세상은 불태워졌을 것이다.

40) 설계도 #40 - 창세기 40장

창세기 40장 설계도(#1-#40)는 사람을 빛으로 붉어지게 하는 소망의 주께서(#1) 사람을 잡으셔서 주님의 거친 숨이 되게 하는 말씀 설계도(#40)이다(40대 아하시야-여호와께서 잡으셨다).

여호와께서 바로 왕을 위해 떡 굽는 사람과 술 맡은 자에게 여호와의 꿈을 꾸게 하셨다. 그들의 꿈은 스스로 원하는 꿈이 아니라 여호와께서 두 사람을 통하여 여호와께서 사람으로 오셔서 무엇을 하실 것인가를 나타내시고자 하는 여호와의 꿈이다. 술 맡은 자의 꿈은 성자께서 죽었다가 부활하신 후 타락한 사람(바로 왕)을 돕는 보혜사 성령의 역할을 나타내려고 하신 것이며, 떡 맡은 자의 꿈은 성자께서 죄인을 대신하여 죽어야 죄인에게 양식을 공급하실 수 있음을 나타내신 것이다. 그들의 꿈을 해석한 요셉의 말대로 술 맡은 자는 삼 일 후에 복직하였고 떡 맡은 자는 죽었다.

떡 굽는 자는 죽어서 몸으로 바로 왕에게 양식을 공급하는 성자 예수님과 같은 역할을 감당하였고, 술 맡은 자는 죽었다가 바로 왕을 돕는 보혜사 성령과 같은 역할을 감당한다. 주님의 거친 숨이 되도록 술 관원을 여호와께서 잡으셔서 바로 왕에게 보내셨다.

41) 설계도 #41 - 창세기 41장

창세기 41장 설계도(#1-#41)는 사람을 빛으로 붉어지게 하는 소망의 주께서(#1) 사람을 불붙게 하여 표백되게 하는 말씀 설계도(#41)이다(41대 요아스-여호와께서 불붙이셨다). 말씀의 빛을 비출 수 없었던 요아스 왕

을 여호와께서 불붙이심처럼, 옥에 갇혀 말씀의 빛을 비출 수 없었던 요
셉을 여호와께서 불붙게 하는 41장이다.

술 맡은 자가 복직된 후 2년에 여호와께서 바로 왕이 꿈을 꾸게 하셨다.
숫자 2는 대신하게 하는 2대 셋의 설계도로 2년에 여호와께서 요셉을 세
워 바로 왕을 대신하게 하심을 의미한다. 바로 왕이 꾼 꿈을 아무도 해석
할 수 없었을 때 술 맡은 자는 자신의 꿈을 해석해 준 히브리 청년 요셉을
떠올리게 되었다.

술 맡은 자의 말에 따라 급하게 요셉을 데려왔고 요셉은 바로의 꿈을 해
석하였다. 하나님께서 바로 왕에게 주신 꿈은 애굽 땅을 통하여 사탄에
게 사로잡힌 이스라엘 자손을 세우시려는 하나님의 꿈이다. 하나님의 꿈
은 하나님께서 자신이 사람의 몸을 입고 오셔서 하나님의 꿈을 실현하실
것을 요셉을 통하여 나타내셨다. 즉 가나안 땅에서 채색옷을 입은 존귀한
요셉이 애굽으로 내려온 것은 하늘에 계신 존귀한 성자께서 세상으로 내
려오셨음을 나타내셨기에 하나님의 말씀으로 기록하셨다.

바로의 꿈을 해석해 준 요셉은 바로 왕에게 관리를 뽑아 풍년에 곡식을
저장해 둠으로 흉년을 대비하라고 조언한다. 바로 왕과 모든 관리가 이를
좋게 여겼고 바로 왕은 하나님의 영에 감동한 요셉을 총리로 세운다. 옥
에 갇혀 있던 요셉을 여호와께서 소망으로 불붙게 하여 성자 예수님의 역
할을 할 수 있게 하셨다.

*"너는 내 집을 다스리라 내 백성이 다 네 명령에 복종하리니 내가 너보
다 높은 것은 내 왕좌뿐이니라"(40절).*

바로 왕이 애굽을 자기의 집이라고 함은 여호와께서 아담에게 에덴동

산을 맡기신 것과 같은 관점이다. 바로 왕이 자신의 인장 반지를 요셉의 손에 끼우고 세마포 옷을 입히고 왕이 타던 버금 수레를 타게 하였다. 이러한 모습은 타락한 사람이 성자 하나님께 자신의 모든 것을 맡김과 같다. 그리스도인은 성자 하나님께 자신의 모든 것을 맡길 때 하나님의 뜻이 하늘에서 이루어진 것같이 땅에서도 이루어지게 된다. 사람은 자기 뜻을 이루기 위해 스스로 태어난 것이 아니라 하나님께서 각 사람에게 맡기신 사명을 이루기 위해 보냄을 받았다.

요셉이 애굽의 제사장 보디베라의 딸 아스낫을 아내로 맞이하여 므낫세와 에브라임을 낳았다. 여호와께서 흙으로 사람을 창조하심처럼 요셉은 성부 하나님 품에 계시던 성자(말씀)께서 땅을 상징하는 애굽으로 내려오셔서 땅에 말씀의 씨를 뿌리는 것과 같다.

42) 설계도 #42 - 창세기 42장

창세기 42장 설계도(#1-#42)는 사람을 빛으로 밝아지게 하는 소망의 주께서(#1) 사람을 여호와의 능력으로 열국의 아비가 되게 하는 말씀 설계도(#42)이다(42대 아마샤-여호와의 능력). 열국의 아비로 창조된 아담이 타락하여 열국의 아비가 될 수 없게 되었다. 하늘에 계신 하나님께서 아담을 창조하심으로 열국의 아비가 되신 것처럼, 가나안 땅에 있는 야곱(이스라엘)을 애굽에서 사탄에게 넘어지지 않는 성자 하나님의 형상으로 세워진 요셉 때문에 열국의 아비가 되게 하는 42장이다. 야곱이 열국의 아비가 될 수 있도록 야곱의 아들들이 여호와의 능력을 나타내는 것을 보여 준다.

애굽으로 내려와 애굽의 총리가 된 요셉은 아마샤 왕이 에돔의 수도를 정복한 것과 같다. 총리가 된 요셉이 이스라엘을 위하지 않고 애굽의 바로 왕을 위해 일하는 모습은 에돔의 수도를 정복한 아마샤 왕이 에돔의 신을 섬기는 것과 같다.

아버지 야곱과 함께 가나안 땅에 남아 있는 베냐민은 성부 하나님 품에 계신 성자 하나님과 같다. 요셉은 자신의 신분을 숨기고 애굽으로 내려온 형들을 정탐꾼이라고 우겨 옥에 가둔다. 정탐꾼으로 우기는 요셉의 관점은 야곱의 아들이 아니라 바로 왕의 충성스러운 종으로 에돔의 신을 섬기는 아마샤 왕과 같은 관점이다. 요셉이 형제들을 사흘간 가두어 두었다가 둘째 시므온을 남겨두고 다른 형제들을 가나안 땅으로 돌려보낸다. 하늘에서 땅으로 내려왔다가 사탄에게 사로잡힌 사람이 다시 하늘로 올라가려면 죄인과 한 몸이 되신 성자 예수께서 여호와의 능력으로 아담의 죄를 대신 담당하셔야 함을 시므온을 통하여 보여 준다. 시므온을 남겨두고 가나안 땅으로 올라간 형제들이 아버지 야곱을 대면하는 모습은 에돔의 신을 섬기는 아마샤 왕이 이스라엘 요아스 왕을 대면하는 것과 같다. 스올과 같은 애굽에 사로잡힌 형제들은 아버지 야곱을 스올(애굽)로 내려가게 한다(38절). 이는 아마샤 왕과 대면한 이스라엘 요아스 왕이 죽고 아마샤 왕은 15년을 더 살게 되는 것처럼, 애굽으로 내려온 야곱이 아들 요셉 안에서 사는 것과 같다.

43) 설계도 #43 - 창세기 43장

창세기 43장 설계도(#1-#43)는 사람을 빛으로 붉어지게 하는 소망의 주께서(#1) 사람을 여호와의 힘(말씀)으로 어둠 속에서 웃게 하는 말씀 설계도(#43)이다(43대 웃시야-여호와는 나의 힘이시다).

여호와의 힘으로 사는 웃시야 왕(43대 아담)의 삶은 여호와의 말씀을 양식으로 삼아 말씀의 힘으로 사는 삶이다. 가나안 땅에 먹을 양식이 없다는 것은 아담이 여호와의 말씀을 사탄에게 빼앗겨 버렸기 때문이다. 야곱이 베냐민을 보내면서 요셉에게 보내는 여섯 가지 예물은 잃어버린 여호와의 말씀을 양식으로 되찾기 위하여 하늘에서 세상으로 내려오신 성자 예수님을 상징하는 것으로 보인다(11절). 42장에서는 요셉이 자기의 양식을 형제들에게 주지 않았으나 43장에서는 집으로 초대하여 자기 양식을 형제들에게 나누어 준다. 요셉의 양식은 아담이 잃어버린 여호와의 말씀을 상징한다. 에덴동산에서 사탄에게 빼앗겨 버린 여호와의 말씀을 성자의 형상인 요셉을 통하여 되찾게 하신 것이다.

유대인(유다인)의 조상인 유다의 사명은 성자의 형상인 베냐민을 데려갔다가 데려오는 책임을 맡게 되었다. 이는 장차 성자께서 유다의 혈통을 통하여 세상으로 오실 것을 나타내심이다. 베냐민이 함께 내려온 것을 알게 된 요셉은 형제들을 집으로 초대하여 점심 식사를 같이한다. 성자의 형상인 베냐민을 초대한 요셉의 집은 세상에 세워진 하나님의 나라를 상징한다. 베냐민이 동행하지 않았더라면 형들은 요셉의 집으로 들어가 요셉의 양식을 먹을 수 없었을 것이다. 요셉이 자기 양식을 형제들에게 나누어 주었고 베냐민에게는 형제들의 다섯 배를 주었다. 형제들이 받은 양식은 1대 아담처럼 빛의 형상으로 붉어지게 하는 하나님의 양식(말씀)이며, 베냐민이 받은 형제들보다 다섯 배가 많은 양식은 5대 아담(마할랄렐)

처럼 사람이 하나님을 찬양하는 하나님의 양식(말씀)을 의미한다. 자신을 희생하는 베냐민 지파를 통하여 구원받을 수 없는 사람을 구원하여 하나님을 찬양하는 베냐민 지파가 되게 하셨다는 뜻이다. 여호와께서 가나안 땅의 기업을 무를 수 없는 슬로브핫의 딸들을 구원하는 역할을 베냐민 지파의 남자들에게 맡기셨고(민36장), 여호와께서 주신 율법으로 심판받아 죽어야 할 기브아 사람을 구원하기 위해 베냐민 지파가 일어서게 하셨고(삿 21장), 타락한 이스라엘 백성을 구원하는 역할을 베냐민 지파의 사울 왕에게 맡기셨다(삼상 11장). 또한 베냐민 지파는 열 지파가 이스라엘로 나누어져 우리 밖으로 나간 하나님의 양이 되었을 때 유다 지파와 하나 되어 남왕국 유다가 하나님을 계승하도록 돕는다.

형제들에게 자기 양식을 먹이는 요셉은 사탄에게 빼앗겼던 하나님의 말씀을 하나님의 양에게 먹이는 성자 하나님의 형상이다. 요셉의 집에서 요셉의 양식을 먹음으로 자신의 힘으로 살던 형제들이 여호와의 힘(말씀)으로 어둠 속에서 웃을 수 있는 43장이다.

44) 설계도 #44 - 창세기 44장

창세기 44장 설계도(#1-#44)는 사람을 빛으로 붉어지게 하는 소망의 주께서(#1) 사람을 온전하게 하여 하나님과 겨루어 이기게 하는 말씀 설계도(#44)이다. (44대 요담-여호와는 온전하시다).

"요셉이 그의 집 청지기에게 명하여 이르되 양식을 각자의 자루에 운반할 수 있을 만큼 채우고 각자의 돈을 그 자루에 넣고 또 내 잔 곧 은잔을 그 청년의 자루 아귀에 넣고 그 양식 값 돈도 함께 넣으라 하매 그가

요셉의 명령대로 하고 아침이 밝을 때에 사람들과 그들의 나귀들을 보내니라"(1-3절).

자루 안에 들어 있는 곡식은 형제들 안에 계신 하나님의 말씀을 뜻하며 요셉의 은잔은 하나님의 말씀을 담는 그릇으로 하나님의 영(성령)을 의미한다. 44대 요담 왕이 성전의 윗문을 건축하여 성부 하나님(말씀)과 하나 되신 하나님의 영(보혜사 성령)이 사람 안으로 들어갈 수 있게 된 것처럼, 창세기 44장에서 청년(베냐민)의 자루에 하나님의 영(성령)을 상징하는 요셉의 은잔을 넣을 수 있게 되었다.

베냐민은 아버지 야곱(이스라엘)과 생명으로 연결되어 가나안 땅에 있는 예물과 함께 애굽으로 내려왔다. 이러한 베냐민을 성부 하나님 품에 계신 성자 하나님의 형상이라 하였다. 성자 예수님의 형상인 베냐민의 자루에 요셉이 그의 은잔을 넣은 것은 성자 예수님께서 성령 하나님과 한 몸을 이루신 것을 의미한다. 여호와의 말씀을 벗어 버린 사람은 여호와의 말씀을 품는 하나님의 영이 거할 수 없다. 타락한 사람처럼 요셉 형제들의 자루에는 은잔이 들어갈 수 없고 오직 성자의 형상인 베냐민의 자루에 들어갈 수 있다. 요셉이 베냐민의 자루에 은잔을 넣어두지 않았다면 유다와 형제들을 온전하게 세울 수 없다. 여호와께서 세우길 원하시는 온전한 사람은 말씀과 성령으로 충만하신 성자 예수님과 한 몸을 이룬 사람이다. 하나님의 성전으로 창조되어 세상으로 보내진 사람은 성자 하나님과 한 몸을 이루었을 때 땅(흙)의 권세에서 벗어나 하늘로 올라가게 된다. 유다가 하늘나라를 상징하는 가나안 땅으로 돌아가기 위해서는 성자의 형상인 베냐민을 남겨두고 갈 수 없는 것과 같다.

"이제 주의 종으로 그 아이를 대신하여 머물러 있어 내 주의 종이 되게

하시고 그 아이는 그의 형제들과 함께 올려 보내소서 그 아이가 나와 함께 가지 아니하면 내가 어찌 내 아버지에게로 올라갈 수 있으리이까 두렵건대 재해가 내 아버지에게 미침을 보리이다"(33-34절).

베냐민 없이는 죽을 수밖에 없는 야곱은 성부와 성자 하나님과의 관계를 의미한다. 말씀(성자)으로 만물을 창조하신 성부 하나님은 품에 말씀(성자)이 없이는 존재하실 수 없다. 요셉은 은잔이 발견된 베냐민만 남고 다른 사람은 가나안 땅으로 돌아가게 하였으나 아버지(야곱)와 약속한 유다는 베냐민을 대신하여 자신이 남겠다고 자청한다. 여호와께서 이러한 유다의 혈통으로 성자 하나님께서 세상으로 내려오시게 되었다. 여호와께서 세우시려는 온전한 사람은 유다처럼 하나님 아버지를 사랑하여 성자 하나님을 위해 자신을 내려놓는 사람이다. 유다를 온전하게 하여 하나님의 시험을 이기게 하는 44장이다

하나님의 사랑 사역

45) 설계도 #45 - 창세기 45장

창세기 45장 설계도(#1-#45)는 사람을 빛으로 붉어지게 하는 사랑의 주께서(#1) 사람을 붙드서서 빛으로 붉어지게 하는 말씀 설계도(#45)이다 (45대 아하스-그가 붙들었다). 사랑의 주가 된 요셉과 바로 왕이 형제들을 붙들어 빛으로 붉어지게 하는 45장이다.

요셉이 자신의 신분을 형제들에게 드러냈을 때 요셉을 미디안 상인에게 팔았던 형제들은 눈앞이 캄캄했을 것이다. 아하스 왕이 아들을 화제로 드리고 다메섹으로 가서 앗시리아의 제단(타락한 아담의 형상)을 만들어 놋제단(성자의 형상) 앞에 둔 것처럼, 다메섹 제단과 같은 형제들 앞에 놋제단과 같은 요셉을 두신 것이다.

"그런즉 나를 이리로 보낸 이는 당신들이 아니요 하나님이시라 하나님이 나를 바로에게 아버지로 삼으시고 그 온 집의 주로 삼으시며 애굽 온 땅의 통치자로 삼으셨나이다"(8절).

요셉은 하나님께서 자신을 이곳으로 보내셨다고 한다. 이는 죄인을 대신하여 성자께서 세상으로 내려오셔서 죄인의 죗값을 대신 감당하게 하심을 요셉을 통하여 나타내셨다는 뜻이다. 요셉 앞에 있는 형제들은 성자의 형상인 요셉을 통하여 그들이 죄인임을 발견하게 되었다. 그들을 대신하여 고난을 받아 그들을 구원한 요셉을 통하여 성자 예수님 안에서 거듭난 삶을 경험하게 되었다.

요셉은 5년 동안 흉년이 있을 것이기 때문에 아버지를 모시고 애굽으로 내려오라 하였다. 요셉의 형제들이 왔다는 소식을 들은 바로 왕이 요셉에게 명하여 바로 왕의 수레를 가져다가 아버지와 형제들의 아내를 데려오라 하였다.

바로 왕의 명령을 따라 요셉이 형제들에게 옷을 한 벌씩 주고 베냐민에게는 은 삼백과 다섯 벌의 옷을 주었다. 여호와께서 아담에게 가죽옷을 지어 입히신 것처럼, 요셉이 준 옷은 성자 하나님의 죽음을 통하여 타락한 사람이 은혜를 덧입은 것을 의미한다. 금과 은과 동(놋)은 성자 하나님의 믿음(영)과 소망(혼)과 사랑(몸)을 나타내는 것으로 보인다. 은 삼백과 다섯 벌의 옷을 받은 베냐민을 통하여 소망이 없는 사람에게 성자 하나님께서 소망을 주실 것을 나타낸 것이다. 유다 지파가 아직 온전하게 세워지지 않았을 때 베냐민 지파와 베냐민 지파 출신 사울 왕을 통하여 소망이 없는 사람들을 세우시려는 계획이다.

하늘에 계신 하나님께서 세상으로 내려오시려면 바로 왕과 같이 하늘에서 쫓겨난 타락한 사람이 온전히 하나님의 뜻에 자신을 내어 드려야 한다. 성부 하나님의 형상인 야곱은 수레가 없으면 애굽으로 내려올 수 없어 바로 왕은 수레를 보내도록 명령한다. 야곱은 요셉이 보낸 수레를 보고 힘을 얻어 애굽으로 내려갈 것을 결정한다. 창세기 45장은 45대 아하스 왕이 아들을 희생하여 앗시리아의 제단을 성전 마당으로 가져온 것처럼 성자의 형상인 요셉의 희생을 통하여 아버지 야곱과 요셉의 형제들을 붙드시는 말씀이다. 타락한 사람의 죄를 대신 짊어지신 성자 하나님을 통하여 죄인을 붙들지 않으면 구원받을 수 없는 것처럼, 형제들의 죄를 대신 짊어진 요셉이 형제들을 붙들지 않으면 기근이 심한 세상에서 구원받을 수 없게 된다. 성부의 형상인 야곱이 애굽으로 내려간다고 하는 것은 성부 하나님께서 성자 예수님 안에서 죄인과 한 몸을 이루실 수 있게 되었다는 뜻이다.

46) 설계도 #46 - 창세기 46장

창세기 46장 설계도(#1-#46)는 사람을 빛으로 붉어지게 하는 사랑의 주께서(#1) 사람을 강하게 하여 주님의 영으로 대치되게 하는 말씀 설계도(#46)이다(46대 히스기야-여호와는 강하시다). 연약한 히스기야 왕을 강하게 하신 것처럼, 이스라엘 자손을 강하게 하여 주님의 영으로 대치되게 하는 46장이다.

"하나님이 이르시되 나는 하나님이라 네 아버지의 하나님이니 애굽으로 내려가기를 두려워하지 말라 내가 거기서 너로 큰 민족을 이루게 하리라. 내가 너와 함께 애굽으로 내려가겠고 반드시 너를 인도하여 다시 올라올 것이며 요셉이 그의 손으로 네 눈을 감기리라 하셨더라"(3-4절).

이미 아브라함에게 400년 동안 이방의 객이 될 것이라 하셨던 것처럼(창 15:13) 하나님께서 애굽으로 내려가는 것을 두려워하지 말라고 하셨다. 이스라엘과 그의 후손이 애굽으로 내려가게 된 것은 하와가 선악과를 먹고 타락하였기 때문이다. 가나안 땅은 여호와 하나님의 뜻에 따라 흐르는 말씀의 젖과 꿀을 먹고 자라는 하나님 백성이 사는 하늘나라이며, 바로 왕의 뜻에 따라 흐르는 애굽 땅은 바로 왕의 율법을 먹고 자라는 곳으로 하늘에서 쫓겨난 사람들이 사탄의 다스림을 받는 땅의 나라이다. 가나안 땅을 다스리는 이스라엘(야곱)과 애굽을 다스리는 바로 왕은 여호와 하나님과 사탄의 형상이다. 하늘(에덴동산)에서 세상으로 쫓겨난 아담과 하와처럼 이스라엘(야곱)의 후손 중에 남자는 여호와께서 주님의 형상으로 창조하신 아담과 같고 딸과 손녀는 하나님의 영과 같은 모양으로 창조하신 하와와 같다. 하늘나라(가나안 땅)는 여호와의 말씀대로 이루어지는 곳이기에 여호와의 말씀에 순종할 믿음이 없는 사람은 여호와께서 땅의 나라로 보내어 단련하신다. 젖과 꿀이 흐르는 가나안 땅에 먹을 곡식이 없다는 것은 흙으로 만들어진 사람이 여호와의 말씀에 믿음으로 순종하지 않았다는 증거이다. 여호와께서 자기 백성을 어떠한 환경에서도 견딜 수 있도록 강하게 훈련하는 장소로 애굽을 선택하신 것이다.

애굽으로 내려간 야곱의 후손을 창세기에서는 70명으로 사도행전에서는 75명으로 기록하셨다(행 7:14). 사도행전의 관점은 세상으로 오신 성자 예수께서 타락한 사람(신부)의 죄를 대신 감당하심으로 숫자에 포함될 수 없었던 사람을 더한 것으로 보인다. 바로 왕에게 데려간 5명의 아들(창 47:2)의 아내를 사도행전에서 포함한 것으로 보인다. 야곱과 함께 바로 왕 앞에 나아간 5명의 아들은 아버지 야곱을 떠나 아내와 한 몸을 이루었고 다른 사람은 야곱의 다스림을 받는 존재라는 뜻이다.

애굽으로 내려간 70명 중에 이스라엘(야곱)과 함께 내려가지 않은 요셉과 요셉이 애굽에서 낳은 므낫세와 에브라임을 제외하면 이스라엘 자손은 66명이다(26절). 가나안 땅에서 아버지 야곱과 함께 내려온 66명은 성부 하나님 품에 계신 성자께서 아담의 족보를 통하여 세상으로 내려오셔서 자기 백성을 구원하시는 과정을 나타내신 하나님의 지혜이다. 66명 중에서 64명은 남자이고 2명은 야곱의 딸 디나(15절)와 아셀의 딸 세라(17

절)이다. 64명의 남자는 성자께서 아담의 후손으로 64대에 오실 것을 의미하며 야곱의 딸 디나와 손녀 세라는 성자 예수님의 말씀으로 거듭난 65대 제자들과 66대 그리스도인을 의미한다.

하늘을 상징하는 가나안 땅에서 여호와 하나님의 형상인 이스라엘이 그의 후손 66명을 데리고 내려왔다는 것은 땅을 상징한 애굽에 있는 사람의 관점으로는 여호와께서 사람의 형상을 입으시고 땅으로 오신 것과 같다.

47) 설계도 #47 - 창세기 47장

창세기 47장 설계도(#1-#47)는 사람을 빛으로 붉어지게 하는 사랑의 주께서(#1) 옛사람을 잊어버리게 하여 죽을 수밖에 없게 하는 말씀 설계도(#47)이다(47대 므낫세-잊어버림). 땅의 나라(세상 나라)를 대표하는 애굽 왕 앞에 엎드린 옛사람을 잊어버리게 하는 47장이다.

요셉이 섬기는 애굽 왕 앞에 엎드려 축복하는 것은 빛의 형상이 어둠에 굴복하는 것으로 하나님께서 창조하신 사람이 사탄에게 사로잡힌 모습이다. 여호와께서 창조하신 사람이 사탄에게 사로잡혀 자신이 사람이 되어 하늘에서 땅으로 내려오심을 야곱을 통하여 나타내셨다. 만약 야곱이 애굽의 바로 왕 앞에 엎드리지 않으면 야곱의 후손은 애굽에서 살 수 없다.

요셉이 바로 왕에게 아버지와 형제들과 가축들이 애굽으로 내려와 고센에 있다고 하면서 형제 중에 다섯 명을 선별하여 바로 왕 앞에 서게 하였다. 바로 왕은 그들에게 생업이 무엇이냐고 물었고 그들은 조상 때부터 목자라고 하면서 고센 땅에서 살 수 있게 해 달라고 한다. 요셉이 바로 왕 앞에 데려간 다섯 명의 형제는 서열에 따라 레아가 낳은 네 명의 아들(르우벤·시므온·레위·유다)과 라헬의 여종 빌하가 낳은 '단'일 것이다. 이들은 결혼하여 아내를 데려왔기에 야곱과 함께 사탄을 상징하는 바로 왕 앞에 엎드려 그를 축복하게 되었다. 그들은 타락한 하와와 한 몸을 이룬 아담의 형상이며, 요셉은 세상으로 오신 성자의 형상이다.

"바로가 요셉에게 말하여 이르되 네 아버지와 형들이 네게 왔은즉 애굽 땅이 네 앞에 있으니 땅의 좋은 곳에 네 아버지와 네 형들이 거주하게 하되 그들이 고센 땅에 거주하고 그들 중에 능력 있는 자가 있거든 그들로 내 가축을 관리하게 하라"(5-6절).

요셉이 팔려 오지 않았다면 아버지와 형들이 애굽으로 내려올 수 없다. 이는 영적으로 성자의 형상인 요셉의 몸값으로 아버지와 형제들을 산 것과 같다. 바로 왕이 고센 땅을 주었고 자기 가축을 관리하게 하였다. '목자'는 영적으로 하나님의 양을 돌보며 기르는 사명으로 세상으로 쫓겨난 하나님의 백성을 기르는 것을 말한다. 야곱이 밧단아람에서 라반의 가축을 길렀고, 야곱의 후손들은 바로 왕의 가축을 기르게 되었다. 하늘에서 세상으로 보냄을 받은 하늘 백성은 세상에서 사탄에 속한 하나님의 양을 기르고 돌보는 사명이다.

"바로가 야곱에게 묻되 네 나이가 얼마냐 야곱이 바로에게 아뢰되 내 나그네 길의 세월이 백삼십 년이니이다. 내 나이가 얼마 못 되니 우리 조상의 나그네 길의 연조에 미치지 못하나 험악한 세월을 보내었나이다 하고 야곱이 바로에게 축복하고 그 앞에서 나오니라"(8-10절).

야곱이 바로 왕을 축복한 후에 고센 땅(창 47:6)은 라암셋으로 바뀐다(창 47:11). '라암셋'은 '레(태양)는 그를 낳았다'라는 뜻이다. 11절은 사람을 주님의 이르심(이름)을 받게 하는 11대 셈(이름)의 설계도(#11)로 여호와께서 흙으로 사람을 창조하심처럼 주의 이르심을 받은 이스라엘 후손을 애굽에서 낳으셨다는 뜻이다. 이는 야곱과 그의 후손의 소유권이 바로 왕에게 넘어간 것을 의미한다. 야곱이 바로 왕을 축복하며 섬기는 자리로 내려감으로 하나님의 나라가 세상으로 내려오게 되었다.

"기근이 더욱 심하여 사방에 먹을 것이 없고 애굽 땅과 가나안 땅이 기근으로 황폐하니 요셉이 곡식을 팔아 애굽 땅과 가나안 땅에 있는 돈을 모두 거두어 들이고 그 돈을 바로의 궁으로 가져가니 애굽 땅과 가나안 땅에 돈이 떨어진지라 애굽 백성이 다 요셉에게 와서 이르되 돈이 떨어졌사오니 우리에게 먹을 거리를 주소서 어찌 주 앞에서 죽으리이까? 요셉이 이르되 너희의 가축을 내라 돈이 떨어졌은즉 내가 너희의 가축과 바꾸어 주리라"(13-16절).

요셉은 애굽 땅과 가나안 땅에 있는 모든 돈과 가축과 땅까지 바로 왕의 소유가 되게 하였다. 이러한 상태는 여호와께서 창조하신 모든 피조물이 사탄에게 빼앗긴 상태를 의미하며, 모든 피조물이 하나님의 형상을 잊어버린 것을 의미한다.

"이스라엘이 죽을 날이 가까우매 그의 아들 요셉을 불러 그에게 이르되 이제 내가 네게 은혜를 입었거든 청하노니 네 손을 내 허벅지 아래에 넣고 인애와 성실함으로 내게 행하여 애굽에 나를 장사하지 아니하도록 하라"(29절).

바로 왕을 축복할 때는 '야곱'이었고 요셉에게 말할 때는 '이스라엘'이다. 야곱은 타락한 에서(바로 왕)의 발꿈치를 잡는 이름이며, 이스라엘은 하나님의 시험을 이기는 이름으로 하나님의 자리에 앉은 바로 왕에게 속하지 않은 이름이다. 요셉의 손을 아버지 허벅지 아래에 넣고 맹세하게 함은 하늘에 계신 아버지의 사명을 이어가는 것을 의미한다. 아버지를 애굽 땅에 장사하지 않고 가나안 땅에 장사하는 것은 하늘에서 내려온 아버지의 영혼을 다시 하늘로 돌아가게 하는 것을 의미한다. 147세에 이스라엘이 아들 요셉에게 자신을 맡김은 성부 하나님께서 성자 하나님 안에 있는 하나님의 나라에 들어가 한 몸이 되심을 나타내심이다. 야곱이 바로왕 아래에서 잊어버린 17년의 삶을 성자의 형상인 요셉 안에서 발견되려는 것이다(빌 3:8-9).

48) 설계도 #48 - 창세기 48장

창세기 48장 설계도(#1-#48)는 사람을 빛으로 붉어지게 하는 사랑의 주께서(#1) 사람을 충실한 노동자가 되게 하여 주님을 소유하게 하는 말씀 설계도(#48)이다(48대 아몬-충실한 자·노동자).

이스라엘(야곱)이 병들어 요셉이 애굽에서 낳은 므낫세와 에브라임을 데리고 아버지를 찾았다. 침상에 누운 이스라엘은 하늘에 계신 성부 하나님의 형상이며 므낫세와 에브라임을 낳은 요셉은 흙으로 사람을 창조하신 성자 하나님의 형상이다. 하늘을 상징하는 가나안 땅에서 땅을 상징하는 애굽으로 내려온 요셉은 하늘에서 땅으로 떨어진 말씀(성자)과 같다.

"요셉에게 이르되 이전에 가나안 땅 루스에서 전능하신 하나님이 내게 나타나사 복을 주시며 내게 이르시되 내가 너로 생육하고 번성하게 하여 네게서 많은 백성이 나게 하고 내가 이 땅을 네 후손에게 주어 영원

한 소유가 되게 하리라 하셨느니라. 내가 애굽으로 와서 네게 이르기 전에 애굽에서 네가 낳은 두 아들 에브라임과 므낫세는 내 것이라 르우벤과 시므온처럼 내 것이 될 것이요 이들 후의 네 소생은 네 것이 될 것이며 그들의 유산은 그들의 형의 이름으로 함께 받으리라"(3-6절).

요셉의 두 아들이 이스라엘(야곱)의 아들이 되는 개념은 아담을 대신하여 십자가를 짊어지신 성자 하나님을 통하여 세상을 창조하신 성부 하나님의 관점이다. '에브라임과 므낫세는 르우벤과 시므온처럼 내 것이 될 것이요'라는 말씀은 아버지의 침상에 오른 르우벤처럼 에브라임을 세우고, 열 명의 형제들을 대신하여 옥에 갇힌 시므온처럼 므낫세를 세우겠다는 뜻이다. 장자 므낫세의 희생을 통하여 이스라엘의 기업을 무를 수 없는 에브라임을 장자로 세워 가나안 땅의 기업을 무르게 하셨다는 뜻이다. 그러나 에브라임은 아버지의 침상에 오른 르우벤처럼 르호보암 왕 때에 에브라임 지파 여호보암을 왕으로 세워 유다와 나누어진 열 지파의 중추 세력이 되어 북이스라엘을 대표하게 된다(왕상 11:26).

야곱이 세겜 땅을 사서 우릿간을 지었기에 요셉의 해골은 세겜 땅에 묻히게 된다(수 24:29-32). 야곱이 흙으로 사람을 창조하신 성부 하나님 형상이 되어 성자의 형상인 요셉을 통하여 애굽에서 얻은 두 아들을 이스라엘 열두 지파로 편입하였다. 야곱이 세겜 땅을 산 것은 연약한 짐승들과 아들들을 장성하기를 기다리는 장소로 활용하시기 위함이었다. 하나님께서 세상을 창조하시고 흙으로 사람을 창조하셔서 연약한 사람이 땅에서 성장하여 다시 본래의 본향으로 돌아가면 세상은 불태워진다. 세상으로 오셔서 죄인을 구원하신 성자 예수님을 본받아 애굽에서 이스라엘 후손을 성부 하나님의 백성이 되게 하였기에 장차 자신의 땅(흙)으로 새로운 하나님의 나라를 창조할 수 있는 성자 하나님의 자리로 들어가게 된 것으로 보인다.

눈이 어두운 이스라엘이 요셉의 두 아들을 축복하는 과정은 성부 하나님께서 세상에 파종한 첫째 아담과 둘째 아담(성자)을 상징한다. 이스라엘(야곱)은 첫째 아담(에서)의 죄를 대신 짊어짐으로 첫째 아담을 죄에서 구원하신 성자 하나님의 형상(둘째 아담)이다. 요셉이 낳은 아들들도 둘째 아담(예수)께서 세우신 하나님의 나라로 편입하셨다는 뜻이다. 이스라엘(야곱)의 왼손으로 안수받은 므낫세 지파는 예수 그리스도 안에서 거듭나지 못한 에브라임을 위해 요단 동편과 서편으로 나누어져 주님의 십자가를 짊어진다. 요단 동편에 거하는 므낫세 반 지파는 가나안 땅으로 들어가지 못한 사람을 죄에서 구원하는 노동자의 역할이며, 요단 서편에 거하는 므낫세 반 지파는 죄에서 구원받아 가나안 땅으로 들어간 사람을 예수 그리스도 안에 있는 믿음의 법으로 거듭나게 하는 노동자의 역할이다. 이런 계획 때문에 므낫세 지파의 남자들을 세워 가나안 땅에 기업을 무를 수 없는 슬로브핫의 딸들과 결혼하게 함으로 기업을 무를 수 있게 하셨다 (민 36:12).

49) 설계도 #49 - 창세기 49장

창세기 49장 설계도(#1-#49)는 사람을 빛으로 붉어지게 하는 사랑의 주께서(#1) 사람을 고쳐 주서서 하나님을 찬양하게 하는 말씀 설계도(#49)이다(49대 요시야-여호와께서 고쳐 주신다). 성자의 형상인 요시야 왕의 죽음을 통하여 이스라엘 백성을 고쳐 주신 것처럼, 성자의 형상인 요셉의 희생을 통하여 이스라엘 후손을 여호와께서 고쳐 주시는 49장이다.

창세기 49장은 이스라엘(야곱)이 자기 후손이 후에 닥칠 일에 대하여 예언하신 말씀이다. 이 예언의 말씀은 성자의 죽음을 통하여 이스라엘 후손을 고쳐 주시는 말씀이다.

장자 '르우벤'은 이스라엘의 능력이요 기력의 시작이며 위풍이 월등하고 권능이 탁월하지만 바람에 출렁이는 물처럼 탁월하지 못하게 된다고 하였다. 그는 사탄의 유혹에 넘어가 아버지의 침상을 더럽혔기에 성자 하나님보다 탁월하지 못하게 되었다. 이는 아담이 성부 하나님의 양식인 선악과를 먹어 여자의 후손으로 아담보다 더 탁월하신 성자 예수께서 오신다는 뜻이다. 첫째 아담은 하와를 위해 선악과를 먹는 죄를 지었지만, 둘째 아담(성자)은 아담보다 탁월하여 죄를 자기의 몸으로 사하심으로 죄에서 구원하셨다.

둘째 시므온과 셋째 레위를 형제라 하였고 그들의 칼은 폭력의 도구라 하셨다. 시므온과 레위는 세겜에게 붙잡힌 디나를 구출하기 위해 분노대로 사람을 죽이고 혈기대로 소의 발목 힘줄을 끊었다. 이러한 행위는 율법으로 사람을 죽을 수밖에 없게 하심을 의미한다. 둘째 시므온은 2대 셋의 정체성으로 말씀을 대신하는 사명이다. 율법으로 사람을 죽였던 레위 지파는 율법에 얽매여 이스라엘 중에서 48개 성읍으로 흩어져 이스라엘 후손을 섬기게 되었다. 폭력의 도구가 된 레위 지파는 3대 에노스의 정체성으로 사람을 죽을 수밖에 없는 율법을 자기 몸으로 짊어지고 죄인을 대신하여 죽을 수밖에 없는 성자 예수님을 본받는 사람으로 고쳐 주셨다.

"유다야 너는 네 형제의 찬송이 될지라 네 손이 네 원수의 목을 잡을 것이요 네 아버지의 아들들이 네 앞에 절하리로다. 유다는 사자 새끼로

다 내 아들아 너는 움킨 것을 찢고 올라갔도다 그가 엎드리고 웅크림이 수사자 같고 암사자 같으니 누가 그를 범할 수 있으랴. 규가 유다를 떠나지 아니하며 통치자의 지팡이가 그 발 사이에서 떠나지 아니하기를 실로가 오시기까지 이르리니 그에게 모든 백성이 복종하리로다. 그의 나귀를 포도나무에 매며 그의 암나귀 새끼를 아름다운 포도나무에 맬 것이며 또 그 옷을 포도주에 빨며 그의 복장을 포도즙에 빨리로다. 그의 눈은 포도주로 인하여 붉겠고 그의 이는 우유로 말미암아 희리로다"(8-12절).

유다에 대한 예언의 말씀은 르우벤과 시므온과 레위의 후손을 통하여 메시아가 세상으로 내려오실 수 없게 되어 유다의 후손을 통하여 내려올 수 있게 하셨다. 넷째 유다는 4대 계난의 정체성으로 주님을 신랑으로 소유하여 족보를 계승하게 되었다.

"이들은 이스라엘의 열두 지파라 이와 같이 그들의 아버지가 그들에게 말하고 그들에게 축복하였으니 곧 그들 각 사람의 분량대로 축복하였더라. 그가 그들에게 명하여 이르되 내가 내 조상들에게로 돌아가리니 나를 헷 사람 에브론의 밭에 있는 굴에 우리 선조와 함께 장사하라"(28-29절).

여호와의 말씀은 이스라엘을 통하여 열두 지파, 열두 영역으로 흘러가게 되었다. 여호와의 말씀으로 열두 아들을 세우고 다시 원래의 장소로 돌아갈 수 있도록 자신을 가나안 땅에 장사하게 한다. 이스라엘을 통하여 선포된 여호와의 말씀은 열두 아들의 삶을 바탕으로 예수 그리스도 안에서 새롭게 고쳐 주신 말씀이다.

50) 설계도 #50 - 창세기 50장

창세기 50장 설계도(#1-#50)는 사람을 빛으로 붉어지게 하는 사랑의 주께서(#1) 사람을 일으켜 주님을 계승하게 하는 말씀 설계도(#50)이다(50 대 여호야김-여호와께서 일으키셨다).

"요셉이 그의 아버지 얼굴에 구푸려 울며 입맞추고 그 수종 드는 의원에게 명하여 아버지의 몸을 향으로 처리하게 하매 의원이 이스라엘에게 그대로 하되 사십 일이 걸렸으니 향으로 처리하는 데는 이 날수가 걸림이며 애굽 사람들은 칠십 일 동안 그를 위하여 곡하였더라"(1-3절).

40일 동안 이스라엘의 몸을 향으로 처리하여 육체가 썩지 않게 하려는 것이다. 사람을 하나님의 성전으로 지으신 하나님께서 이스라엘의 몸을 하나님의 성전으로 세우기 위해 40일 동안 향으로 처리하심을 뜻한다. 40일은 죽은 이스라엘을 주님의 거친 숨이 되도록 여호와께서 잡으시는 설계도 #40을 나타내기 위함이다.

애굽 사람들과 이스라엘 후손이 애굽을 떠나 가나안 땅으로 올라가는 것은 세상으로 쫓겨난 사람이 예수 그리스도 안에서 거듭남을 의미한다. 요셉이 하늘을 상징하는 가나안 땅에서 땅을 상징하는 애굽으로 내려오지 않았더라면 사탄을 상징하는 바로 왕이 가나안 땅으로 올라가는 것을 허락하지 않았을 것이다.

요단강을 건너기 전에 '아닷 타작 마당'에서 요셉이 아버지를 위해 7일 간 애통하여 이곳을 아벨이스라임(애굽인의 호곡)이라 하였다. 이는 성자의 형상인 요셉의 눈물을 통하여 아버지 이스라엘과 애굽 사람들이 요단강을 건널 수 있게 되었다는 것으로 보인다.

장례를 마치고 애굽으로 돌아온 형제들은 애굽의 총리 요셉을 두려워하였고 요셉은 그들의 자녀를 양육하겠다고 한다. 이러한 모습은 사탄이 다스리는 세상으로 내려오신 성자께서 자기 백성을 양육하시는 모습이다. 요셉은 형제들의 후손을 양육하다가 죽기 전에 이스라엘 후손이 여호와께서 맹세하신 땅으로 돌아갈 것을 예언하고 110세에 죽는다. 아버지 이스라엘의 몸은 성자의 형상인 요셉 때문에 가나안 땅에 장사되었고 요셉의 몸은 자신이 양육한 이스라엘 후손에게 맡겨졌다. 열매로 나무를 판단하시는 하나님은 흙으로 창조하신 사람이 하늘에서 땅으로 내려와 성자 하나님처럼 열매를 맺고 다시 흙으로 돌아가게 하셨다. 총리 요셉이 사탄에게 넘어진 이스라엘 자손을 양육하지 않으면 스스로 일어날 수 없다. 애굽에서 요셉을 통하여 이스라엘 자손이 하나님을 계승할 수 있도록 여호와께서 일으키셨다.

　창세기 말씀은 빛이 되신 성자께서 빛을 비추어 어둠 속에서 사람을 빛으로 붉어질 수 있게 하시다가 처음에 계시던 빛이 없는 지성소로 들어가심으로 완성되었다. 빛이신 성자께서 사람을 하나님의 성전으로 창조하셔서 어둠을 상징하는 애굽 땅에서 주님의 빛을 비추다가 죽어 장사 된 모습을 요셉을 통하여 나타내셨다. 1대 아담을 주님의 빛으로 붉어지게 하신 주님께서 타락한 신부(하와-이스라엘 백성)를 애굽에서 빛으로 붉어지게 하시는 과정을 1대 아담부터 23대 요셉을 통하여 창세기 말씀으로 완성하셨다.

51) 설계도 #51 - 출애굽기 1장

66권으로 나누어진 성경 말씀을 한 권의 하나님 말씀으로 보는 관점으로 출애굽기 1장은 창세기 51장과 같다. 이러한 관점에서 출애굽기 1장(51장) 설계도(#1-#51)는 사람을 빛으로 붉어지게 하는 사랑의 주께서(#1) 사람을 완성하셔서 주님께 헌신하게 하는 말씀 설계도(#51)이다(51대 여호야긴-여호와께서 완성하신다).

요셉이 죽은 후 요셉을 알지 못하는 애굽의 왕이 나타나 이스라엘 자손은 애굽 땅에 버려진 상태가 되었다. 이러한 모습은 바벨론 땅에 버려진 여호야긴 왕과 유다 백성의 모습과 같다.

"이스라엘 자손은 생육하고 불어나 번성하고 매우 강하여 온 땅에 가득하게 되었더라"(7절).

이스라엘 자손이 불어나 온 땅에 가득하게 되어 바로 왕은 그들이 강성해져서 다시 가나안 땅으로 돌아갈까 두려워하였다. 사탄의 형상인 바로 왕은 히브리인 산파에게 여자아이가 태어나면 살리고 남자아이는 죽이라 하였다. 이는 사탄이 타락한 백성을 구원하기 위해 성자의 형상인 모세가 태어날 수 없게 하려는 것이다. 이스라엘 자손을 죽이지 않고 살리는 히브리인 산파는 여호와께서 흙으로 사람을 창조하시는 역할을 대신하는 것이다. 나일강에 던져진 갓난아이는 성부 하나님 품에서 성령 하나님 품으로 나온 것과 같다. 바벨론 땅에 버려진 여호야긴 왕을 여호와께서 완성하셔서 주님께 헌신하게 하신 것처럼, 애굽 땅에 버려졌던 히브리인 산파를 통하여 히브리인을 완성하셔서 주님께 헌신할 수 있게 하는 출애굽기 1장이다. 성령의 형상인 나일강에 던져지게 하여 성령 하나님께서 인도하는 성자 예수님의 형상으로 모세가 헌신할 수 있게 준비하는 과정이다.

52) 설계도 #52 - 출애굽기 2장

창세기와 출애굽기를 한 권으로 보는 관점으로 출애굽기 2장은 창세가 52장으로 볼 수 있다. 출애굽기 2장(52장) 설계도(#1-#52)는 사람을 빛으로 붉어지게 하는 사랑의 주께서(#1) 사람을 하나님께 간구하게 하여 대확장되게 하는 말씀 설계도(#52)이다(52대 스알디엘-내가 하나님께 간구했다). 여호와께서 성자의 형상으로 세우신 모세를 새로운 땅(바로의 궁전)으로 대확장되도록 미리암은 바로의 공주에게 간구하는 사명이며, 미디안 땅으로 피신한 모세는 이방 땅에 버려진 자기 백성을 대신하여 하나님께 간구하는 스알디엘(52대)의 사명이다.

히브리인 산파로 말미암아 태어난 모세를 삼 개월 동안 키우다가 갈대 상자에 넣어 나일강에 띄워 보냈다. 모세를 나일강물에 띄워 보낸 것은 성령 하나님의 인도하심에 맡겼다는 뜻으로 보이며 성령께서 모세를 담은 갈대 상자를 바로 왕의 딸에게 가도록 인도하셨다. 이는 물에서 건져낸 모세를 통하여 요단강에서 세례를 받으신 성자 예수께서 자기 백성을 구원하심을 나타내려 하심이다. 이렇게 생각하는 것은 예수께서 성경 말씀이 자신의 이야기라고 하셨기 때문이다(요 5:39).

갈대 상자를 지켜보던 모세의 누이(미리암)가 공주에게 간구하여 모세가 어머니 요게벳의 젖을 먹을 수 있게 되었다. 요게벳의 젖을 먹은 것은 모세가 어머니의 품에서 여호와의 율법(말씀)을 더불어 먹고 자랐다는 뜻이다. 여호와의 율법을 먹고 자란 장성한 모세는 히브리인의 구원을 위해 하나님께 간구하는 사람이다. 모세는 여호와의 율법에 따라 히브리인을 괴롭히는 애굽인 관리를 몰래 죽여 모래 속에 묻어 버렸다.

"이튿날 다시 나가니 두 히브리 사람이 서로 싸우는지라 그 잘못한 사람에게 이르되 네가 어찌하여 동포를 치느냐 하매, 그가 이르되 누가 너를 우리를 다스리는 자와 재판관으로 삼았느냐 네가 애굽 사람을 죽인 것처럼 나도 죽이려느냐 모세가 두려워하여 이르되 일이 탄로되었도다. 바로가 이 일을 듣고 모세를 죽이고자 하여 찾는지라 모세가 바로의 낯을 피하여 미디안 땅에 머물며 하루는 우물 곁에 앉았더라"(13-15절).

소돔 땅에 보냄을 받아 성문에서 여호와의 말씀으로 재판하는 롯처럼 (창 19:1-9) 애굽 땅에 버려진 이스라엘 백성을 위해 보냄을 받은 모세는 여호와의 말씀을 거절하는 히브리인을 다스리는 법관이 될 수 없었다. 사탄이 다스리는 애굽 땅과 달리 미디안 땅은 '떠들썩한, 말다툼하는, 논쟁' 이란 뜻으로 주권자가 세워지지 않은 장소를 의미한다. 미디안 제사장 '르우엘'은 '하나님의 친구'라는 뜻으로 하나님께서 창조하신 하와를 아담과 한 몸이 되게 하는 여호와 하나님처럼 자기 딸(십보라)과 둘째 아담의 형상인 모세를 결혼시킨다. 십보라가 낳은 게르솜은 '나그네 된'이란 뜻으로 이는 성자의 형상인 모세가 자기 백성과 함께하지 못하고 미디안 땅에 나그네가 되었다는 뜻이다. 시간이 흘러 이스라엘 자손이 고된 노동으로 하나님께 부르짖게 되었다.

53) 설계도 #53 - 출애굽기 3장

출애굽기 3장(53장) 설계도(#1-#53)는 사람을 빛으로 붉어지게 하는 사랑의 주께서(#1) 사람을 세상(호렙산)에서 거듭나게 하여 능력 있게 하는 말씀 설계도(#53)이다(53대 스룹바벨-바벨론에서 태어난).

여호와께서 미디안에서 이드로의 양을 치던 모세를 이스라엘 자손의 목자로 부르셨다. 바벨론은 '섞다, 혼합하다'에서 유래하여 '혼돈'이라는 뜻으로 여호와의 말씀으로 다스림을 받지 못한 장소를 상징한다. 성자의 53대 형상이 되기 전의 스룹바벨처럼 모세는 여호와의 말씀으로 다스림을 받지 못한 상태이었다.

여호와의 사자가 떨기나무 가운데로부터 나오는 불꽃 안에서 나타나셨다. 떨기나무는 목재로 쓸 수 없는 '덤불'로 이는 보잘것없는 사람(모세)을 여호와의 말씀을 대신하여 말하는 사자로 세우시겠다는 뜻이다.

"하나님이 이르시되 이리로 가까이 오지 말라 네가 선 곳은 거룩한 땅이니 네 발에서 신을 벗으라"(5절).

하나님께서 모세에게 가까이 오지 말라 하심은 신을 신으면 타락한 사람의 마음을 붙들고 있는 사탄의 유혹을 받기 때문이다. 우리말 '신'이란 흙으로 창조하신 사람과 땅을 분리해 사람을 신적인 존재로 만들기 때문으로 보인다. 신을 벗은 모세를 하나님께서 흙으로 창조하신 아담처럼 세우시려는 것이다. 집에서 밖으로 나가기 전에 신을 신는 것처럼 새로운 하나님의 길을 걸어야 할 모세에게 신을 벗게 하셔서 모세가 여호와께서 주신 말씀의 신을 신게 하시려는 것이다. 애굽 관리를 죽이고 미디안 땅으로 도망친 도망자의 삶에서 여호와의 종이 되어 사는 삶으로 부르심이다. 도망자의 삶으로 살았던 신을 신고 거룩하신 하나님께 가까이 가면 살 수 없다는 뜻이다. 자기의 존재를 부인하고 자신을 성부와 성령 하나님께 내어주신 성자 하나님 외에는 하나님께 가까이 갈 수 없다. 거룩한 땅은 하나님의 말씀을 받아들이는 땅으로 말씀이요 영이신 하나님만이 그곳에 설 수 있다. 모세가 신고 있는 신을 벗지 않으면 흙으로 만들어진 모세는 거룩한 땅이 될 수 없어 하나님의 말씀을 받아들일 수 없다. 신을 벗은 모세는 떨기나무 앞에서 컴퓨터를 초기화(format)한 것처럼 여호와의 말씀으로 거듭나게 되었다.

　　여호와께서 모세를 통하여 이스라엘 자손을 애굽에서 인도하여 내겠다고 하셨고 모세는 할 수 없다고 하였다. 여호와께서 모세에게 그와 함께 하시겠다고 하며 떨기나무에 불이 붙었으나 타지 않는 것이 증거라고 하셨다. 이는 떨기나무와 같은 모세 안에서 여호와께서 일하시겠다는 뜻이다. 모세는 이스라엘 자손에게 자신을 보내신 분을 누구라고 해야 하는지 물었고 여호와 하나님은 자신을 '스스로 있는 자'라 하셨다. 스스로 존재하시는 여호와 하나님은 여호와의 말씀으로 거듭난 사람을 통하여 하나님의 존재를 나타내시는 분이다. 그래서 여호와의 말씀을 믿음으로 받아들이지 않는 사람을 통하여 일하실 수 없다. 여호와께서 흙으로 만들어진 사람을 자신의 성전으로 창조하시고 사람과 한 몸을 이룸으로 사람이 성자 하나님과 같은 존재가 되게 하셨다. '여호와'는 사람을 성전으로 삼아 자신을 영접한 사람의 주(主)가 되시는 분으로 육을 입지 않으신 분이시다. '하나님'은 육을 입은 사람과 하나 됨을 이룬 상태로 사람의 몸을 입은 예수님은 자신을 '여호와'라 하지 않으시고 '하나님'이라 하셨음을 유대인을 통하여 나타내셨다(요 10:33). 모세 밖에 계신 여호와께서 모세를 성전으로 삼고 모세와 하나 됨을 이루는 모세의 주가 되기를 원하셨다. 모세에게 말씀하셔서 모세를 통하여 이스라엘 백성을 구원하신 여호와 하나님께서 사람의 몸을 입고 세상으로 내려오신 분이 예수님이다(요 5:25).

바벨론에서 거듭난 53대 스룹바벨을 포로에서 귀환하는 백성들의 목자가 되게 하심처럼, 여호와의 말씀으로 거듭난 모세를 이스라엘 자손의 목자가 되게 하는 출애굽기 3장(53장)이다.

54) 설계도 #54 - 출애굽기 4장

출애굽기 4장(54장) 설계도(#1-#54)는 사람을 빛으로 붉어지게 하는 사랑의 주께서(#1) 사람을 아버지의 영광으로 어둠 속에서 안식하게 하는 말씀 설계도(#54)이다(54대 아비훗-아버지의 영광). 애굽의 왕자로 있었을 때 하나님 아버지의 영광을 나타낼 수 없었던 모세가 하나님 아버지의 영광으로 어둠 속에서 안식하게 하는 4장(54장)이다.

"모세가 대답하여 이르되 그러나 그들이 나를 믿지 아니하며 내 말을 듣지 아니하고 이르기를 여호와께서 네게 나타나지 아니하셨다 하리이다"(1절).

떨기나무에 붙은 불을 통하여 여호와께서 나타나심을 모세는 보았으나 여호와 하나님을 경험하지 못한 사람들은 믿지 않을 것으로 생각하였다. 여호와께서 확신이 부족한 모세를 위하여 모세의 손에 있던 지팡이가 땅에 던져졌을 때 뱀으로 변화되게 하셨다. 이는 성자 하나님의 손에 있을 때 하나님의 양(아담과 하와)을 돕는 천사가 타락하여 땅을 주관하는 뱀이 되었음을 의미한다. 성자께서 뱀의 꼬리를 잡았을 때 뱀이 다시 지팡이가 되게 하실 것을 모세의 손을 통하여 나타내셨다. 즉 모세를 하나님 아버지의 영광을 나타내는 성자 예수님을 대신하는 역할로 세우셨다는 뜻이다.

여호와께서 뱀의 꼬리를 잡은 손이 모세의 품에 들어갔다가 나왔을 때 나병에 걸리게 하셨고 다시 품에 넣었다가 나온 손이 깨끗하게 하셨다. 이는 성자 예수께서 사탄(뱀)에게 넘어진 사람을 원래의 상태로 되돌리는 과정을 모세를 통하여 나타내신 것이다. 모세의 품은 성부 하나님 품에 계시던 성자께서 사탄의 꼬리를 잡음으로 타락한 사람처럼 죽게 되었고 십자가에서 죽은 성자께서 성부 하나님 품으로 돌아가셨다가 모세 안에서 살게 되었다는 뜻이다. 사람을 하나님의 형상과 모양으로 창조하신 하나님께서 하나님의 성전이 된 모세가 하나님 아버지의 영광으로 세상에서 안식하게 하셨다.

55) 설계도 #55 – 출애굽기 5장

출애굽기 5장(55장) 설계도(#1-#55)는 사람을 빛으로 붉어지게 하는 사랑의 주께서(#1) 사람을 일으켜 주님의 이르심(이름)을 받게 하는 말씀 설계도(#55)이다(55대 엘리아김-하나님께서 일으키셨다). 앗수르 왕 산헤립의 대표자들에게 주님의 이름이 되도록 하나님께서 일으키신 궁내 대신 엘리아김을 보낸 것처럼, 모세와 아론을 일으켜 바로 왕에게 보내어 주님의 이르심(이름)을 받게 하는 5장(55장)이다. 여호와께서 바로 왕과 이스라엘 후손을 대면하면 사람이 불태워지기 때문에 하나님의 말씀을 대신하여 전달할 모세와 아론을 바로 왕과 이스라엘 후손에게 보내셨다.

이스라엘 후손을 다스리는 애굽의 바로 왕은 하나님의 자리에 앉은 사탄의 형상이며 또한 타락한 아담의 형상이다. 여호와께서 모세와 아론을 통하여 바로 왕에게 이스라엘 후손을 보내라고 하셨으나 여호와 하나님을 알지 못하는 바로 왕은 그것을 서설하였다. 여호와께서 이스라엘 후손의 마음을 다스리는 사탄을 쫓아내고 여호와의 율법을 사랑하는 여호와의 백성으로 삼으려 하셨다. 바로 왕은 이스라엘 후손이 가나안 땅으로 돌아가는 생각을 하지 못하게 더욱 이스라엘 후손을 힘들게 하였다. 더욱 가혹해진 노동으로 이스라엘 후손은 모세와 아론을 원망하게 되었고 난관에 부닥친 모세는 여호와께 아뢴다.

56) 설계도 #56 - 출애굽기 6장

출애굽기 6장(56장) 설계도(#1-#56)는 사람을 빛으로 붉어지게 하는 사랑의 주께서(#1) 사람을 유조하여 주님의 영역이 되게 하는 말씀 설계도(#56)이다(56대 아소르-유조·돕는 자).

"여호와께서 모세에게 이르시되 이제 내가 바로에게 하는 일을 네가 보리라 강한 손으로 말미암아 바로가 그들을 보내리라 강한 손으로 말미암아 바로가 그들을 그의 땅에서 쫓아내리라"(1절).

이 말씀은 5장의 결론에 해당하기에 6장보다 5장에 있어야 문맥에 어울리지만 6장에 기록하심은 여호와께서 모세를 유조하기(돕기) 위함이다.

여호와께서 아브라함과 이삭과 야곱에게는 전능의 하나님으로 나타나셨고 모세에게는 여호와 하나님으로 나타나셨다(출 6:3). 말씀하신 대로 이루어지게 하시는 전능의 하나님은 창세기 1장의 하나님으로 믿음이 없는 사람을 세울 수 없는 선하신 하나님이시다. 믿음이 없는 사람을 유조하여 다시 세우시는 분이 선악을 아시는 여호와 하나님이시다. 모세에게 여호와께서 창세기 1장처럼 전능의 하나님으로 나타나셨다면 모세가 여호와의 말씀에 순종하지 않았을 때 그를 통하여 여호와 하나님의 뜻을 이룰 수 없게 된다. 여호와께서 모세에게 여호와 하나님으로 나타나셔서 연약한 이스라엘 자손을 주님의 영역이 되도록 돕는(유조) 자가 되게 하심이다. 여호와 하나님은 연약한 하와를 도와줌으로 하와가 회개하고 돌아올 수 있도록 기회를 주시는 분이시다. 그래서 창세기 1장은 자신을 '하나님'으로 계시하셨고 아담과 하와를 창조하실 때는 '여호와'의 이름으로 자신을 계시하셨다(창 2:4).

57) 설계도 #57 – 출애굽기 7장

출애굽기 7장(57장) 설계도(#1-#57)는 사람을 빛으로 붉어지게 하는 사랑의 주께서(#1) 사람을 의롭게 하여 주님의 싹이 되게 하는 말씀 설계도(#57)이다(57대 사독-의로운). 나일강 물이 피가 되어 성자의 형상인 물고기가 죽어 의롭지 못한 사람을 의롭게 하여 주님의 싹이 되게 하는 7장(57장)이다.

이스라엘 자손을 보내라는 여호와의 말씀을 바로 왕이 거절함으로 나일강이 피가 되어 나일강에 살던 물고기들이 죽게 된다. 애굽 땅을 다스리는 바로 왕이 여호와의 말씀에 순종하지 않음으로 성령 하나님을 상징하는 나일강이 피가 되었다. 성령 하나님의 형상인 나일강이 피가 되었다는 것은 성령 하나님 품에 계신 성자 하나님을 성부 하나님께서 바로 왕을 대신하여 심판하셨음을 의미한다. 이는 성령 하나님 품에 계신 성자 하나님께서 타락한 아담(바로 왕)을 대신하여 죽음으로 의롭지 못한 바로 왕과 모든 사람을 의롭게 하셨음을 나타내는 출애굽기 7장이다. 만약 성자의 형상인 물고기가 죽지 않았다면 바로 왕과 함께 모든 사람이 죽었을 것이다. 첫 번째 '피' 재앙은 1대 아담의 정체성으로 사람이 빛으로 붉어질 수 있도록 성자의 형상(물고기)을 빛으로 붉어지게 하는 말씀 설계도(#1)이다.

58) 설계도 #58 - 출애굽기 8장

출애굽기 8장(8장) 설계도(#1-#58)는 사람을 빛으로 붉어지게 하는 사랑의 주께서(#1) 사람을 지혜롭게 하여 어둠의 건너편이 되게 하는 말씀 설계도(#58)이다(58대 아킴-지혜).

출애굽기 8장은 이스라엘 자손을 보내지 않은 바로 왕 때문에 '개구리·이·파리'의 재앙이 발생하게 된다. 하나님께서 창조하신 피조물은 하나님의 형상으로 창조된 아담의 다스림을 받는 존재였다. 하나님의 형상으로 창조되었으나 하나님의 말씀에 순종하지 않는 사람 때문에 사람을 해롭게 하는 피조물이 나타나게 되었다(창 3:18). 여호와께서 사람을 괴롭히는 피조물을 통하여 지혜가 없는 사람을 지혜롭게 교육하신다. 피가 된 나일강에서 올라온 개구리는 더러운 영을 상징한다(계 16:13-14). 7장에서 거룩한 성령을 상징하는 나일강이 피가 되어 성령 하나님 품에 계신 성자의 형상으로 창조된 물고기가 죽었기에 거짓말을 하는 더러운 영과 같은 개구리가 나타나게 되었다. 더러운 영을 상징하는 개구리를 물리치는 방법은 여호와께서 보낸 사자(모세)의 입을 통하여 이루어지게 하심은 세상으로 오신 성자 예수님의 말씀으로 더러운 영을 물러가게 하실 것을 나타내는 하나님의 지혜이다. 물에 사는 올챙이가 물 밖으로 나와서 자기 뜻대로 뛰어다니는 개구리를 더러운 영이라 하심은 성령 하나님 안에서 살아야 할 존재가 성령 하나님의 영역을 벗어나 자기 뜻대로 돌아다니기 때문이다. 두 번째 개구리 재앙은 2대 셋의 정체성으로 이스라엘 후손을 어둠의 영으로 대치되게 하는 설계도(#2)이다. 진리의 영이신 성령 하나님의 대신하여 대치된 악한 영(개구리)이 출현하게 하셨다.

사람과 짐승의 몸에 달라붙어 피부를 갉아먹는 '이'는 나일강에서 올라오지 않고 땅의 티끌에서 발원한다. 땅의 티끌과 같은 흙으로 사람을 창조하셨으나 하나님의 말씀에 순종하지 않는 사람 때문에 같은 땅에서 불순종한 사람을 괴롭히는 존재가 일어나게 되었다는 뜻이다. 여호와께서 모세에게 명하여 '이' 재앙을 그치게 하지 않으셨다. 이는 여호와의 말씀에 순종하지 않는 사람을 때때로 괴롭히시려는 하나님의 지혜이다. 티끌에서 발원한 '이'가 개구리처럼 모세를 통하여 물러가게 하지 않으심은 각 사람이 여호와의 말씀으로 자기 삶을 깨끗하게 해야 함을 의미한다. 세번째 '이' 재앙은 3대 에노스의 정체성으로 사람이 믿음으로 죽을 수밖에 없게 하는 설계도(#3)이다.

사람의 정신을 혼미케 하는 '파리 떼'는 바로 왕이 물가로 나왔을 때 발생하게 하셨다(20절). 네 번째 '파리 떼' 재앙은 이스라엘 자손과 구별하여 나타나게 하셨다. 네 번째 재앙은 4대 게난의 정체성으로 주를 소유하게 하는 설계도(#4)이다. 주를 소유한 이스라엘 자손과 그렇지 않은 애굽 사람들을 구별하여 바로 왕이 주님을 소유하게 하셨으나 그는 여호와의 뜻을 받아들이지 않았다.

여호와께서 개구리와 이와 파리 떼를 통하여 여호와 하나님을 경험하여 알 수 있게 하여 지혜가 없는 사람을 지혜롭게 하여 어둠의 건너편이 되게 하는 58장(출 8장)이다.

59) 설계도 #59 - 출애굽기 9장

출애굽기 9장(59장) 설계도(#1-#59)는 사람을 빛으로 붉어지게 하는 사랑의 주께서(#1) 사람을 하나님의 영광으로 어둠에서 나누어지게 하는 말씀 설계도(#59)이다(59대 엘리웃-하나님의 영광). 죄인을 대신하여 죽임을 당하신 성자 예수님처럼 죽은 가축을 통하여 이스라엘 후손을 하나님의 영광으로 어둠에서 나누어지게 하는 9장이다.

출애굽기 9장은 돌림병으로 죽은 가축과 악성 종기와 우박 재앙을 기록하셨다. 여호와 하나님을 대신하여 가정과 교회와 나라를 다스리는 사람이 여호와의 말씀에 순종하지 않았을 때 재앙이 나타나게 된다. 다섯 번째 '돌림병' 재앙은 5대 마할랄렐의 정체성으로 하나님을 찬양하게 하는 설계도(#5)이다. 심한 돌림병으로 죽은 가축은 죄인을 대신하여 죽임을 당하신 성자 하나님 형상이다. 성자 예수님을 상징하는 가축이 사람을 대신하여 죽음으로 사람이 하나님을 찬양하게 하는 돌림병이라는 뜻이다.

여섯 번째 '악성 종기' 재앙은 6대 야렛의 정체성으로 사람이 주님을 계승하게 하는 설계도(#6)이다. 악성 종기는 화덕의 재 두 움큼을 바로 왕의 목전에서 하늘로 날림으로 발생하게 된다. 재 한 움큼은 첫째 아담을 위함이며 다른 한 움큼은 둘째 아담(성자)을 위함이다. 화덕의 재를 바로 왕의 목전에서 하늘로 날린 것은 여호와의 말씀에 순종하지 않는 바로 왕 때문에 사람과 가축들이 악성 종기가 발생하게 됨을 의미한다. 요술사들까지 악성 종기를 피할 수 없어 여호와께서 모세를 통하여 치료하지 않으시고 여호와의 말씀을 계승하지 않는 사람을 괴롭게 하였다. 하나님의 형상으로 창조된 사람이 하나님의 말씀에 순종하지 않을 때 하나님의 영광을 나타내시는 성자 하나님께서 사람의 몸을 입고 오셔서 타락한 사람을 대신하여 고난을 겪게 되심으로 사람이 주님을 계승할 수 있게 하는 악성 종기이다.

일곱 번째 '우박' 재앙은 7대 에녹의 정체성으로 헌신할 수 없는 사람을 주님께 헌신할 수 있게 하는 설계도(#7)이다. 바로 왕의 불순종으로 인하여 여호와께서 내리실 단비가 우박으로 변하게 된 것으로 보인다. 여호와의 말씀에 순종한 사람에게 단비를 내려 만물을 소성하게 하시나 여호와의 말씀에 헌신하지 않은 사람들 때문에 우박으로 변하게 되어 회개하고 헌신을 다짐하게 하신다. 우박으로 치시기 전에 들에 있는 가축을 집으로 들일 기회를 주어 애굽 사람 중에 여호와를 경외하는 사람은 가축을 집으로 들임으로 죽음에서 보호하였다(20절). 우박으로 죽은 가축과 채소는 사람을 대신하여 하나님의 저주를 자기 몸으로 받으신 성자 하나님의 영광을 나타내심을 상징한다.

60) 설계도 #60 - 출애굽기 10장

출애굽기 10장(60장) 설계도(#1-#60)는 사람을 빛으로 붉어지게 하는 사랑의 주께서(#1) 사람을 도우셔서 주님의 친구가 되게 하는 말씀 설계도(#60)이다(60대 엘르아살-하나님께서 도우셨다). 어려운 환경에 있는 이스라엘 자손을 주님의 친구가 되도록 하나님께서 도우시는 10장이다.

여덟 번째 '메뚜기' 재앙은 8대 므두셀라의 정체성으로 대확장될 수 없는 사람을 대확장 될 수 있게 하는 설계도(#8)이다. 하나님께서 내리신 우박을 면하고 남은 것을 메뚜기를 보내어 아무것도 남지 않게 하셨다. 애굽 땅에 내려앉은 메뚜기로 인하여 땅을 볼 수 없게 하셨다가 바로 왕이 회개하였을 때 모세를 통하여 메뚜기를 홍해에 수장시키셨다. 홍수를 통하여 노아와 그의 후손을 새로운 땅으로 대확장하신 것처럼 홍해를 통하여 메뚜기를 심판하여 회개한 바로 왕을 대확장되게 하셨다. 애굽 땅에 붙어 푸른 식물을 갈아 먹는 메뚜기를 홍해에 수장하심은 장차 흙으로 만들어진 사람(이스라엘 자손)을 붙들고 갉아먹는 애굽 군대를 홍해에 수장하실 것(출 14장)을 나타내심이다. 홍해(붉은 바다)는 죄인을 성자 예수님의 피로 거듭나게 하심을 나타내는 장소이다. 그러나 메뚜기가 물러가자 완악한 바로 왕은 이스라엘 후손을 보내지 않았고 그는 어둠을 상징하는 사람으로 대확장되었다.

태양을 어둡게 하여 사흘 동안 앞을 볼 수 없어 손으로 더듬게 하는 아홉 번째 '흑암' 재앙은 9대 라멕의 정체성으로 능력 없는 이스라엘 자손을 능력 있게 하는 설계도(#9)이다. 이스라엘 자손이 거하는 고센 지방에는 빛이 있었으나 모든 애굽 땅은 어둡게 하여 이스라엘 자손을 능력 있는 주님의 형상임을 알게 하셨다. 빛이신 성자 하나님처럼 어둠을 밝히는 이스라엘 자손을 친구가 되도록 여호와께서 모세를 통하여 도우시는 출애굽기 10장(60장)이다.

61) 설계도 #61 - 출애굽기 11장

출애굽기 11장(61장) 설계도(#1-#61)는 사람을 빛으로 붉어지게 하는 사랑의 주께서(#1) 사람을 선물이 되게 하여 주님의 가지가 되게 하는 말씀 설계도(#61)이다(61대 맛단-선물).

출애굽기 11장은 애굽의 가축과 사람 중에 처음 난 장자가 죽는 재앙을 모세에게 예고하셨고, 이스라엘 자손에게 그러한 일이 일어나지 않게 하시겠다고 하셨다. 이는 하나님의 장자인 첫째 아담을 대신하여 유월절 어린 양(성자)이 대신 죽는 선물이 되게 하시겠다는 뜻이다. 장자의 죽음을 예고한 열 번째 재앙은 10대 노아의 정체성으로 안식할 수 없는 타락한 사람을 안식하게 하는 설계도(#10)이다. 장자의 죽음에 대한 재앙은 성자 하나님 안에 있는 장자와 성자 하나님 밖에 있는 장자를 구별하기 위한 말씀이다. 아버지의 기업을 무르는 장자가 죽는다는 것은 성부 하나님의 기업을 무르는 아담이 죽는 것을 말한다. 타락한 아담이 죽으면 아담 안에서 태어날 모든 사람이 죽게 되는 것을 의미한다. 그러나 이스라엘 자손에게는 장자가 죽지 않게 되어 아담 안에서 태어난 사람이 유월절 어린 양을 통하여 구원받게 될 것을 보여 준다. 하나님의 심판을 받아 죽어야 할 장자를 대신하여 유월절 어린 양 예수께서 선물이 되어 장자를 주님의 가지가 되게 하는 출애굽기 11장(61장)이다.

여호와께서 첫 번째 피 재앙부터 열 번째 장자의 재앙까지 애굽에서 일으키신 열 가지 재앙은 1대 아담부터 10대 노아처럼 빛의 형상으로 붉어지게 하신 아담(이스라엘 자손)을 어둠 속에서 안식하게 하는 노아(이스라엘 자손)로 결실하게 하셨다는 뜻이다.

족보로 보는성경 설계도 I

62) 설계도 #62 - 출애굽기 12장

출애굽기 12장(62장) 설계도(#1-#62)는 사람을 빛으로 붉어지게 하는 사랑의 주께서(#1) 사람의 발꿈치를 잡아서 주님의 거친 숨이 되게 하는 말씀 설계도(#62)이다(62대 야곱-발꿈치를 잡는 자).

"여호와께서 애굽 땅에서 모세와 아론에게 일러 말씀하시되 이 달을 너희에게 달의 시작 곧 해의 첫 달이 되게 하고 너희는 이스라엘 온 회중에게 말하여 이르라 이 달 열흘에 너희 각자가 어린 양을 잡을지니 각 가족대로 그 식구를 위하여 어린 양을 취하되"(1-3절).

유월절은 이스라엘 자손에게 달의 시작과 해의 첫 달이 되는 시작점이 되었다. 이는 유월절 어린 양이 되신 성자 예수님 안에서 거듭난 새로운 삶이 시작되었다는 뜻이다. 성자의 22대 형상과 62대 형상인 야곱이 이스라엘이 되어 이스라엘 자손의 장자가 되었기 때문이다. 유월절 어린 양(염소)을 14일에 잡은 것은 14대 에벨의 정체성으로 사람을 어둠의 건너편이 되게 하는 설계도(#14)이다. 어린 양의 피를 문설주와 인방에 바른 것은 양의 문이 되신 성자 예수님의 몸으로 들어가 한 몸을 이룸으로 예수님의 죽음과 부활을 함께하게 되었다는 뜻이다. 죄인과 한 몸을 이룬 예수님의 죽음과 부활을 통하여 하늘나라 기업을 무르는 장자의 발꿈치를 잡아서 주님의 거친 숨이 되게 하는 출애굽기 12장이다.

63) 설계도 #63 - 출애굽기 13장

출애굽기 13장(63장) 설계도(#1-#63)는 사람을 빛으로 붉어지게 하는 사랑의 주께서(#1) 사람을 백성으로 더하여 표백되게 하는 말씀 설계도(#63)이다(63대 요셉-그가 더하실 것이다). 애굽 백성이던 이스라엘 자손이 바로 왕이 다스리는 애굽을 떠나 이스라엘 백성을 하나님의 백성으로 더하여 표백되게 하는 출애굽기 13장(63장)이다. '이스라엘 백성'이란 '하나님과 겨루어 이긴 백성'으로 하나님의 자리에 앉은 바로 왕과 겨루어 이긴 백성을 말한다.

이스라엘 백성은 하나님의 부르심에 따라 세상에서 하나님께서 다스리는 하나님의 나라를 상징하는 가나안 땅으로 올라가는 사람이다. 땅에 떨어진 생명의 씨가 발아하여 싹이 되어 땅에서 하늘로 올라가는 것과 같다(13대 셀라-싹).

하나님의 부르심을 따르지 않는 사람은 애굽에 남아 있기를 원하여 가나안 땅으로 올라가지 않는다. 사람에게 자유의지를 주신 주님께서 하늘나라의 기업을 무르는 이스라엘 백성을 더하여 표백될 수 있게 하셨다.

누룩을 넣은 유교병은 여호와의 말씀인 무교병을 부풀려 거짓말이 포함된 사탄의 말을 의미한다. 거짓말로 하와를 미혹하여 선악과를 먹게 하여 하늘(가나안 땅)에서 세상(애굽)으로 쫓겨난 사람에게 사탄이 주는 유교병을 먹지 말고 진실한 하나님의 말씀인 무교병을 먹게 하셨다(6-7절). 선악과를 먹으면 에덴동산(가나안)에서 세상(애굽)으로 쫓겨나고 애굽에서 여호와의 말씀(무교병)을 먹으면 하나님의 백성으로 표백되어 가나안 땅으로 올라간다. 사탄의 말을 상징하는 유교병을 먹으면 선악과를 먹은 것처럼 애굽에서 탈출할 수 없게 된다. 그리스도인은 세상에서 자신의 꿈을 펼치기 위하여 사탄이 주는 유교병을 먹으면 하늘로 올라갈 수 없고, 주님의 뜻을 따라 살기를 원하여 나를 비우는 무교병을 먹을 때 하늘로 올라가게 된다.

64) 설계도 #64 - 출애굽기 14장

출애굽기 14장(64장) 설계도(#1-#64)는 사람을 빛으로 붉어지게 하는 사랑의 주께서(#1) 사람을 죄에서 구원하여 열국의 아비가 되게 하는 말씀 설계도(#64)이다(64대 예수-자기 백성을 그들의 죄에서 구원함). 애굽에 사로잡힌 이스라엘 백성은 죄에 사로잡힌 사람을 상징한다. 이스라엘 자손을 홍해에서 세례를 받게 하여 죄인을 대신하여 세례를 받으신 성자 예수님의 이름으로 죄인을 구원하여 이스라엘 백성을 열국의 아비가 되게 하는 출애굽기 14장이다.

애굽을 출발한 이스라엘 자손을 바다와 믹돌 사이의 비하히롯 앞 곧 바알스본 맞은편 바닷가에 장막을 치게 하셨다. 이는 바로 왕이 애굽 땅에서 멀리 떠나 광야에 갇힌 바 되었다고 생각하여 이스라엘 백성을 쫓아오게 하심이다(3절). 사탄에게 넘어진 바로 왕은 죄에 빠진 사람을 사로잡은 사탄의 형상이다. 바로 왕은 선발된 600대의 병거를 앞세우고 도망친 이스라엘 자손을 잡으러 왔다. 600대의 병거와 사사 삼갈이 죽인 600명의 블레셋 사람은 사탄의 나라를 계승하는 숫자이며, 사울 왕과 다윗 왕과 함께한 600명의 사람은 하나님의 나라를 계승하는 숫자이다(삼상 13:15; 27:2; 30:9). 바로 왕의 군사들과 병거를 물속에 수장하여 홍해에서 이스라엘 백성을 구원하는 사건으로 기록되게 하셨다.

선하신 성부 하나님의 성품 때문에 바로 왕이 다스리는 애굽 땅을 벗어나지 않은 사람은 이스라엘 백성이 아니기에 여호와의 율법을 주실 수 없다. 여호와께서 모세를 호렙산에서 부르셨고 여호와께서 다시 만난 모세에게 여호와의 율법(십계명)을 주실 때는 호렙산이 시내산으로 바뀐다. 호렙산은 '황무한' 땅이라는 뜻으로 모세를 여호와께서 부르셔서 여호와의 말씀으로 세워지지 않은 황무지와 같은 이스라엘 자손을 애굽에서 끌어내셨다. 시내산은 '진흙의'라는 뜻으로 흙으로 만들어진 모세의 가슴에 여호와의 율법을 새겨 주셨다는 뜻으로 보인다. 이집트의 시나이 반도에 위치하여 시내산이라고 불리는 산은 바로 왕이 다스리는 애굽 땅 안에 있어서 이스라엘 후손이 애굽을 떠나지 않았음을 의미한다. 시내산이 애굽 땅 안에 있다면 여호와께서 시내산에 강림하여 모세에게 말씀하실 수 없다. 여호와께서 모세를 보내지 않으시고 바로 왕에게 직접 말씀하셨다면 바로 왕은 생존할 수 없으며 또한 바로 왕과 한 몸을 이룬 이스라엘 자손도 그러하다. 하나님의 심판을 받게 된 이스라엘 백성을 홍해에서 구원하여 열국의 아비가 되게 하신 14장이다.

65) 설계도 #65 - 출애굽기 15장

출애굽기 15장(65장) 설계도(#1-#65)는 사람을 빛으로 붉어지게 하는 사랑의 주께서(#1) 사람을 공의로 심판하여 어둠 속에서 웃게 하는 말씀 설계도(#65)이다(65대 디나-공의·심판). 여호와께서 이스라엘 자손을 쫓아온 애굽의 군대를 홍해를 통하여 심판하심은 성자 예수님의 죽음을 통하여 이루어진 사건이라 하였다. 홍해에서 구원하신 이스라엘 자손은 세겜 사람을 공의로 심판하여 구원하신 디나와 같고 예수님을 따르는 열두 사도들과 70명과 같다.

출애굽기 15장은 여호와께서 원수를 심판하시고 주의 거룩한 처소에 들어가게 하심을 찬양하는 노래이다. 즉 이 노래는 하나님께서 공의롭지 못한 사람을 홍해에 수장하셨고 예수님의 피를 상징하는 홍해 바다에서 구원받은 이스라엘 백성이 구원받은 것을 찬양한다.

"주의 인자하심으로 주께서 구속하신 백성을 인도하시되 주의 힘으로 그들을 주의 거룩한 처소에 들어가게 하시나이다"(13절).

'주의 힘으로'라는 말은 주님께서 자신을 희생하심으로 나타난 결과라는 뜻이다. '주의 거룩한 처소'는 하나님의 성전으로 사람을 하나님과 함께 하나님의 나라(성전)에 들어가게 하셨다는 뜻이다. 흙으로 하나님의 형상과 모양으로 사람을 창조하심은 말씀이요 영이신 하나님께서 사람 안에 거하시기 위함이다. 주님의 힘으로 죄에서 구원받은 이스라엘 자손은 죄인을 대신하여 하나님의 심판을 받으신 성자 하나님과 한 몸을 이루게 되었다. 주님과 한 몸을 이루어 주님의 죽으심과 부활을 경험하는 여정이 계속된다.

주님의 힘으로 홍해에서 구원받은 이스라엘 자손이 사흘 동안 물을 먹을 수가 없었다. 이는 십자가에서 죽은 후 사흘 동안 무덤에서 부활하지 못하신 성자 예수님의 상태를 의미한다. 사흘 후에 나타난 마라의 물은 써서 먹을 수 없게 하는 것이 하나님의 공의로우심이다. 여호와께서 모세에게 지시하신 나무를 마라의 물에 던지니 물이 달게 되었다. 마라의 물에 던져진 나무는 성자 하나님께서 보혜사 성령이 되셔서 타락한 사람 안으로 들어가심을 의미한 것으로 보인다. 성자 예수께서 보혜사 성령이 되셔서 타락한 사람의 갈증을 해결하실 수 있게 되었음을 의미한다.

"너희가 너희 하나님 나 여호와의 말을 들어 순종하고 내가 보기에 의

를 행하며 내 계명에 귀를 기울이며 내 모든 규례를 지키면 내가 애굽 사람에게 내린 모든 질병 중 하나도 너희에게 내리지 아니하리니 나는 너희를 치료하는 여호와임이라"(26절).

쓴 물을 달게 하시고 여호와의 말에 순종하는 이스라엘 자손과 언약을 맺으신 것이 하나님의 공의로우심이다.

"그들이 엘림에 이르니 거기에 물 샘 열둘과 종려나무 일흔 그루가 있는지라 거기서 그들이 그 물 곁에 장막을 치니라"(27절).

엘림에 있는 물 샘 열둘과 종려나무 70그루는 성자 예수님의 성령을 마신 열두 사도와 귀신을 굴복시킨 70명을 의미한다(눅 10:17).

66) 설계도 #66 - 출애굽기 16장

출애굽기 16장(66장) 설계도(#1-#66)는 사람을 빛으로 붉어지게 하는 사랑의 주께서(#1) 사람을 풍부한 여분이 되게 하여 하나님과 겨루어 이기게 하는 말씀 설계도(#66)이다(66대 세라-풍부한 여분). 하늘에서 세상으로 내려오신 성자 예수님을 상징하는 만나와 메추라기를 먹은 이스라엘 자손을 예수 그리스도 안에서 풍부한 여분이 되게 하는 과정이다.

"이스라엘 자손의 온 회중이 엘림에서 떠나 엘림과 시내 산 사이에 있는 신 광야에 이르니 애굽에서 나온 후 둘째 달 십오일이라"(1절).

애굽에서 나온 후 45일(둘째 달 십오일)에 신 광야에 도착하게 하심은 45대 아담(아하스 왕)부터 하나님의 사랑 사역(45대-66대)이 시작되기 때문으로 보인다. 여호와께서 '신 광야'라 하심은 사탄에게 다스림을 받아 사탄이 주는 양식을 먹었던 애굽 땅이 아니라 여호와께서 주시는 새로운 양식을 먹는 땅이라는 의미로 보인다. 하늘에서 내려진 만나와 메추라기는 하늘에서 내려오신 성자 예수님과 보혜사 성령을 의미한다. 메추라기는 저녁에 내리고 만나는 아침에 내려 주셨다. 성령을 상징하는 메추라기를 저녁에 내리신 것은 성자께서 낮에는 육체로 일하시다 죽으시고 저녁에는 보혜사 성령으로 일하심을 의미한다.

여섯째 날에는 만나를 갑절로 공급해 주셨고 일곱째 날에는 주지 않으심은 하나님께서 전날에 주신 말씀으로 안식하게 하심이다. 하나님께서 말씀으로 만물과 사람을 창조하시고 일곱째 날에는 자신의 형상과 모양으로 창조하신 사람 안에 안식하셨기 때문이다. 일곱째 날에 안식하신 성자 하나님처럼 사람이 여호와의 말씀 안에서 안식할 때 사람은 하나님 품에 안식할 수 있게 되며, 하나님은 사람 안에서 안식할 수 있게 된다. 그리스도인은 성자 예수께서 세상으로 오셨다가 하늘로 올라가신 후에 주님께서 주신 말씀과 보혜사 성령님 안에서 안식하게 하셨다.

"모세가 그들에게 이르기를 아무든지 아침까지 그것을 남겨두지 말라 하였으나 그들이 모세에게 순종하지 아니하고 더러는 아침까지 두었더니 벌레가 생기고 냄새가 난지라 모세가 그들에게 노하니라"(19-20절).

그날의 양식은 각 사람이 필요한 말씀이라는 뜻이며 하나님께서 각 사람에게 그날에 말씀하신 일에 순종하라는 뜻이다. 하나님의 말씀에 순종하지 않았을 때 그 말씀은 길가에 뿌려진 씨앗처럼 사탄의 먹이가 되어 사라지게 된다.

"사람이 사는 땅에 이르기까지 이스라엘 자손이 사십 년 동안 만나를 먹었으니 곧 가나안 땅 접경에 이르기까지 그들이 만나를 먹었더라"(35절).

가나안 땅은 젖과 꿀이 흐르는 땅이기에 하늘에서 내려오는 만나를 가나안 땅에 들어가면 먹을 수 없다. 하나님의 말씀으로 태어난 부모님의 가슴으로부터 말씀의 젖이 흐르고 사탄에게 빼앗긴 말씀이 사자의 배에서 꿀이 되어 나오기 때문이다(삿 14:9-10). 즉 가나안 땅은 하나님의 백성이 부모님의 말씀에 순종하여 장차 사탄을 정복하고 다스리는 사람들이 사는 곳이라는 뜻이다.

"오멜은 십분의 일 에바이더라"(36절).

출애굽기 16장 마지막 절을 이렇게 기록하신 이유는 무엇일까? 한 사람이 먹는 양이 한 오멜이었고(16절) '에바'는 열 사람이 먹는 양이다. '에바'는 '바구니, 광주리'라는 뜻으로 열 사람이 먹는 만나를 담을 수 있는 그릇으로 이는 성자의 말씀으로 채워진 사람과 같다. 즉 1대 아담부터 성자의 말씀으로 창조된 사람이 10대 노아를 통하여 가득 채워지게 되었다는 의미로 보인다. 여호와의 말씀으로 채워진 사람은 말씀 안에서 풍부한 여분의 사람이 되어 말씀이신 성자께서 사람 안에 안식할 수 있게 된다는 뜻으로 보인다. 하나님께서 사람을 자신의 형상으로 창조하여 하나님의 말씀으로 채워진 사람이 하나님의 시험을 이길 수 있는 풍부한 여분이 되게 하는 출애굽기 16장(66장)이다.

하나님의 말씀을 족보의 관점으로 간단히 살펴보았다. 두 번째 책(족보로 보는 성경 설계도 II - 66권 편)을 살펴보면 더욱 깊은 공감으로 하나님의 심오한 섭리를 알게 될 것이다. 여기까지 동행하신 분들께 감사드리며 가까운 시기에 더욱 깊은 은혜를 나누기를 소망한다. 가정과 교회가 주안에서 평안하시기를 기원한다.

족보로 보는
성경 설계도 I

ⓒ 조영규, 2024

초판 1쇄 발행 2024년 3월 20일

지은이	조영규
펴낸이	이기봉
편집	좋은땅 편집팀
펴낸곳	도서출판 좋은땅
주소	서울특별시 마포구 양화로12길 26 지월드빌딩 (서교동 395-7)
전화	02)374-8616~7
팩스	02)374-8614
이메일	gworldbook@naver.com
홈페이지	www.g-world.co.kr

ISBN 979-11-388-2865-9 (03230)